revertirá en el bien de todos, y nos aportará crecimiento y regocijo interior. Nos sentiremos realizados conforme al plan evolutivo global y, obrando libremente en la onda o frecuencia del Amor, aportaremos lo mejor de nosotros mismos a la creación y a nuestros semejantes.

Todos nosotros escogimos el tipo de actividad que venimos a encarnar aquí personal y voluntariamente conforme a la meta que nos propusimos alcanzar, antes de nacer.

Hemos llegado con una sensibilidad especial que nos facilita acceder a nuestro programa de vida y descubrir para qué hemos nacido, lo que representa una alta garantía de que podamos cumplir con nuestras misiones de amor.

Me pregunto por qué está ocurriendo lo que se muestra en este libro, por qué los nuevos niños vienen con ciertas cualidades especiales, por qué se está produciendo este DESPERTAR DE CONCIENCIA EN LAS RECIENTES GENERACIONES, EN MUCHOS DE NOSOTROS.

Leer este libro ha supuesto para mí una sorpresa tras otra. Me he sentido identificado con muchos ejemplos y anécdotas de estos niños y niñas, pues me han hecho corroborar y «revivir» vivencias similares de mi infancia. Me costaba prestar atención en clase, y además solía ser más excéntrico e imaginativo que los demás niños. Incluso en alguna ocasión llegaron a confundir mi timidez con autismo.

En este libro se afirma que los niños del tercer milenio usan más la inteligencia trascendente y que les resulta más cercana a su propio modo de percibir y de sentir. Me ha sorprendido lo escrito por un niño pionero, FLAVIO, a sus solo seis u ocho años... hablando con gran sabiduría de lo que a él le llegaba:

> La humanidad está cambiando. La conexión con lo espiritual está más abierta. Todos los niños pueden ahora mantenerse unidos a su esencia. Como es un planeta tan denso, no funciona bien la telepatía, la transmisión directa por ondas mentales. Por eso existe la mentira. La comunicación se hace con sonidos que salen del cuerpo por un agujero (boca) debido al aire que mueve las cuerdas vocales.

Encima en distintos lugares se hacen sonidos diferentes para decir lo mismo. ¡Qué complicado!

Me ha maravillado comprobar la voluntad universalista de este libro, pues reivindica «EDUCAR EN EL DESPERTAR DE UNA SOCIEDAD-MUNDO» integrada por ciudadanos conscientes, activos, críticos y comprometidos en la construcción de una civilización planetaria, haciendo hincapié en la necesidad de buscar nuevos métodos para abrirnos a una metodología de ENSEÑANZA MÁS FRATERNAL, UNIDA Y HOLÍSTICA QUE NUNCA.

Esta integración deberá darse en un pronto futuro como un «salto en la conciencia del ser humano en la Tierra». Se trata, sin duda, de aunar CIENCIA, FILOSOFÍA Y ESPIRITUALIDAD en una única e integrada cosmovisión.

Esto constituye, por supuesto, una gran tarea pendiente de la educación, que actualmente ofrece una formación totalmente parcializada y centrada en el empirismo como metodología y la ciencia como cuna y fuente de «todo el saber».

Este es el grave error cometido por un sistema que pretende abarcar y explicar toda la cosmovisión. Existen otras dos vías para llegar a la sapiencia: *filosofía* y *espiritualidad*. Lo ideal sería integrar estas tres vías. Los niños, el legado presente y futuro de nuestra sociedad, deberán formarse a partes iguales en esas tres áreas del saber, integrando una educación científica, filosófica y espiritual (la ética y la moral pasarían a formar parte del aprendizaje espiritual).

Los niños actuales se comportan de una forma diferente, pues su vibración también lo es. Este libro es una guía para poder conocerlos mejor y ofrece consejos sobre cómo enfocar su educación.

Ojalá lo disfrutéis y os sirva de faro para remover los cimientos del estancado sistema educativo, tan anclado en los viejos esquemas.

Estos nuevos niños y jóvenes ya saben que el AMOR es la inteligencia que nos conecta con la gran sabiduría del universo.

MIGUEL PINEDA GUERRERO,
joven filósofo y ufólogo de Málaga

Prólogo a la segunda edición

Breve ha sido el lapso de tiempo transcurrido entre la primera edición y esta segunda que ahora presentamos. El libro ha sido muy bien acogido por el público al que preferentemente iba dirigido: padres y madres interesados por la calidad de la educación de sus hijos, profesores con ganas de afrontar los retos de las nuevas generaciones de alumnos que se presentan en sus aulas, profesionales de la orientación, *coach* y educadores en general.

Para todos ellos, según nos atestiguan, esta obra ha sido una fuente de inspiración a la hora de tomar decisiones prácticas sobre cómo educar a las actuales generaciones de niños, además de otorgarles una guía en su pensamiento pedagógico que los encamine hacia una acción acertada en su tarea como educadores.

Consideramos que el objetivo principal del libro –ofrecer una visión general de cómo son los niños y jóvenes actuales, cuáles son los cambios que demandan en la labor educadora y qué métodos o herramientas biointeligentes son los más apropiados para su educación–, ha sido ampliamente logrado.

1

Cambios sorprendentes en los niños y jóvenes de hoy

Este es el suceso más importante en los tiempos actuales

Muchos se preguntan: ¿qué está ocurriendo con los niños y niñas de hoy? ¿Estamos presenciando un simple desfase generacional o algo más está sucediendo? ¿Por qué nacen al mismo tiempo niños tan diferentes en su conducta y en su modo de ser, en todos los países del mundo, en todos los sectores socio-económicos, en todas las culturas? ¿Por qué su modo de aprendizaje es tan distinto? ¿Por qué tanta desmotivación en los adolescentes? ¿Qué significan estos cambios para la futura sociedad? ¿Qué implica todo esto para los adultos? ¿Por qué senderos está atravesando la humanidad en su conjunto? ¿Nos hallamos en el umbral de uno de esos famosos saltos cuánticos que da la Tierra cíclicamente?

Cualesquiera sean las razones, las nuevas pautas de ser y de comportamiento de los niños y jóvenes apelan a un giro trascendental de la educación y la salud del tercer milenio. Corresponde a cada uno de nosotros apropiarse de los nuevos conceptos de cambio de era, tanto de ser como de actuar. Nos toca vivir, en lo más íntimo de nuestro ser, el entendimiento y los valores que nos permitan reconducir nuestra propia vida, así como reorientar el proceso de aprendizaje-enseñanza en la formación de los niños y jóvenes, tanto en el hogar como en el aula y la vida en sociedad.

El profesor húngaro George Kühlewind percibió estos cambios con mucha lucidez y escribió en 2001:

> Desde hace unos veinte años nacen más y más niños que, en su ser y su comportamiento, se apartan de aquellos a los que están acostumbrados padres y pedagogos. Una nueva generación de almas entra a la Tierra [...], niños que traen una gran madurez, que están descontentos con el mundo de los adultos y que, con un poderoso impulso espiritual, quieren transformar este mundo. Este es el suceso más importante en los tiempos actuales (Kühlewind, 2003: 9).

¿Qué está ocurriendo con los niños y jóvenes de hoy?

Los profesores comentan:

> Son más traviesos, ya no hacen caso. Hace solo diez años, todavía nos obedecían. Los niños de hoy son afectuosos, brillantes, pero su comportamiento y modo de aprender son muy diferentes. No sabemos cómo manejarlos. ¡Además, no se quedan sentados en sus sillas más de cinco minutos!

Y los padres añaden:

> En la casa, es lo mismo. A mi hijo lo veo más precoz en todos los sentidos, más maduro. Pronuncia con claridad palabras a los ocho meses y compone frases enteras a los catorce. Come poco, duerme poco. ¡Y tiene más energía que nosotros mismos, los adultos! Muchas veces no sabemos qué hacer. ¡Se nos acaba la paciencia!

Los pediatras mencionan también que los niños de hoy poseen un metabolismo diferente e incluso apuntan a procesos inmunitarios nuevos. Algunos médicos obstetras se asombran del nivel de alerta que presentan los bebés al venir al mundo:

> Nacen con los ojos completamente abiertos, lo miran todo. Me miran a mí, como cuestionándome. También tienen un contacto visual muy fuerte con su madre desde los primeros instantes de vida. Algunas hablan de contactos telepáticos con ellos, incluso antes de nacer. ¡Estamos asombrados! ¡Parece que somos testigos de un salto evolutivo de la humanidad!

Desde hace un par de décadas, el mundo entero ha presenciado la llegada de oleadas y oleadas de niños cuyas características son muy diferentes de las generaciones anteriores.

Obviamente, era previsible que se produjeran rápidos cambios en la generación entrante, debido al alto nivel de estímulos que estos seres reciben constantemente –prenatales incluso– gracias a los avances cada vez más acelerados de la tecnología punta.

Pero lo que llama especialmente la atención es la extrema velocidad de los cambios y su naturaleza. Las características de los niños actuales no son solamente sus altas capacidades cognitivas, sino también su amplia percepción en todos los ámbitos, su agudo nivel de empatía y su sorprendente apertura psíquica y espiritual. Esas cualidades se manifiestan con tal rapidez generacional que rebasan a menudo la capacidad de «educar» de los mismos padres o docentes, lo que explica la aguda crisis de la educación actual.

«Mis nietos me asombran»

Deseamos compartir el siguiente testimonio desde Argentina:

> Soy una abuela argentina, de cincuenta y seis años, maestra jubilada hace cuatro. La experiencia que quiero comentaros la vivo con mis nietos, a los que tengo el tiempo suficiente para poder escucharlos

y compartir con ellos muchos momentos: Johanna, de diez años, por ejemplo, es una niña diferente. Selecciona muy bien sus alimentos: elige frutas y verduras, no ingiere leche, ni alimentos muy elaborados. Adora el marisco y también el chocolate, que come con moderación. Lo más destacable es su preocupación por el planeta y por los animales. Un ejemplo de ello es que prefirió quedarse sin sus vacaciones de invierno para poder cuidar a su gata enferma, a la que le daba leche con una jeringa cada dos horas. Quiere ser veterinaria voluntaria, dice, para ocuparse de los animales cuyos dueños no puedan permitirse pagar un veterinario. Ha intervenido en las Olimpiadas Matemáticas, en las que ha llegado al tercer nivel, pero no quiere aprender las tablas de multiplicar y las odia, porque asegura que son aburridas y que ella obtiene los resultados de otra manera. Resuelve los problemas con una facilidad pasmosa que asombra a sus maestros.

Ainara, de ocho años, ha visto dos veces a su bisabuela, mi madre, y una vez a mi padre. Los describe con gran detalle y nos comenta que no le hablan con la boca, que lo hacen dentro de su cabeza. Nos hace estremecer, pues nos indica dónde y cómo están. Cuando se le aparece mi madre, dice que no tiene pies y la describe con un camisón con el que siempre soñó y que nunca tuvo. Ambos le dicen que están bien, que no los lloren, que están junto a nosotros. Un día me atreví a pedirle a mi nieta que les contara que mi hijo que vive en México iba a tener un niño. Inmediatamente, con una sonrisa pícara, me contestó:

—Dice la Yaya que ya lo saben, porque también están con él.

Se pasa horas delante del ordenador. En los juegos de atención y de inteligencia supera a los adultos de la casa.

Ulises, mi otro nieto, de cuatro años, se sienta ante el ordenador y hace maravillas con sus juegos y con la enciclopedia. Se pasa horas viendo imágenes de animales y del planeta con los vídeos de *Discovery*.

Lo que nos dicen los médicos y psicólogos

Doctor Víctor Jiménez, Pediatra:

En lactantes y niños pequeños observamos una mayor rapidez en el aprendizaje, especialmente en el psicomotor grueso. El 20% de los niños logra de cinco a seis puntos más de lo esperado. Por ejemplo, se sientan a los cuatro meses, en lugar de los cinco o seis, se dan la vuelta más temprano y caminan con apoyo a los seis u ocho meses, y no como antes, a los diez. Igual sucede con el lenguaje.

Doctora Lilian Toledo Jaldín, ginecóloga y obstetra:

Observo desde mi especialidad que los bebés de hoy, en caso de parto sin complicaciones, están más alerta. Lo miran todo y tienen las manos abiertas. El nivel psicomotriz está más adelantado. Es obvio que el ser humano está evolucionando, ¡como todo!

Doctor Gonzalo Córdova, pediatra:

Hace quince años que trabajo con niños y sí observo muchas diferencias en los bebés y niños de hoy. Los recién nacidos tienen un buen peso, incluso si su madre está desnutrida. En general, nacen saludables y lo que me llama la atención es que a los minutos de nacer reaccionan fácilmente a los estímulos. Antes estaban somnolientos y era difícil despertarlos. Ahora son más despiertos y reactivos. Lo notamos cuando los secamos, limpiamos o cambiamos de ropa. Hace diez años, nacían con los ojos cerrados y permanecían así dos o tres días. A veces semanas. Ahora nacen con los ojos abiertos y presentan una mirada fija, que antes solo tenían a los dos o tres meses.

Examinamos a los niños y vemos que:

- Físicamente son saludables, no encontramos ninguna enfermedad orgánica.
- Son inquietos, aunque observamos una contradicción, porque en realidad son participativos, colaboradores y tranquilos en el

sentido que no son niños destructores, rebeldes o malcriados. Los niños de ahora, más bien, van mirándolo todo, tocando, observando, palpando, suben y bajan, pero no son en absoluto destructivos.

- A pesar de que en general comen poco, su peso está dentro de lo adecuado para su edad. Las madres se sorprenden: «¡Pero si no comen! Y les explicamos que el alimento no es lo único que los nutre, sino también el afecto y el cariño.
- Con la carne son selectivos. Prefieren las frutas, el pan o las galletas a la carne. No les gusta la de res; se inclinan más por el pollo y el pescado.
- Otra característica: su memoria es espléndida. Tienen mucha facilidad de retención, pero a veces los adultos creemos que no es así e incluso les «adjudicamos» un trastorno de déficit de atención.
- Su patrón de sueño también ha cambiado. Antes, los lactantes y niños pequeños dormían de doce a catorce horas por la noche, además de entre una y dos por la mañana, y de una a tres por la tarde. Los de ahora duermen casi con el mismo biorritmo que los adultos, es decir, entre seis y diez horas.
- Para mí estaríamos hablando de un tipo de metabolismo diferente. Sin contar con que su sistema inmunitario es también distinto. Las enfermedades «clásicas» infantiles ya no se dan como antes.
- Lo que llama también la atención es su gran madurez. Los abuelos dicen que sus nietos «parecen viejecitos. Nos hablan como si fueran personas mayores». A veces estos niños, con solo una palabra, una mirada, nos pueden dar un consejo.

Doctor Xavier Pérez, médico y catedrático de la Universidad Mayor de San Andrés, La Paz, Bolivia:

Lo primero que me llama la atención es la tremenda demanda afectiva de estos niños. A menudo veo casos de depresión y ansiedad enmascaradas con hiperactividad y déficit de atención. Es muy importante prestarles atención, darles mucho amor, proveerlos de un afecto estable y seguridad emocional, especialmente de cero a cinco años, porque es cuando se forma su estructura psicológica básica. La carencia de afecto se puede «patologizar» de muchas formas, por ejemplo, enuresis nocturna, ansiedad, trastorno de déficit de atención, hiperactividad, dificultades con los patrones de alimentación y de sueño, problemas respiratorios y alergias, entre otros.

Cuando se le pregunta al doctor Pérez si ha observado características parapsicológicas en los niños de hoy, su respuesta es la siguiente:

> Sí, he oído de niños y de adolescentes que están en contacto con ángeles, por ejemplo. Mi propio hijo tenía un amigo imaginario. Se sentaba en las gradas y jugaba con él, ¡y yo no veía nada! Eso significa que los niños de hoy tienen un nivel de percepción más amplio, una conciencia más desarrollada que la del adulto. Lamentablemente, en general, pierde su percepción al entrar en el sistema escolar, que lo condiciona y lo coarta. Conozco casos de algunos niños que ven seres de otras dimensiones y pienso que es un gran error remitirlos a psiquiatras como si fuesen esquizofrénicos. Creo que los profesionales, mis colegas, tenemos que ampliarnos a otros niveles de entendimiento, tener una visión más trascendental de la mente humana, que hasta ahora ha sido muy conductista y mecanicista. Si los niños son bien atendidos, estoy seguro de que se producirán factores de cambio muy grandes y muy profundos para la humanidad.

Cinco ejes de cualidades en los niños de hoy

Nos llaman especialmente la atención, como psicólogos, cinco ejes de cualidades «nuevas» en los niños del tercer milenio.

1. Muestran un perfil de «personas autodesarrolladas» (características planteadas por el psicólogo Abraham Maslow en su libro *Motivación y personalidad*), es decir, nos hallamos en

presencia de niños con un alto grado de interdependencia, con pautas innatas de empatía, congruencia y aceptación incondicional de sí mismos, del otro y de lo que los rodea. Son autodidactas en muchos aspectos de la vida.

2. Presentan cualidades ligadas al hemisferio derecho y a lo que Daniel Goleman y sus colaboradores dieron en llamar «inteligencia emocional». Los niños de hoy presentan una gran tendencia a utilizar ambos hemisferios, sincronizándolos de manera natural y armónica. Se observa una inteligencia emocional excepcional, especialmente en niños de dos años y en lactantes.
3. Poseen cualidades relativas a su alta hipersensibilidad. Se observa en ellos una alta sensibilidad física (en sus cinco sentidos), emocional, social, ética y espiritual. Esto les genera una gran intuición respecto a los sentimientos de los demás.
4. Tienen talentos psíquicos en mayor grado que los adultos: capacidades innatas de clarividencia, telepatía, precognición y otras facultades extrasensoriales –en menor grado, telekinesia (mover objetos con la mente).
5. Sus pautas de aprendizaje son diversificadas. Apreciamos que los niños utilizan varios tipos de inteligencia y poseen mucha creatividad y originalidad en el aprendizaje.

¿Está emergiendo un nuevo ser humano?

¿Qué se entiende por niños y jóvenes del tercer milenio? ¿Niños de las nuevas generaciones, o como a veces también se les denomina, «nuevos niños»? En realidad, no son «nuevos», o al menos ellos no se ven así. Sin embargo, muchos adultos perciben este fenómeno como algo novedoso.

Al hablar de niños y jóvenes del tercer milenio, aludimos a grupos y a personas, que incluso pueden ser adultas, que presentan determinadas características o talentos innatos, una mayor percepción y una mayor sensibilidad en los ámbitos fisiológicos, afectivos, emocionales, éticos, conductuales, cognitivos, sociales, psíquicos y espirituales.

Este fenómeno llama especialmente la atención por varias razones:

- El hecho de que se produzca en todo el planeta y en todos los sectores socio-económicos y culturales.
- El aumento cuantitativo acelerado del número de niños con estas características.
- La rapidez cualitativa de los cambios intrínsecos, especialmente de índole psíquica y espiritual, que experimentan los mismos niños y jóvenes, e incluso los adultos.
- Las extraordinarias proyecciones para el futuro que esto conlleva como «apertura de conciencia» a nivel planetario.

Una minoría de ellos pueden ser niños superdotados, con un coeficiente intelectual elevado, pero no siempre es así. Sobre todo destacan por su brillantez, su madurez psicológica y espiritual, así como su alto «coeficiente de inteligencia emocional», como observa Goleman.

A veces sus características son confundidas por desórdenes de deficiencia de atención, hiperactividad o trastorno de déficit de atención e hiperactividad (TDAH). A menudo se los etiqueta como «niños problemáticos» con supuestas dificultades de aprendizaje por ser inquietos, veloces y aburrirse fácilmente, especialmente cuando la materia o la asignatura se le presenta de una manera poco interesante o monótona.

¿SE ESTÁ PRODUCIENDO UNA APERTURA DE CONCIENCIA?

El doctor Abad Merchán, antropólogo y sociólogo ecuatoriano, resaltó que estamos viviendo un momento único en términos de aceleración evolutiva de la humanidad:

> Hay que reconocer que la presencia de estos nuevos niños representa el símbolo en vida de un cambio trascendental de la humanidad actual, solo comparable con los grandes hitos históricos de adaptación a lo largo del llamado «ascenso del Ser humano», tales

como el fuego, la agricultura o la revolución industrial. Pero el cambio actual no incluye solamente el mundo físico y externo, sino principalmente interno, a través de la modificación de la conciencia. En nuestros hijos podremos ver el reflejo de la síntesis de millones de años de evolución del ser humano, de la historia del universo. El cosmos se ha condensado en el microcosmos que es el ser humano, y los talentos de la niñez son la joya de la corona de este universo (E-revista *Amérika Índigo*, nº 7, abril de 2004: 1-2).

¿Estamos asistiendo, sin saberlo, a un proceso de cambio muy intenso y fuerte, consistente en el paso de un nivel de conciencia a otro, en subir un escalón en la evolución?

Lo sorprendente no es lo que les está sucediendo a los niños, sino el cambio interior que se está produciendo en muchos adultos, cambio que viene provocado por la presencia de las nuevas generaciones y que supone olvidar lo aprendido socialmente y ser capaz de llegar a lo natural, a la esencia de uno mismo y de todo lo que le rodea. Esto supone un vuelco total de la situación. Son los adultos los que deben aprender de los niños y jóvenes actuales, y no al revés.

En los aspectos básicos de la subsistencia, de la forma de generar recursos y de mantener a la familia, son los adultos los más expertos. Pero en lo que respecta a la vida interior, a los aspectos emocionales y psicológicos, son los niños quienes más pueden enseñar, quizá por estar dotados de mejores herramientas y saber vivir de una manera más natural y espontánea.

Las generaciones actuales no se consideran «propiedad» de sus padres. Son seres que se sienten libres, únicos e independientes, y que desean unas relaciones basadas en la igualdad y no en la autoridad. Hay muchos adultos que ya son conscientes de esa realidad.

2

Algunas características que definen a los niños y jóvenes de hoy

Estos niños y niñas cambiarán el mundo; es responsabilidad de todos atenderlos, entenderlos y apoyarlos ahora. Tenemos que comprenderlos y facilitarles su desarrollo, descubrir nuevas formas de convivir, coenseñar, cocrecer y aprender. Son los artífices de una humanidad más sabia, luminosa y armónica.

PATRICIO PÉREZ,
psicólogo ecuatoriano

CINCO GENERACIONES DE NIÑOS DEL TERCER MILENIO: UN PROCESO MUY VELOZ

Este proceso se inició en el momento del cambio de era, de Piscis a Acuario, hacia 1948-1950; se pudieron apreciar cambios generacionales a partir de la segunda mitad del siglo XX, que se aceleraron en los años ochenta y noventa, y se apreció una «masificación» espectacular de esos cambios en los niños nacidos a partir del año 2000. Los que han venido al mundo de 2005 en adelante son casi todos «niños y niñas del tercer milenio», de la segunda, tercera, cuarta y quinta generaciones, como veremos a continuación.

En resumen, presenciamos en este lapso de tiempo cinco generaciones de niños, precedidas por otra denominada «generación de transición». El término «generación» es una manera de hablar. No significa que cada una esté compuesta de los hijos de la precedente. La aceleración de esos cambios es tal que hablamos de períodos de cinco a diez años para las dos primeras generaciones, mientras que las tres últimas están llegando casi paralelamente, con intervalos de solo un par de años.

La resumimos en el siguiente gráfico:

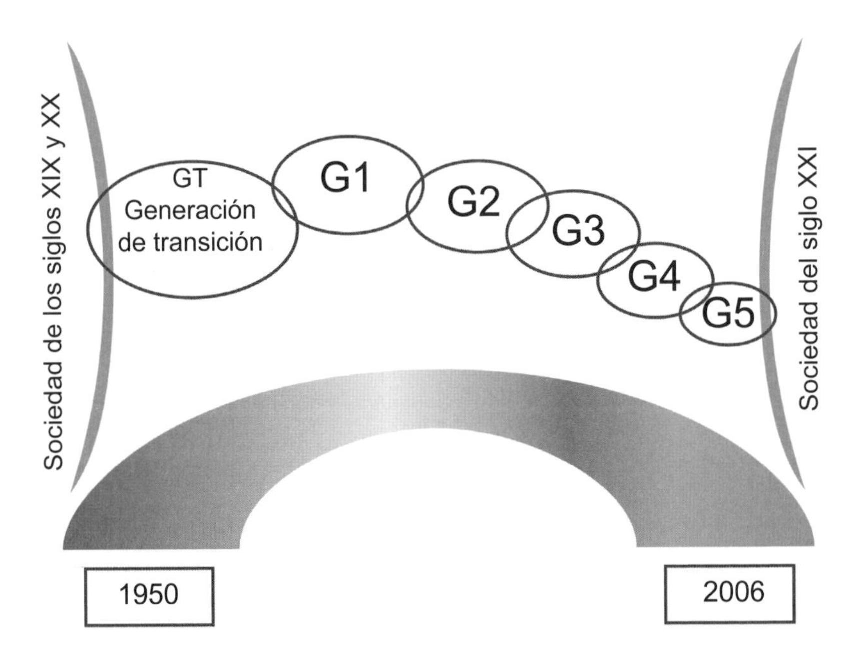

Ilustración 1: Gráfico de las cinco generaciones de niños y jóvenes del nuevo milenio.

GT: La generación de transición. Está compuesta por los padres y abuelos actuales, así como los niños y jóvenes cuyo sistema nervioso central se halla en proceso de ajuste. Esto se traduce patológicamente en niños con trastorno de déficit de atención o hiperactividad, así como en niños «teflón» (a los que nada les importa y que han bloqueado en parte o totalmente sus emociones) y autistas. Dichos cambios se sintieron a partir de 1950.

G1: Es la primera generación de niños y niñas del tercer milenio, que empezaron a nacer masivamente en los años ochenta y a principios de los noventa. Esta generación tiene tendencia a ser extrovertida, retadora y carismática, a romper paradigmas. Presenta varias tipologías de niños, una de ellas los famosos «niños índigo».

Se han hecho notar por su rebeldía, por su aversión a la mentira y por no tener miedo a denunciar lo que consideran que no es correcto. Esta generación ha puesto en tela de juicio la educación tradicional. A pesar de su excesivo nivel de energía, estos niños ya no presentan síntomas patológicos de hiperactividad o de déficit de atención (salvo casos de entorno violento o con gran carencia de afecto).

G2: Es la segunda generación de niños y niñas del tercer milenio. Su presencia se hace notar entre 1992 y 2000, aunque algunos de ellos nacieron antes. Tienen tendencia a ser más tranquilos y poseen una gran fuerza interior. Lideran a través del ejemplo, son pacíficos, gentiles y muy sensibles. En general, pueden ser bastante introvertidos. Esta generación se divide en varias tipologías de niños, una de ellas los denominados «niños cristal».

G3: Es la tercera generación de niños y niñas del tercer milenio. Son equilibrados y con una gran determinación. Cuentan con una lógica multi-nivel aún mayor que la de las dos primeras generaciones y tienen acceso a una conciencia aún más expandida. Han nacido entre los años 2000 y 2005, aproximadamente.

G4 y G5: Es la cuarta y quinta generación de niños y niñas del tercer milenio, con un alto nivel de maestría espiritual y con la facultad de sentir a gran distancia. Están naciendo a partir de 2004, aunque hay casos aislados que nacieron antes.

Cuando hablamos de niños y niñas del tercer milenio, no nos referimos exclusivamente a aquellos que presentan características «índigo» o «cristal», ya que ambos representarían solo dos de las numerosas «clases» existentes. En este libro hacemos referencia a «todos los niños y jóvenes del tercer milenio».

Las anteriores consideraciones nos llevan a reflexionar y a preguntarnos: ¿cómo estamos tratando a estas nuevas generaciones? ¿Los estamos apoyando? ¿Estamos reformando el sistema educativo para ellos?

Para que estos niños no pierdan o no «bloqueen» sus talentos y puedan construir la nueva humanidad, consideramos necesario:

- Informar urgentemente a la comunidad educativa y a la sociedad en general, así como apoyar y capacitar a los adultos que los acompañan en su formación: básicamente los padres, los futuros padres y los docentes.
- Desarrollar y poner en práctica herramientas apropiadas para el desarrollo integral de los niños, es decir, que se apoye simultánea y armoniosamente su desarrollo físico, cognitivo, emocional, artístico, social, psíquico y espiritual.
- En general, contribuir al bienestar de los niños, de los jóvenes y de sus educadores con amor incondicional y respeto.

Características más sobresalientes de los niños y jóvenes de hoy

«Cuentan con muchos talentos que son poco aprovechados», comenta una profesora de un colegio privado. «Tienen un potencial extraordinario», reconoce otro maestro. «Por mi parte, observo que aprenden mejor cuando utilizo otras formas de enseñanza, en especial métodos audiovisuales», añade otro.

Podemos observar diferentes tendencias conductuales en los niños y jóvenes del tercer milenio. Mostramos a continuación las de Pedro, de ocho años, que aúna las características más sobresalientes y comunes de estos chicos (estos datos han sido proporcionados por su madre):

> Pedro tiene mucha energía, duerme poco y suele agotarnos. Es más activo que nosotros, los adultos. Come de manera errática y solo lo que le gusta. Es veloz en todo lo que hace y piensa, y se aburre fácilmente. No le gusta ningún tipo de autoridad y cuando dice «¡no!»,

nada ni nadie le hace cambiar de opinión. Es un tanto rebelde. Tiene un buen sentido del humor, una bella sonrisa y se hace querer por todos, sobre todo por su abuela, con la cual tiene una relación muy especial. Puede tranquilamente hacer varias cosas a la vez. Me sorprenden sus intereses precoces de tipo intelectual y espiritual. Es honesto e íntegro, ¡pero también testarudo!
Cuando era más pequeño, se frustraba cuando su motricidad no estaba a la par de los proyectos que se proponía (a veces no le entendíamos y ¡nos hacía sufrir una de sus rabietas! Solía romper los platos.
Ah... y parece que tenía algunos contactos extrasensoriales. Especialmente cuando era más pequeño, veía ángeles y un día nos dijo que ¡se encontraba en una nave con dos amiguitos extraterrestres de nombre Anku y Anka! Estábamos muy perplejos mi esposo y yo.
Le gusta mucho la naturaleza y no quiere que matemos ningún insecto, ni siquiera las arañas o los mosquitos. Tiene una gran autonomía (desde muy pequeñito). Solía ir solo a la tienda a los tres años. A esa edad también empezaron a encantarle los ordenadores. A los seis años podía jugar con el juego *Civilizations*; se quedaba horas jugando y además con una versión en inglés.
¡Pero sí!... Le expulsaron de la escuela porque había hecho una huelga. Se quejó al director del colegio de que el profesor gritaba mucho y decía que en todas las asignaturas debía sacar las mejores notas, porque se esforzaba mucho. Entonces aprendió a escribir solo, con la vecina. Es muy creativo. ¡Qué imaginación! Lo hace todo a su manera y no soporta que nos metamos en «sus cosas» (su ropa, su cuarto y sus juguetes). Tiene su orden específico y no tolera que lo cambiemos.

El perfil de Pedro es uno de tantos. Hay que saber que existen también otras características de los niños del tercer milenio. Algunos pueden ser más «lentos» distraídos e introvertidos. Otros no son rebeldes, sino muy tranquilos. Otros, un tanto frágiles y delicados de salud. Algunos, más psíquicos que otros. Otros, más inclinados a asuntos sociales, ecológicos o espirituales, son educadores del alma, o demasiado sensibles al amor y enferman si no lo hallan.

Muchos tienen una inteligencia interpersonal muy desarrollada y presentan un carisma fuera de lo común. Poseen mecanismos de pensamiento consciente y comprometido con las necesidades sociales. Son niños de una alta empatía, que piensan en función del otro, que comparten decisiones en equipo y presentan habilidades para la interacción social y para la organización de grupos humanos.

Otros tienen una inteligencia intrapersonal muy notoria. Tanto esta como sus pautas de aprendizaje están enfocados a procesos de interiorización. Estos niños tienen sensibilidad para la meditación. Perciben el mundo a través de su «yo interior» y están atentos a sus experiencias íntimas.

Un estudio realizado en Ecuador por el doctor Patricio Pérez Espinoza, resalta principalmente cuatro aspectos que se deben tener en cuenta de manera sistemática en el momento de llevar a cabo nuevas estrategias pedagógicas o educativas con estos niños. En efecto, la mayoría de ellos presentan:

- Un alto nivel de percepción en todos los ámbitos: físico, emocional, mental, social, psíquico, parapsíquico y espiritual.
- Una inteligencia emocional muy desarrollada.
- Una tendencia a utilizar casi todas las inteligencias múltiples, simultáneamente en algunos casos.
- Una facultad innata para manejar sincrónicamente y de igual forma ambos hemisferios cerebrales, lo que provoca una activación natural de la glándula pineal y pituitaria.

La empatía, una característica muy común y notoria

Las características de los niños de hoy no son solamente sus altas capacidades cognitivas, sino también sus amplias percepciones en todos los ámbitos, su agudo nivel de empatía y su sorprendente apertura psíquica y espiritual, especialmente a muy temprana edad.

A causa de esta empatía, son niños atentos a todo: deseaban saber cómo se siente su madre o qué sucede con los niños de la calle o con los perros abandonados, están pendientes de la abuela difunta, se dan cuenta de la contaminación, del deterioro del medio ambiente, de los asuntos económicos, de la política, son sensibles a los desastres, etc. Nada se les escapa. Incluso los más pequeños reaccionan de manera muy emotiva frente a situaciones de injusticia, tanto al ver el telediario, una foto o una película impactante, como en su entorno familiar. Se preocupan por los demás.

John White, miembro de la Asociación de Antropología Americana, plantea que «se está perfilando una nueva humanidad que se caracteriza por una psicología ya modificada, basada en la expresión del sentimiento y no en su represión».

¿Déficit de atención o superatención?

El doctor Patricio Pérez Espinoza, psicólogo clínico ecuatoriano, afirma:

> En general, estos niños no presentan un trastorno de déficit de atención ni hiperactividad, como se les ha diagnosticado muchas veces. La excesiva rapidez con la que realizan diferentes tareas al mismo tiempo se puede confundir con la falta de atención. A menudo, simplemente se aburren y hacen otras cosas. Más bien consideramos que son niños que presentan una «superatencion», así como la capacidad especial de poder desarrollar varias actividades a la vez.

El supuesto trastorno de déficit de atención puede ser en realidad una especie de «superatencion selectiva creadora» asociada a una rapidez inusual para aprender. La «superatencion» es una cualidad que demuestra una atención más profunda que el promedio normal, e incluye:

- La atención múltiple, es decir, la facultad de poner la atención en varias cosas a la vez.

- La atención aguda física, esto es, ver, oír u oler cosas que el adulto no percibe. Por ejemplo, oír el llanto de un bebé o el ladrido de un perro a bastante distancia y prestarle atención.
- La atención aguda emocional y psíquica, o lo que es lo mismo, percibir y atender asuntos emocionales o psíquicos que el adulto no es capaz de notar.
- La atención espiritual, es decir, la facultad innata de percibir campos energéticos de índole espiritual.

En cuanto la supuesta hiperactividad, esta puede ser simplemente la energía «normal» de un niño sano, su dinamismo, creatividad y espontaneidad en una sociedad cansada y estresada que no soporta las actividades de los más pequeños, sobre todo en un contexto urbano caótico, donde disponen de pocos espacios verdes para «desahogarse» y donde no se les deja vivir su niñez con alegría y juegos. Se les exige una vida y un ritmo de adultos: muchos deberes, demasiadas clases extraescolares, un alto rendimiento desde muy temprana edad y una vida sedentaria y mecanizada.

¿Cómo diferenciar si un caso es patológico o no?

Síntomas de una hiperactividad patológica y disfuncional	**Características de un niño sano del tercer milenio**
Imposibilidad de concentrarse durante mucho tiempo en una actividad a pesar de que le interese. Tiene la necesidad de levantarse, hacer algo diferente o dispersarse.	Si está absorto en un tema de su interés (por ejemplo, pintar un mandala, jugar con el ordenador o hacer una construcción de *Lego*) puede concentrarse en ello durante mucho tiempo.
Su actividad motora es excesiva. Se mueve constantemente y hace movimientos que no parecen justificados. Parece que se «mueve por moverse» o simplemente por llamar la atención.	Algunos de estos niños también se mueven todo el tiempo, pero con buena coordinación y con un motivo para ello. Sus actividades son congruentes, de acuerdo con un proyecto coherente específico y continuo que el niño se propone.

SÍNTOMAS DE UNA HIPERACTIVIDAD PATOLÓGICA Y DISFUNCIONAL	CARACTERÍSTICAS DE UN NIÑO SANO DEL TERCER MILENIO
Gran y constante impulsividad (por ejemplo, para tomar una iniciativa o responder a una pregunta), en general sin respeto a los demás. Le hablas de respeto y no hace caso (aun si lo desea).	Si bien es cierto que este niño tiene a veces una gran velocidad de ejecución, es más maduro y consecuente con sus acciones, y más respetuoso. Si le hablas de respeto, te escucha.
No suelen acabar aquello que empiezan.	Dejan las cosas solo si se aburren; en caso contrario, terminan sus tareas con éxito.
En general, tienen dificultades de aprendizaje, a veces asociadas con problemas de socialización, conflictos personales y falta de autocontrol y autodisciplina.	Presentan dificultades de aprendizaje, en general, pero únicamente porque no les gustan los métodos convencionales de repetición y uniformidad del sistema escolar tradicional. No obstante, tienen una enorme facultad para aprender muchas cosas rápidamente (en especial si el tema les interesa). No están asociados a trastornos sociales; por el contrario, suelen ser bastante carismáticos y queridos.
La coordinación motriz suele ser brusca, rápida y un poco torpe. Es muy usual que rompan objetos o que sufran accidentes.	Sus movimientos son rápidos pero no torpes. En general, tienen un excelente equilibrio, saben medir el peligro y no sufren accidentes.
Suelen perder o extraviar sus objetos personales.	¡También!

En 1996, la doctora Doreen Virtue señaló que en Estados Unidos al 65% de los niños diagnosticados con supuesto trastorno de déficit de atención e hiperactividad (TDAH)se los trata con un fármaco llamado Ritalin (en inglés o Ritalina en español), que no es más que un clorhidrato de metilfenidato. Si se administra en exceso, este medicamento puede alterar la salud de los niños a corto, medio y largo plazo.

Ayudan más una buena información, un cambio de organización del trabajo y un aumento de la autonomía y de la autoestima, que las medicinas. Las características positivas de quienes sufren TDAH los presentan como individuos:

- Adaptables y colaboradores.
- Ambiciosos. Quieren ser «todo» cuando crezcan.
- Apasionados.
- Con dotes para el arte, la música, el teatro...
- Aventureros y valientes.
- Capaces de ofrecer estabilidad en situaciones difíciles.
- Buenos organizadores usando agendas.
- Excelentes para hablar en público.
- Con capacidad para las relaciones públicas.
- Buenos para resumir y sintetizar.
- Magníficos narradores.
- Capaces de ver la totalidad de una situación y no solo un aspecto.
- Con la facultad de ver un orden en el caos.
- Compasivos consigo mismos y con los demás.
- Poseedores de una gran confianza en sí mismo.
- Con gran poder de decisión.
- Creativos.
- Decididos a llevar el control.
- Sin problemas para hacer nuevos amigos.
- Dedicados.
- Dispuestos a probar nuevas experiencias.
- Divertidos.
- Sensibles.
- Con una energía ilimitada.

¡Qué aspectos tan positivos! Y curiosamente, se trata de la mayoría de los rasgos de los niños y jóvenes de las nuevas generaciones. Algunas conclusiones que podemos extraer de todos estos datos son las siguientes:

- Parece que nos encontramos, al menos, frente a dos tipos de TDAH: uno patológico, a nivel neurológico –si así lo detecta el electroencefalograma– y uno conductual, que no se trata con pastillas, sino con programas de mejora de conducta y de organización y terapia familiar.
- ¡No es tan terrible tener TDAH! Manejándolo bien, trabajando la organización, la parte humana y el respeto, se puede tornar en cualidades admirables, como lo demuestra la lista anterior de las cualidades positivas.
- Resulta muy fácil en ocasiones confundir el TDAH de tipo conductual con las características de los niños del nuevo milenio, si no se hace un diagnóstico a fondo (el cuadro comparativo expuesto en la página 32 puede ayudar a los profesionales en este sentido).
- Un niño del tercer milenio que crece en un entorno inadecuado (violento, agresivo, con una educación basada en el temor, las amenazas y la falta de cariño) puede volverse un caso real de TDAH como «respuesta» a la depresión o a la ansiedad, porque el niño no sabe cómo manejar el aspecto emocional, que se encuentra destrozado.
- Un niño con TDAH real va cambiando y su sistema nervioso central puede irse ajustando a la gran energía que recibe. De ese modo puede superar su TDAH y convertirse en una persona de gran talento.
- Un niño (y también un adulto de hoy) puede pasar rápidamente de un estadio al otro y viceversa, lo que complica aún más los diagnósticos.

A continuación proponemos algunas ideas y cuidados, con los que se pueden obtener grandes beneficios, para disminuir notoriamente los síntomas del TDAH sin la necesidad de recurrir a fármacos:

1. **Cuidar el régimen alimenticio**
   - Dosminuir la cantidad de azúcares y carbohidratos de la dieta para controlar la formación de serotonina (químico cerebral causante de irritabilidad, inatención e intranquilidad durante el día).
   - Evitar el uso de potenciadores de sabor y conservantes artificiales, ya que pueden causar alergia e hiperactividad.
2. **Promover nuevas maneras de proceder**
   - Definir límites concisos y claros. Aplicarlos con congruencia, firmeza y afecto.
   - Limitar el uso de la televisión y videojuegos, ya que promueven la irritabilidad y acortan los períodos de atención. Adicionalmente, evitan el movimiento y el desarrollo social del niño.
   - Promover disciplinas como el balet o las artes marciales, que ayudan a la coordinación, el autocontrol y la concentración de la atención.
   - Canalizar la energía creativa buscando actividades artísticas, tales como pintura, música, modelado en plastilina o arcilla, teatro, etc.
3. **Entrenamiento**
   - Ayudarlo a formar rutinas que lo apoyen en el desarrollo de sus actividades.
   - Fomentar los buenos hábitos.
   - Ayudarlo a adquirir maestría en actividades cotidianas.
   - Apoyarlo para que desarrolle actividades sociales.
   - Enseñarle a resolver problemas (analizarlos, buscar soluciones y llevarlos a cabo).
   - Enseñarle a elegir y permitirle hacerlo.
4. **Mejorar su autoestima**
   - Hacerlo mediante el respeto, el cariño, la aceptación y el apoyo.
   - Conocer más al niño, acercarse a él y fomentar una buena relación.
   - Buscar el canal adecuado para captar su atención.
   - Aceptar sus limitaciones y no forzarlo.

- Documentarse, obtener información amplia y suficiente sobre el trastorno y su tratamiento.
- Orientar a los profesores sobre cómo deben tratarlo. En caso necesario, considerar otras escuelas donde se le respete y apoye.
- Considerar la terapia familiar.
- No etiquetarlo negativamente.
- Tener mucha paciencia.

Algunas recomendaciones prácticas muy generales

A continuación te proporcionaremos algunos consejos para convivir armoniosamente con tu hijos o con tus alumnos. Se han seleccionado pautas que están teniendo muy buenos resultados con las actuales generaciones de niños y jóvenes. Tu sentido común te dirá cuáles usar y en qué momento será conveniente ponerlas en práctica.

Pautas generales para una mejor convivencia

1. Alienta al niño y fortalece continuamente su autoestima. Muéstrale tu reconocimiento constantemente de manera afectiva con abrazos, apreciación verbal o miradas cariñosas.
2. Permite que haga las cosas por sí mismo. Deja que explore solo. Son excelentes autodidactas y cuanto antes logren la autonomía, mejor.
3. Evita tanto los castigos como las recompensas. Nunca recurras a los castigos físicos ni a los gritos. Exígele a la escuela que no utilice castigos físicos ni emocionales. Los castigos y humillaciones pueden desencadenar graves bloqueos, traumas emocionales, pérdida de autoestima, depresión infantil e intento de suicidio en jóvenes. Deja que vean por sí mismos las consecuencias naturales de sus actos. Entiende que el castigo simplemente no funciona con ellos. Busca alternativas, sin dejar de ser firme respecto a las reglas. Sin gritos y con naturalidad.
4. Sé firme, pero no dominante ni autoritario. Construye con ellos una relación de amigos y compañeros en el camino de la vida, no de «jefes».

5. Respétalos y sé muy honesto con ellos. Acepta sus propias limitaciones, así como las de su padre o su madre –si eres su profesor– o las de su docente –si eres uno de sus progenitores.
6. Con tu ejemplo, enséñale el respeto a los demás.
7. Dedica un tiempo para que podáis estar juntos. Escúchalos.
8. Haz con ellos las tareas en cooperación y no por obligación. Respeta su privacidad cuando deseen estar solos.
9. No entres en una lucha de poder. Si hay conflictos, no insistas. Dar sermones es perder el tiempo. Actúa y da ejemplo.
10. No cedas ante el primer impulso agresivo; tranquilízate y concédete unos minutos para pensarlo. Si te ves incapaz de manejar una situación, no dudes en pedir ayuda a un profesional de tu confianza.
11. No los sobreprotejas, ni física ni emocionalmente. Respeta su propio espacio y su biorritmo, sus momentos de soledad y sus momentos de interacción.
12. Estimula su independencia y su responsabilidad. No temas que por ello se alejen de ti; al contrario, te lo van a agradecer y te valorarán más por eso.
13. Intenta mantener la calma, la tranquilidad y la seguridad interior. Los niños lo perciben todo.
14. No exijas siempre. Cuando lo hagas, que sea algo razonable y fundamentado.
15. Nada de favoritismos ni de comparaciones.
16. Cuida el tono de voz. Gritar te hace perder autoridad y respeto.
17. No dramatices la situación; sé natural y espontáneo.
18. Divertíos juntos.
19. No «les» hables; habla «con ellos».
20. La dulzura atrae a la dulzura; el mal genio atrae al mal genio.
21. No olvides educar con el ejemplo: el niño hará lo que tú hagas, aun si no dices nada; y no hará necesariamente lo que le digas, si tú no lo haces.

22. No escondas los conflictos familiares a tus hijos. Háblales de manera clara, tranquila y transparente, sin odio ni enojo hacia una tercera persona. Ellos entenderán y te lo agradecerán.

Como regla general, debemos:

- Proporcionarles tareas lúdicas.
- Incentivar la actividad física e intentar que aprendan con movimientos (especialmente los más pequeños). Tratar de que tengan un contacto diario con la naturaleza.
- Ofrecerles la posibilidad de escoger.
- Darles responsabilidades.
- Explicárselo todo con mucha honestidad.
- Brindarles siempre cortesía y respeto. De ese modo, recibirás cortesía y respeto.
- Dotar de ambientes con centros de actividades (por ejemplo, el rincón de la pintura), donde puedan tocar, jugar o dibujar. Es decir, crear espacios que ayuden al orden (interior y exterior) y a la autodisciplina.
- Recordar que el cambio siempre comienza por uno mismo.

Antes de los seis años de edad, trabajar el área emocional y creativa es más importante que estimular el área racional, lógica y verbal; por lo tanto, es de utilidad estimular el hemisferio derecho y enfatizar la parte lúdica de cualquier actividad. Resulta imprescindible tener en cuenta la hipersensibilidad de los niños y no criticarlos, ni ponerles apodos o etiquetas. A esta edad deben saberse y sentirse amados incondicionalmente, tanto en sus buenos momentos como en aquellos de tristeza, miedo, ira o aburrimiento. Asimismo, en lo que respecta a la hipersensibilidad auditiva, su umbral de tolerancia a los ruidos es más bajo. Por lo tanto, debemos evitar los gritos, alzar la voz y los sonidos estridentes, y hablarles en un tono de voz normal y de manera madura.

Recomendaciones para la salud

Las siguientes recomendaciones ayudarán a un mejor desarrollo integral de tu hijo:

- No te preocupes por su alimentación. Su propio cuerpo le dice lo que debe comer. Si rechaza la carne, se pueden encontrar proteínas vegetales en la soja, las legumbres, los frutos secos, la quinoa, etc. Si su pediatra confirma que su estatura y peso son normales, no debes alarmarte por su «extraña» dieta.
- Comer sin estrés es importante. Los alimentos deben tomarse sin prisa, sin gritos y sin tener la televisión encendida. No importa si tu hijo come poco. Algunos no se pueden sentar a una mesa más de tres minutos seguidos. Otros prefieren comer cuando tienen hambre y en otros lugares, como en su cama, o mientras están haciendo otras cosas. Les cuesta mucho sentarse a la mesa. En estos casos, compartir la vida social y familiar con ellos no consistirá en comer juntos, sino que debemos buscar otros momentos para estar con ellos.
- Deben tomar mucha agua y líquidos (lo menos azucarados posible). Acuérdate de que el cuerpo necesita de uno a dos litros de agua al día para limpiarse de las toxinas y ayudar a los riñones. No te olvides de darle de beber a menudo, tanto en la casa como en el colegio.
- No debes sobreprotegerlo. Lo más seguro es que tu hijo resista las enfermedades mejor de lo que puedas imaginar. Sin embargo, ten cuidado con las alergias y los problemas respiratorios que son, en general, de origen emocional y se resuelven con medicina no alopática.
- Si tu hijo presenta facultades «paranormales» como clarividencia, telepatía o sueños premonitorios, no lo tomes como producto de su imaginación o de una enfermedad mental. Deberás asesorarte con un profesional o terapeuta de tu confianza entendido en estos temas. Préstale atención a la sensibilidad

paranormal de tu hijo y escucha sus historias, por más inverosímiles que parezcan.

- Estos niños y jóvenes son muy sensibles a las energías sutiles y responden mejor a la medicina alternativa y complementaria que a la convencional, especialmente si la dolencia es crónica. A menudo se enferman por razones emocionales que somatizan, en general, en trastornos de respiración, resfriados, asma o alergias. Reaccionan positivamente a la homeopatía, las terapias florales, la medicina ayurvédica, los masajes energéticos, la reflexología, la digitopuntura, la músicoterapia, la gemoterapia o el reiki, entre muchas otras terapias alternativas y complementarias que se ofrecen hoy en día.

Pautas concretas para docentes y educadores

El trabajo del profesor y educador implica observar y comprender a los niños y jóvenes, así como empatizar con ellos, para así facilitar su tarea de aprendizaje. Se trata de un compromiso del docente consigo mismo, con las nuevas generaciones y con toda la humanidad.

En general, el niño suele tenerle mucho cariño a su maestro. Este debe confiar en sí mismo y en los nuevos procesos de aprendizaje que se van desplegando frente a él.

¿Qué ayuda al docente y educador del tercer milenio?:

- Recibir información actualizada sobre el potencial de las nuevas generaciones.
- Trabajar las actitudes propias.
- Trabajar la autoestima.
- Brindar mucho cariño (que los niños le devolverán multiplicado).
- Tener carisma y paz interior.
- Utilizar su sentido común para lidiar con flexibilidad con los acontecimientos diarios. Acordarse de que cada momento, cada niño, cada situación es diferente y en muchas ocasiones es necesario improvisar o seguir la propia intuición.

- Ser muy claro y coherente entre lo que se piensa, se hace y se dice. Acuérdate, los niños lo perciben todo.
- Dar tareas concretas en forma de proyectos es muy beneficioso, tanto para el profesor como para los alumnos.
- Tener creatividad y utilizar todos los recursos que tiene a su disposición. Por ejemplo, solicitar a los padres que reciclen toda clase de materiales para trabajar artes plásticas (cartones, periódicos, crayones, pinturas, madera, etc.), utilizar los recursos del barrio (mercados, teatro, parques, zoológicos, emisoras de radio, etc.), invitar a profesionales y determinadas personas que les puedan interesar a los niños (los mismos padres, amigos, abuelos que cuenten la tradición local o un terapeuta alternativo), organizar salidas al campo, etc.
- Preparar actividades apuntando al desarrollo integral del Ser.
- Tener presente la multiculturalidad en su aula.

3

Cómo ser más receptivos ante los niños y jóvenes con capacidades psíquicas

Los fenómenos «paranormales» hoy en día son en realidad muy «normales» en los niños y jóvenes de la nueva generación, debido al alza de percepción y de conciencia global.

PATRICIO PÉREZ ESPINOZA

El tema de los niños psíquicos no es nuevo; incluso existieron noticias de ello, especialmente en China, mucho antes de que se dieran a conocer los niños del tercer milenio o siquiera el término «índigo».

¿CÓMO RECONOCER PERCEPCIONES PSÍQUICAS EN LOS NIÑOS?

De los cientos de casos observados hasta el presente, los comportamientos más comunes de los niños psíquicos son los siguientes:

- Contestan antes de que se les formule la pregunta.
- De antemano saben quién está llamando por teléfono o quién va a visitarlos.

- Perciben sin equivocación los campos energéticos y los sentimientos de los demás, como por ejemplo la tristeza, el enojo, la ira, la mentira o el engaño.
- Casi todos, en varios grados, tienen contactos con entes de otros niveles, incluidos los difuntos.
- Sienten a distancia y se molestan cuando otra persona toca sus pertenencias.
- Pueden interesarse en la telepatía (se da el caso de dos hermanos ecuatorianos –de veintiséis y veintiocho años– que ya no necesitan utilizar el teléfono, ya que se comunican telepáticamente con toda naturalidad) o en hablar con los animales.
- En los juegos de clarividencia, aciertan el 70% de las veces sin entrenamiento, y todavía más con entrenamiento.

¿En qué consisten los talentos psíquicos?

Pueden englobar los siguientes fenómenos:

Clariaudiencia: aptitud paranormal de tener un conocimiento mediante sonidos o voces, sin que intervenga en ello el sentido del oído.

Clarividencia o telestesia: aptitud paranormal de tener el conocimiento de un suceso que se está produciendo en otro lugar.

Bilocación o bicorporeidad: fenómeno por el cual un sensitivo puede aparecer visible en otro sitio y ser visto por otras personas como si fuera real, es decir, el cuerpo se encuentra en dos o más lugares a la vez.

Escritura automática: fenómeno que produce un sensitivo, llamado psicógrafo, al escribir un mensaje que se supone le transmiten los espíritus, o al expresar una clarividencia o una precognición por medio de la escritura.

Hiperestesia: sensibilidad de cualquier sentido muy por encima de lo normal.

Lectura con la mano: acción de leer con la mano u otras partes del cuerpo, sin la intervención de los ojos físicos (con los ojos vendados).

Proyección astral: denominación de los fenómenos por los que un sujeto sensitivo se «desdobla» para hacerse presente en otro lugar (sin su cuerpo físico).

Percepción del aura: percepción de los campos energéticos sutiles de una persona, en general en forma de colores, pero a veces en forma de sonidos, una sensación táctil, un gusto o un olor. Existen niños muy pequeños (hasta los cinco años de edad) que ven auras de un modo natural.

Psicometría o criptestesia pragmática: procedimiento por el cual un sujeto obtiene información extrasensorial sobre una persona por medio del contacto directo con una foto de ella o con un objeto que le haya pertenecido.

Telekinesia o psicokinesia: movimientos de objetos producidos por el sujeto a distancia.

Telepatía: percepción extrasensorial del contenido de la mente de otra persona. También se utiliza este término para describir los fenómenos de «comunicación» voluntaria entre dos mentes.

Teletransportación: acción de encontrarse en otro lugar o tiempo con el cuerpo de manera casi instantánea.

Xenoglosia: fenómeno por el cual un sensitivo puede expresarse con palabras en un idioma que no ha estudiado y que no conoce.

Inge Bardor, una joven psíquica de México, relata:

Cuando apenas era un bebé, en mi cuna, solía hacer que mis peluches flotaran hacia el otro extremo de la habitación con mi pensamiento. O bien agarraba mis juguetes y los tiraba al suelo con solo los ojos. Al ver esto, mi madre supo que, en verdad, no era un bebé ordinario y desde un principio empezó a protegerme. Recuerdo que a mi papá le gustaba fumar cigarros y yo, cuando era pequeña, le levantaba su caja de cigarros de la mesa en una posición vertical. Era muy divertido. Muchos niños como yo están naciendo en la actualidad (www.spiritofmaat.com/archive).

La madre de una niña con talentos psíquicos nos cuenta:

Soy una chilena de treinta y nueve años, con dos hijas, de ocho y tres años, respectivamente. Con mi hija mayor, Valentina, he tenido muchas experiencias, y quiero mencionaros algunas, para que les sirvan a otros padres que alguna vez hayan sentido que sus hijos son especiales.
Antes de que mi hija Valentina naciera, cuando ya llevaba ocho meses de embarazo, mi esposo venía de regreso del trabajo. No sé cómo decirlo, pero sintió una vocecita en la cabeza que le repetía el nombre Valentina, aunque nosotros ya habíamos pensado en otros nombres. Desde ese día cambiamos de opinión y la llamamos Valentina.
Recuerdo cuando, al día siguiente de su tercer cumpleaños, me dijo que mis padres vinieron a cantarle «cumpleaños feliz». Me preocupé, ya que ambos habían fallecido. Me los describió con todo detalle, hasta sus ropas, que ella no conocía. Después de entonces y hasta el día de hoy, cada cierto tiempo los ve y conversa con ellos, especialmente con su abuela.
Cuando venía a mi lugar de trabajo, no aceptaba a una de mis colegas. Un día me dijo que la veía de color gris, y que era fea (en realidad esa persona es de malos sentimientos y siempre tiene problemas con los demás).

¿Nuevas estructuras psíquicas y espirituales en los niños y jóvenes de hoy?

Se atisban un conjunto de atributos psicológicos e intelectuales inusuales que revelan un patrón de conducta no documentado con anterioridad.

A las características señaladas anteriormente podemos añadirles, por su relevancia, las siguientes:

- Son multidimensionales, altamente sensibles, con muchos talentos y poderes intuitivos.

- Como poseen una visión diferente de la vida, tienen otras prioridades, valores y necesidades.
- Físicamente pueden ser más sensibles a los olores o a los sonidos, por lo cual les suelen molestar las multitudes y los lugares muy ruidosos.
- Son capaces de percibir los sentimientos no manifiestos de los demás sin comprender de dónde provienen. Les cuesta diferenciar entre su propia energía y la ajena.
- Al poseer un mayor desarrollo de la percepción extrasensorial (telepatía, clarividencia, etc.) y ser extremadamente sensibles, tienen facilidad para saber cuándo se les intenta engañar.
- Son muy sensibles a las emociones y tienen una conexión espiritual más profunda.
- Muy frecuentemente pueden ver auras, colores y espíritus a su alrededor, así como percibir la energía de las personas y los lugares.
- Tienen sueños muy vívidos que generalmente recuerdan y les sirven de guía y ayuda en su vida. Algunos también pueden tener premoniciones.
- Poseen una conciencia interdimensional. Algunos recuerdan sus experiencias antes de encarnar y muchos tienen una clara conciencia de cuál es su misión en la Tierra. Demuestran conocimientos y una sabiduría que trasciende su experiencia inmediata y su edad cronológica.

Hemos recogido los testimonios de algunos niños y jóvenes sobre sus experiencias. Adriana Vargas, de diez años, de La Paz (Bolivia), aconseja:

> Quiero que los papás nos entiendan y no nos griten. Les recomiendo que cuando les hablemos, nos escuchen más. Mi profesora me asusta. Nos riñe, me da miedo y es horrible. Dios es muy bueno, tiene tanta energía que es muy fuerte. Cuando le llamo, puedo sentir su calor. Los ángeles también tienen esta energía. Veo hadas en mi

cuarto. Se miran y se peinan. Una vez, vi a un ángel y me dijo dónde estaba la muñeca que había perdido. A veces vienen otros ángeles. Cuando hicimos la meditación grupal, estaban por todos lados. ¡Era como una fiesta! Había hadas, ángeles de la guarda de las otras personas... Me sentía bien porque había mucha energía positiva.

La hermana melliza de Adriana, Gabriela, comparte también su experiencia:

¿Los ángeles? Sí, me comunico con el mío, se llama María. Es grande. Detrás de ella hay como una luz violeta-azul. No me habla, solo me mira y me siento bien. Casi todas las noches trato de comunicarme con ella. Cierro los ojos y me la imagino, después abro los ojos y aparece en mi cuarto. También veo hadas y ángeles chiquitos. En mi cuarto, sobre mis peluches y sobre el velador, están jugando por todas partes. Veo también otros ángeles: son parecidos al mío, pero más chiquitos, como si fueran su guardaespaldas. También tienen una luz violeta-azul, pero no tan brillante. Tienen como un vestido blanco.

Otra joven, V., de veinte años, dice:

¿Mis guías y maestros espirituales? Están todo el tiempo conmigo. Se comunican constantemente conmigo. Para mí es normal. Más bien, para mí, lo que no es normal es cuando estoy separada de ellos.

Marta era una joven malagueña de doce años, simpática, trabajadora, cariñosa, pacificadora y amiga de todos. Tenemos la carta que escribió de puño y letra a sus padres unos días antes de morir, carta cuya existencia ellos ignoraban y que descubrirían al azar ocho meses más tarde, justo el día de su cumpleaños.

En ella se despide de toda la familia y de sus amigos. Al final, escribe: «Os quiero, family. Nunca me olvidaré de vosotros». Su madre recuerda que unos días antes de morir le había preguntado: «Si a mí me pasa algo, ¿qué harías?

Al poco tiempo fallecía en un absurdo accidente de tráfico.

Luis Ardaya Roca, psicólogo y terapeuta de La Paz (Bolivia) nos comenta lo siguiente:

> Lo que llama más la atención en los niños y jóvenes de hoy es la pureza, el amor verdadero, su entereza, su nobleza y la facilidad de comunicación con las personas que ellos sienten que los entienden y no los van a juzgar. Ellos sienten mucho, tienen mucha información, que lastimosamente no pueden a veces expresar con sus padres o su entorno, porque no los comprenden e incluso les prohíben hablar de estos temas. Algunos los llevan al médico o al psicólogo, que desconocen cómo tratarlos y los derivan a un psiquiatra.
>
> Mucho amor fluye en ellos. Es extraordinario cuánto sienten y cómo les llegan los mensajes. A veces hacen maravillas, sin tener orientación alguna. En la mayoría de los casos, nacen con muchas cualidades espirituales, con un gran deseo de seguir creciendo, y para ello continúan investigando por su cuenta. Llegan a descubrir por sí mismos aspectos muy interesantes de su Ser que los llena de amor y de luz. Hay algunos casos realmente sorprendentes, de muy alta espiritualidad. Observo que los niños de hoy reciben muchas manifestaciones divinas, comunicaciones directas con los mundos angélicos. ¡A veces me dejan boquiabierto!
>
> Si hay falta de entendimiento y apoyo y no se los escucha, se vuelven más introvertidos, desconfiados y reacios. La situación se empeora aún más si va acompañada de mentiras o malos tratos. Son tímidos, tienen muchos miedos y están plagados de emociones muy fuertes por no poder comunicarse con el mundo exterior. Son muy reservados y muy observadores con las personas que hablan de sus temas. Una vez que ya tienen confianza, desean saber más y más, quieren toda la información que les pueda ayudar a continuar su trabajo. Hay que apoyarlos para ordenar y manejar tanta información que captan.

¿Qué hacer y qué no hacer con los niños psíquicos?

Un niño o joven psíquico es más sensible que la mayoría y responde más agudamente a las emociones. Es prudente prestar atención a los siguientes puntos para que su crianza y educación sea más armónica:

- Expresar tus emociones honestamente para que el niño no se sienta perturbado, al no lograr discernir a veces sus propias emociones de las de otros.
- Explicarle las eventuales emociones conflictivas de un grupo, para que no dude de su propia estabilidad.
- Cuidar su entorno emocional, generar apoyo y genuino interés (aun si no es fácil entender lo que le sucede), darle amor incondicional.
- Nunca tener miedo frente a una de sus experiencias extrasensoriales; escucharlo con normalidad.
- Asegurarte de que realicen suficiente ejercicio físico e intercambios regulares de energía con la naturaleza.
- Cuidar la violencia física, que los aterroriza. Bajo ningún motivo recurrir a los golpes o castigos físicos.
- Estos niños tienen una sensibilidad especial a los campos electromagnéticos, las explosiones solares y otras manifestaciones astronómicas y se pueden alterar por ello.
- Deben limpiarse psíquicamente después de todo contacto de grupo (puede ser simplemente ducharse o caminar descalzo por el césped) y «protegerse» cuando se encuentren en entornos sucios, hostiles o demasiado cargados.

Es fundamental escuchar al niño. Escucharlo de verdad significa aceptar con naturalidad y cariño incondicional lo que quiere expresar. Hay que tomar los fenómenos psíquicos con calma. Lo más importante es no asustarse, ni asustar al niño.

Si te lo tomas con tranquilidad, él estará en calma y podrá manejar bien la situación; si los adultos reaccionan con temor y preocupación, los niños también van a preocuparse, pensando que algo está mal, que hay algún problema en ellos o que algo anda mal entre ellos y los demás. Por ese motivo es importante evitar mostrar expresiones de miedo y no gritar, ni castigar.

Hay que darle la misma importancia que el niño le da a lo que está viviendo, incluso si esto implica añadir un plato de comida para el amigo «imaginario» o preparar otra almohada. Conocemos varios casos de niños que sufrían una gran tristeza por no sentirse entendidos a este nivel.

También es importante saber manejar los temores nocturnos y presencias de seres desagradables. Si el niño presenta este tipo de visiones o miedos, debemos darles protección (física, mental, psíquica, emocional y espiritual), abrazos y contacto corporal. Es útil en estos casos dejar la luz encendida –toda la noche si fuera necesario–, quedarse junto al niño, sin que importe su edad –en tu cama o en la suya–, o encender una vela o incienso.

No debes valerte de sus temores para burlarte de él o utilizarlos como medio de disciplina para controlarlo (no le digas cosas como: «Compórtate bien; si no, va a venir la bruja, o el "coco" va a comerte de noche»). Si siguen los temores, es necesario que consultes con un terapeuta profesional que sea realmente de tu confianza. Es importante atender el asunto antes de que tome proporciones demasiado graves. Es mejor prevenir que curar.

Judy Hall recomienda la ayuda de la terapia floral, que da excelentes resultados con los niños y jóvenes de la nueva generación (Hall, 1996: 17 y ss). Dentro de las flores de Bach y las de California, podemos citar:

- *Canyon Dudleya*: cuando hay tendencia al desequilibrio por exceso de experiencias psíquicas, ayuda a una apertura espiritual sana, con energías físicas y psíquicas equilibradas. Permite una presencia firme en la vida diaria.
- *Angélica*: facilita la capacidad espiritual de contactar con los reinos espirituales en el nivel del alma.

- *Lavender*: alivia cuando uno está expuesto a una gran cantidad de estimulación nerviosa. Ayuda a tener un buen sueño.
- *Mariposa Lily*: provee un manto maternal de calidez y sensibilidad.
- *Walnut*: ofrece protección contra influencias exteriores que oscurecen.
- *Yarrow Special Formula:* proporciona protección energética frente a radiaciones y otras influencias medioambientales nocivas.
- *Purple Monkeyflower* y *Pink Monkeyflower*: da protección y ayuda a la vulnerabilidad emocional.

PARTE 2

LOS SUSTENTOS Y BASES CIENTÍFICAS DE LA EDUCACIÓN DEL TERCER MILENIO

4

Las diferentes inteligencias de los niños y jóvenes del Tercer Milenio

Como acabamos de evidenciar, los niños del nuevo milenio presentan características únicas que inducen a las personas que interactúan con ellos (en especial sus padres y educadores) a cambios profundos en su manera de actuar, de vivir y de ser, a la vez que nos retan a dar un giro esencial en la manera de educarlos.

A continuación veremos en qué consisten las novedades en su forma de aprendizaje y de ser, con respecto a su hipersensibilidad, inteligencia emocional, inteligencias múltiples y uso del hemisferio derecho del cerebro.

Hipersensibilidad a todos los niveles

Para entender mejor cómo orientar la educación de estos niños, resulta imprescindible entender bien en qué consisten estas altas cotas de sensibilidad. Observamos seis niveles de hipersensibilidad en todos los niños de hoy, que se pueden presentar en varios grados: físico, emocional, social, ético, psíquico y espiritual.

A nivel físico, sus cinco sentidos son más activos. Los psicólogos lo llaman hiperestesia, es decir, una sensibilidad por encima de lo normal y una percepción más aguda, con un espectro más amplio.

- **Vista**: abarca un mayor campo visual. Algunos niños pueden percibir los campos energéticos (aura) de las plantas y animales. Son hipersensibles a la luz fluorescente, lo que puede acarrear problemas de lectura y escritura.
- **Oído**: sus sentidos auditivos también están muy desarrollados. No soportan los gritos, ni los ruidos estridentes. Son muchos los niños que en los colegios se sienten aturdidos por los ruidos, hasta el punto de no poder disfrutar de los recreos por los trastornos que les producen los gritos de sus compañeros.
- **Olfato y gusto**: algunos tienen preferencias muy definidas en cuanto a sabores y olores. No les gusta el olor del tabaco.
- **Tacto**: es en el nivel táctil donde se observa la mayor sensibilidad. No soportan los textiles sintéticos, ni el roce de una etiqueta. A veces desarrollan alergias atípicas de la piel. Algunos no toleran los detergentes, así como cierto tipo de jabones o perfumes químicos.

Como hemos visto, necesitan menos alimentos o menos descanso, porque se nutren de otra energía (*prana, chi* o *ki*) y de afecto.

A nivel emocional, su sensibilidad se manifiesta en una gran aptitud para percibir a los demás. Rechazan toda manipulación, violencia y control. Esta supuesta rebeldía no es más que una gran honestidad con ellos mismos y con quienes los rodean.

A nivel social, son muy conscientes de los problemas de su medio ambiente y su entorno socio-político. Influyen directamente en sus padres con sus opiniones y modo de vivir, y algunos de ellos presentan un cierto carisma de líder desde edad muy temprana.

A nivel ético, son muy sensibles al engaño, la manipulación y la mentira, que detectan instantáneamente. Tienen un alto sentido del honor, valor, ética, integridad y noción de servicio.

A nivel psíquico, se observan capacidades inherentes de dones como sanación, manejo de energía a distancia, clarividencia, telepatía, lectura de la mano, precognición y telequinesia. Algunos pueden ver seres de otras dimensiones.

A nivel espiritual, son capaces de conectarse de forma innata con su yo superior y tienen acceso más fácilmente a otras esferas espirituales. Desde temprana edad, se sienten atraídos por los temas espirituales y esotéricos.

La madre de Lucía, una pequeña de dos años y medio, nos cuenta:

> Lo que me llama la atención de mi hija es que es muy perceptiva, muy sensible. Lucía es muy cariñosa, efusiva e inteligente. ¡A veces nos preguntamos de dónde saca lo que dice! Si hablamos fuerte, se queja: «No discutáis» o dice: «Ahora vamos a hacer otras cosas» y nos lleva a jugar. Es como si fuera nuestra mamá. Y le seguimos la corriente. A veces ve cosas raras, como el «vecino verde». Ella escucha ruidos, y dice que aquí está el «vecino verde». De bebé, echada, hablaba y le sonreía a alguien. Reía a carcajadas. Al nacer, lo primero que vi fue sus ojos. Me miraba intensamente.

Los secretos de la Inteligencia Emocional

Una inteligencia emocional desarrollada

El cerebro humano está formado por varias zonas diferentes que evolucionaron en distintas épocas. Cuando en el cerebro de nuestros antepasados se desarrollaba una nueva zona, generalmente la naturaleza no desechaba las antiguas, sino que las conservaba, y la sección más reciente se formaba sobre ellas. Esas primitivas partes siguen operando en concordancia con un estereotipado e instintivo conjunto de programas. El cerebro humano se divide en tres cerebros:

- El cerebro reptil: es el más primitivo de nuestros cerebros y se encarga de los instintos básicos y de la supervivencia.
- El cerebro emocional, también llamado cerebro medio, es la parte del cerebro situada inmediatamente debajo de la corteza cerebral y encima del cerebro reptil. Comprende centros importantes como el tálamo, el hipotálamo, el hipocampo y la amígdala cerebral, que funcionan en los mamíferos y son el asiento de las emociones. En el ser humano, son los centros de la afectividad. Es aquí donde se procesan las distintas emociones y el hombre experimenta penas, angustias y alegrías intensas.
- El cerebro racional o corteza cerebral: hace aproximadamente cien millones de años aparecieron los primeros mamíferos superiores. Por encima del bulbo raquídeo y del sistema límbico, la naturaleza nos dotó de un cerebro adicional, el cerebro racional. Es el que piensa y el que dio nacimiento al *Homo sapiens*, con su capacidad de pensar de forma abstracta y más allá de la inmediatez del momento presente, de comprender las relaciones globales existentes y de desarrollar un yo consciente y una vida compleja. Los lóbulos prefrontales y frontales juegan un papel determinante en la asimilación «neocortical» de las emociones.

Lo que nos interesa en ese libro es entender los últimos descubrimientos sobre el cerebro, mente e inteligencia emocionales. Resumimos, a continuación, los interesantes hallazgos de Daniel Goleman, Paul Ekman, Seymour Epstein y Servan-Schreiber, relacionándolos con las conductas de los niños de hoy.

La Inteligencia Emocional presenta cinco características que encontramos de manera muy fehaciente en los niños de hoy:

- Es sumamente veloz; más rápida que la mente racional.
- Requiere de una acción inmediata y se pone en marcha sin detenerse ni un instante a «pensar» en lo que está haciendo. Cada

5. Adquirir buenos hábitos para que los niños **PIENSEN Y ACTÚEN POSITIVAMENTE**. Por ejemplo, alguien pregunta: «¿Dónde están los lápices?». El niño responde: «No sé, pero estoy seguro de que los vas a encontrar. ¿Te ayudo a buscarlos?», en lugar de decir secamente: «No sé», como si no le importara nada.
6. Ejercicios para imprimir en el niño el **HÁBITO DE AFIRMACIONES POSITIVAS**. «Vengo de la Luz, doy Luz al planeta, doy amor a todos los animales, a las plantas y a la Tierra». Es importante que desde pequeños sepan que pueden remediar, cambiar y sanar lo que ven y perciben. En el caso contrario, se desesperan y se entristecen. Este ejercicio les ayuda mucho a equilibrarse, así como a reforzar su desarrollo emocional y espiritual y afirmarse en él.
7. Antes de empezar cualquier clase, asegurarse de que la parte emocional de los niños esté atendida. De otro modo, no van a captar lo que se les desea enseñar.
8. Es fundamental que desde muy pequeños, los niños sepan manejar las visualizaciones y las afirmaciones; que conozcan el poder de la intención, del amor y las «técnicas de luz». Es importante, pues, que los profesores, psicólogos y padres se pongan al día con dichas técnicas, que han resultado ser muy eficaces con los niños de hoy.

Fluir, el punto óptimo de la Inteligencia Emocional

El término «estado de flujo» (*flow* en inglés) se refiere a un estado en el cual una tarea, trabajo, acción o proeza física alcanza su punto óptimo y todo «fluye» por sí mismo.

Mihaly Csikszentmihalyi, psicólogo de la Universidad de Chicago, demostró que este estado de flujo es el punto óptimo de la Inteligencia Emocional, en el sentido de que no solo las emociones están canalizadas perfectamente, sino también estimuladas, utilizadas, alineadas y volcadas en una tarea inmediata, lo que permite al sujeto estar totalmente absorto en su labor en un estado de trance o suave éxtasis.

Según Goleman, se trata de un estado de gracia, conocido como la «zona» por los atletas o «inspiración» o «musa» por los escritores y artistas, en el que uno se supera a sí mismo en su actividad preferida. Lo pueden experimentar deportistas, ajedrecistas, cirujanos, terapeutas, ingenieros, músicos, amas de casa y todo aquel que esté realmente concentrado y disfrutando de una tarea donde todo ocurre en perfecta sincronización (Goleman, 2002: 117 y ss).

Según Csikszentmihalyi y Goleman, se trata de una experiencia magnífica donde la sensación es de deleite espontáneo, tan agradable que es intrínsecamente gratificante. El «flujo» es un estado de olvido de sí mismo, de relajación total y, a la vez, de extrema concentración. En dicho estado, el cerebro se tranquiliza, en el sentido de que se produce una disminución de la excitación cortical. Incluso el trabajo difícil puede resultar refrescante o reparador, en lugar de agotador.

Parece que los niños y jóvenes del tercer milenio, cuando se encuentran en el entorno adecuado, presentan una tendencia natural a entrar en este estado, lo que nos abre nuevos horizontes en términos de educación y aprendizaje.

Hay cuatro condiciones para que se produzca el estado de flujo en el ámbito educativo:

- La tarea propuesta debe ser deseada por el estudiante.
- La actividad debe iniciarse en un estado relajado. De ahí la importancia de empezar las clases con cinco minutos de relajación.
- Es necesario que el trabajo propuesto desafíe a la persona a desarrollar al máximo sus capacidades.
- El desafío, sin embargo, no ha de ser tan grande que provoque ansiedad o angustia por no lograrlo.

Los educadores y padres tienden a subestimar a los niños y jóvenes y no los someten a desafíos enriquecedores. Recordemos que estamos frente a una generación de naturaleza precoz, madura, extremadamente sensible y empática, autorrealizada y autodidacta, a la vez que espiritual y pragmática. Se sienten muy motivados al ver el resultado concreto de su aprendizaje.

El mismo Gardner, padre de la teoría de las Inteligencias Múltiples, considera:

> El estado de flujo y los estados positivos que lo caracterizan son la forma más saludable de enseñar a los chicos, motivándolos desde el interior más que amenazándolos u ofreciéndoles recompensas. El estado de flujo es un estado interno que significa que un niño está ocupado en una tarea adecuada. Uno debe encontrar algo que le «guste» y ceñirse a eso. Es el aburrimiento en la escuela lo que hace que los chicos se peleen y alboroten, y la sensación abrumadora de un desafío lo que les provoca ansiedad con respecto a la tarea escolar. Pero uno aprende de forma óptima cuando tiene algo que le interesa y obtiene placer ocupándose de ello (citado por Goleman, 2002: 121).

Las Inteligencias Múltiples

Las ocho Inteligencias Múltiples y «la novena inteligencia»

Los doctores Gardner y Armstrong demostraron que los niños poseen al menos ocho inteligencias, es decir, ocho maneras de aprender o estilos de aprendizaje: la lingüística, la lógica-matemática, la visual-espacial, la corporal-kinestésica, la musical, la intrapersonal, la interpersonal y la naturista, más una novena denominada inteligencia trascendente.

La Inteligencia Lingüística (o verbal lingüística)

Es la inteligencia de las palabras: se utiliza casi en dos tercios del sistema educativo actual. Sus mecanismos de pensamiento son las palabras y el lenguaje. Aquellos que la tienen más desarrollada son niños hábiles para leer, escribir, hablar, comunicarse, contar cuentos, hacer juegos de palabras, escribir prosa y poemas, pronunciar discursos, etc. Tienen buena memoria para los nombres, lugares, fechas e información trivial.

Con estos dones, pueden ser poetas, periodistas, escritores, profesores, maestros, abogados, políticos o traductores, entre otras profesiones.

La Inteligencia Lógico-Matemática

Se utiliza casi en un tercio del sistema educativo actual. Sus mecanismos de pensamiento son el razonamiento, la sensibilidad y la capacidad de distinguir patrones lógicos o numéricos. Los que más la emplean tienen la habilidad de manejar largos hilos de razonamiento. Se trata de niños hábiles para experimentar, cuestionar, solucionar y trabajar con muchos datos. Les atrae la ciencia, la matemática, la resolución de problemas lógicos y el razonamiento.

Pueden ser científicos, ingenieros, programadores informáticos, investigadores, contables y matemáticos

La Inteligencia Visual-Espacial

Es la inteligencia de las artes plásticas, del diseño y de la arquitectura. Los mecanismos de pensamiento se presentan en imágenes, dibujos y perspectivas. Es la habilidad para pensar de manera gráfica, para percibir detalladamente el mundo visual y recrearlo. Se trata de niños hábiles para diseñar, dibujar y visualizar. Son buenos en el arte y el diseño. Les gusta imaginar cosas, hacer rompecabezas y esquemas y leer mapas.

Pueden ser astronautas, escultores, artistas, inventores, arquitectos, diseñadores, mecánicos, ingenieros y exploradores.

La Inteligencia Corporal - Kinestésica

Los mecanismos de pensamiento se producen por sensaciones somáticas (de todo el cuerpo y especialmente de las manos). Los niños que más usan esta inteligencia presentan una gran capacidad para controlar los movimientos del propio cuerpo y para manipular objetos con destreza. Perciben el mundo exterior a través de su cuerpo y de su sentido táctil. Son hábiles para bailar, correr, brincar, construir y explorar. En general, destacan en los deportes y en las artes marciales.

Tienen tendencia a moverse, tocarlo todo y gesticular. Son diestros en motricidad fina, así como en actividades que utilicen la Inteligencia Visual-Espacial.

Pueden ser actores, bailarines, atletas, educadores físicos, maestros de artes marciales, bomberos, artesanos, joyeros y cirujanos.

La Inteligencia Musical

Es la habilidad para entender, apreciar y crear música. Los mecanismos de pensamiento se producen por ritmos, tono, timbre, melodía y armonía. Estos niños presentan una gran sensibilidad para producir y apreciar ritmos, tonos y timbres, además de una apreciación musical muy acrecentada. Son muy conscientes de todos los sonidos de su entorno.

Pueden pertenecer a cualquier profesión ligada a la música. Tienen también el don de la sanación por el sonido.

La Inteligencia Interpersonal

Es la inteligencia del entendimiento social y de la necesidad colectiva. Aquellos que más la utilizan poseen una habilidad innata para la interacción social y para la organización de grupos humanos. Son niños que hablan con todos y son muy hábiles para dirigir democráticamente, organizar, comunicar, intermediar, negociar, liderar y mediar en conflictos. Perciben fácilmente los estados de ánimo, deseos y motivaciones de los demás.

Pueden destacar como líderes políticos o religiosos. Son excelentes padres y profesores, consejeros, vendedores, empresarios y terapeutas.

La Inteligencia Intrapersonal

Es la inteligencia del autoconocimiento. Son niños sensibles a la reflexión y a la meditación, con un fuerte sentido del yo y confianza en sí mismos. Son un poco soñadores y a menudo prefieren trabajar solos. Saben perseverar en sus intereses y metas, y toleran bien la soledad. Están atentos a sus experiencias íntimas. Son buenos para definir metas, meditar, soñar, callar, planificar, entenderse a sí mismos y analizar sus propios sentimientos y proyecciones. Guían a los demás a partir de su propia experiencia. Son originales y siguen su propio ritmo.

Pueden ser excelentes teóricos, filósofos, científicos o psicólogos.

La Inteligencia Naturista (o Naturalista)

Esta inteligencia gusta de la naturaleza y la categorización. Quienes la tienen muy desarrollada son sensibles a la naturaleza y les gusta organizar la información. Tienen una alta sensibilidad para conectarse con la naturaleza en todas sus expresiones y nutrirse energéticamente de ella. Disfrutan estando al aire libre, en contacto con animales, aprendiendo la geografía, investigando sobre la ecología, el medio ambiente y los fenómenos climáticos. Son buenos para clasificar, organizar espacios, planificar viajes y trabajar en actividades de preservación y conservación. Aprenden mejor estudiando los fenómenos naturales y aprendiendo cómo funcionan las cosas. Son hábiles en todos los asuntos de medio ambiente, biología y ecología.

Pueden ser excelentes biólogos, médicos, veterinarios, científicos, investigadores y ambientalistas.

La novena inteligencia: la Inteligencia Trascendente

El mismo doctor Gardner planteó una inteligencia adicional, que denominó Inteligencia Trascendente. Otros autores la llaman Inteligencia Metafísica. Las habilidades psíquicas y las aspiraciones espirituales de los niños se incluyen en esta categoría. Esta novena inteligencia la están utilizando ampliamente los niños y jóvenes del tercer milenio. De ella se resaltan tres características principales:

- Sensibilidad ampliada a todos los niveles.
- Espiritualidad altamente desarrollada.
- Habilidades psíquicas innatas.

Esta inteligencia es hábil para captar la «esencia» de las cosas y para trabajar varios niveles de comprensión a la vez. Requiere una educación alternativa que pueda atender el área psíquica y espiritual del niño.

Las Inteligencias Múltiples y los niños del tercer milenio

El método de las Inteligencias Múltiples abre nuevos horizontes para los niños de hoy. Les proporciona diversidad y flexibilidad, y les permite profundizar en las áreas que más les interesan.

La Inteligencia Verbal Lingüística, a veces, no es su modo de aprendizaje y de expresión favorito. Por el hecho de que utilizan fácilmente su hemisferio derecho, que es no verbal, les gusta buscar otras formas de expresión y de conseguir la información. Sin embargo, leer libros espesos no les molesta, especialmente si son de !Harry Potter!

¡A veces les piden a sus padres que les ayuden a escribir o que escriban por ellos! Es el caso de Flavio y Marcos Cabobianco, así como de Marcus y Phoebe Lauren, en los maravillosos libros *Vengo del Sol,* de Flavio Cabobianco (1991), y *El niño de las estrellas*, de Phoebe Lauren (2000). Hay que entender que es difícil para ellos expresar con palabras lo que sienten tan intensamente.

Flavio es pionero. Nació hace más de veinte años, cuando nadie hablaba todavía de los «nuevos» niños. El prólogo, escrito por él cuando tenía ocho años, comienza así:

> Nuevos niños están naciendo. Son humanos diferentes, aunque no lo parezcan. Yo soy solo uno de ellos, uno de los primeros. La humanidad está cambiando. La conexión con lo espiritual está más abierta. Todos los niños pueden ahora mantenerse unidos a su esencia. [...] Yo vine a este mundo con el cuerpo más sutil posible, para poder realizar mi misión: informar y preparar para el cambio. Estoy aprendiendo a densificarme y nutrirme de las fuerzas de la Naturaleza (Cabobianco, 1991: 125).

Flavio explica también que es difícil explicarse en palabras y no de manera telepática. A los seis años de edad, decía:

> Como es un planeta tan denso, no funciona bien la telepatía, la transmisión directa por ondas mentales. Por eso existe la mentira. La comunicación se hace con sonidos que salen del cuerpo por un agujero (la boca). El aire mueve las cuerdas vocales y salen las vibraciones que representan las cosas. Encima, en distintos lugares se hacen sonidos diferentes para decir lo mismo. ¡Es muy complicado! (Cabobianco, 1991: 34).

Material y herramientas pedagógicas

En las escuelas u hogares es preciso utilizar las nueve inteligencias múltiples, ya que los niños tienen que ejercitar todas y cada una de ellas. Según su afinidad, se les debe proporcionar el material adicional que necesitan para ejercitar la inteligencia hacia la que más se inclinen. En caso de países o barrios de escasos recursos, los profesores, padres y alumnos pueden inventar, crear y construir lo que precisen con los recursos del medio. Incluso se pueden elaborar junto con los niños artefactos que correspondan a la inteligencia que más les atrae y luego venderlos y generar fondos para la escuela.

Es muy importante que dejemos que los niños exploren todas las dimensiones de sus inteligencias. Howard Gardner explica:

> En mi opinión, que se basa en muchas investigaciones previas, el niño de preescolar posee una mente de una fuerza y un potencial sin paralelo. Este es el período de la vida durante el cual los niños pueden, sin esfuerzo ni la necesidad de una tutoría formal, adquirir conocimientos con gran facilidad al tratarse de un sistema simbólico o un campo cultural (Gardner, 1990: 203).

Las ventajas de trabajar con las Inteligencias Múltiples con los niños y jóvenes del tercer milenio son varias:

- Son técnicas pedagógicas ya documentadas y experimentadas.
- Respetan los talentos de los niños. Los incentivan para desarrollar el área que dominan y con la que más disfrutan. Es decir, Mozart puede seguir componiendo música y Einstein, trabajando con las matemáticas. No se va a «nivelar» a Mozart en matemáticas y a Einstein en lenguaje, por ejemplo.
- Alegran a los estudiantes, ya que les satisface saber que se están formando para cumplir su misión específica y les proporciona autoestima.
- No pretenden poner a todos los niños en una clase bajo el mismo molde. «Cambia el molde» en función del niño, y no al revés.
- Proveen una educación variada y no aburrida, tanto para el docente como para el estudiante.

El doctor Armstrong nos cuenta «*La fábula de la escuela de los animales*»:

> Me recuerda la historia de los animales que decidieron crear una escuela para trepar, volar, correr, nadar y excavar. No lograban ponerse de acuerdo acerca de qué materia era más importante, así que acordaron que todos los animales deberían seguir el mismo programa. El conejo era experto en correr, pero casi se ahoga en la clase de natación. La experiencia le produjo un trauma tan fuerte que nunca más pudo correr tan bien como solía hacerlo. El águila era maravillosamente ágil al volar, desde luego, pero su desempeño en la clase de excavar fue tan deficiente que la pusieron en un programa de nivelación que le llevó tanto tiempo que pronto olvidó cómo volar. Y así con los otros animales, que también perdieron la oportunidad de destacarse en sus talentos, porque se los obligó a hacer cosas que no respetaban su naturaleza original.
>
> La forma como tratamos a nuestros niños se parece mucho a esta historia: hacemos caso omiso de sus dones y talentos cuando los obligamos a desperdiciar horas en clases especiales o grupos de nivelación.

5

Explorando formas de aprendizaje para el Tercer Milenio

La lateralidad de los hemisferios cerebrales y la creatividad

Los niños del tercer milenio tienen la facultad de manejar simultáneamente ambos lados de su cerebro, de manera equilibrada, armónica, natural y sin conflictos, sobre todo si su educación está bien encaminada.

Veamos a continuación las características de cada hemisferio cerebral.

El hemisferio izquierdo

Es el centro de la lógica. En él se basa el mundo actual y fue el pilar de la educación de los siglos pasados. Se caracteriza por:

- Proporcionar una mente racional, cartesiana y que realiza conexiones lógicas entre las causas y los efectos.
- Ser analítico y calculador.

- Como modo de expresión, especializarse en lo verbal, las palabras, los discursos y la gramática.
- Tener un enfoque lineal.
- Su capacidad para realizar solo una cosa a la vez y paso a paso.
- Su gusto por el orden. La autoridad le da seguridad.
- Su modo de ver las cosas de particular a global.

El hemisferio derecho

Es la sede de la genialidad, de las artes y de la metafísica. Se caracteriza por:

- Ser el centro visual del cerebro, que realiza conexiones asociativas y holísticas.
- Basarse en los sentimientos, la afectividad y la intuición; poseer un sexto sentido, y ser subjetivo e independiente del tiempo.
- Un modo de expresión no verbal, basado en imágenes. Por ese motivo, a veces «discutir» con niños y jóvenes de hoy es perder el tiempo: la palabra no es su modo de comunicación favorito.
- Un acercamiento holístico a las cosas. Ve cómo existe todo en el tiempo y el espacio, y cómo se unen las diferentes partes para formar un todo.
- Ser capaz de llevar a cabo varias tareas a la vez. Ese es el motivo de que muchos de los niños de hoy puedan realizar varias cosas a la vez (hacer los deberes, ver la televisión, estar atento a lo que ocurre en la cocina, atender al hermano pequeño y escuchar el iPod, ¡todo a la vez!).
- Un pensamiento tipo «ráfaga» o *flash,* es decir, extremadamente rápido. Estamos frente a niños muy veloces. Basta darles la instrucción una sola vez y ya saben lo que hay que hacer, sobre todo cuando se trata de informática o tecnología punta.
- Ser la sede de la creatividad, la imaginación, lo artístico y la música. Por eso los niños y jóvenes de hoy tienen una manera especial de hacer las cosas. Su mente tiene un importante manejo del pensamiento alternativo, esto es, son capaces de

encontrar una tercera, cuarta o quinta solución al mismo problema y tienen la capacidad de ponerlo en práctica inmediatamente.

- Seguir la autoridad solo si está democráticamente orientada, consensuada y acordada por todos y si pueden confiar en las personas que la representan. Este punto es una característica sobresaliente de los niños del tercer milenio. Cuando se les dice que tienen que hacer algo «¡porque sí!», hay muchas posibilidades de que no lo hagan.
- Su modo de ver las cosas de lo global a lo particular. Por ese motivo a veces no entienden lo trivial y lo cotidiano de la vida (como atarse los cordones de los zapatos, la necesidad de comer o de ganar dinero...) pero pueden comprender fácilmente conceptos superiores y complejos.

Estas características y posibilidades del hemisferio derecho fueron muy reprimidas en la educación de los siglos pasados y hasta épocas muy recientes. No se incentivaba la facultad ambidextra ni se permitía que los zurdos utilizasen su mano izquierda (que está directamente ligada al hemisferio derecho).

El tálamo y la glándula pineal

Igualmente hay que tener en cuenta el rol del tálamo y de la glándula pineal. Parece ser que todas las neuronas encargadas de transmitir las percepciones envían cargas eléctricas que son registradas desde el tálamo por una especie de radar, que barre todas la áreas de la corteza cerebral cada 12,5 milisegundos, no para formar una imagen, sino como un movimiento de muchas fotografías por segundo, similar al cine.

La creatividad y la lúdica caótica

Finalmente vale recalcar que la creatividad, que tanto abunda en los niños de hoy, es el resultado de una «lúdica caótica». Jiménez Vélez afirma:

> Se potencia con los juegos, los placeres, el sentido del humor, las fantasías y lo lúdico. En los momentos lúdicos, el tiempo y el espacio se desvanecen por completo para llenarse de un flujo caótico en el cual es necesario desorganizar para crear: he ahí el secreto de la creatividad. Lo anterior solo se hace acercándose sin temor a los límites de la locura misma. De esta forma, es el desorden, y no el orden, lo que produce la creatividad (Jiménez Vélez, 2000: 22 y ss).

Ese es el motivo por el que el proceso de aprendizaje se produce a través del caos:

- Primero se desencadena una excitación en forma de un estímulo intelectual o impulsos del cerebro emocional (a través del juego, un reto de cualquier orden, una emoción fuerte o una ceremonia sagrada).
- Esto provoca a su vez caos, agitación y un desorden aparentemente total.
- Que llevan a un salto (tipo salto cuántico, es decir, no gradual, sino instantáneo).
- Y se establece un nuevo orden, un nuevo conocimiento.

A continuación, el artista colombiano Ángel Buenaventura comparte lo siguiente sobre la educación:

> El desarrollo del hemisferio derecho a muy temprana edad es muy importante para la creatividad de los niños. Aconsejo, para fomentar la creatividad, danzas, música, pintura, muchos paseos por la naturaleza, conocer lugares bonitos, sagrados, cargados de energía, conectarse con el silencio interior, oxigenarse, abrir el cuerpo físico y sensibilizar el cuerpo astral.
>
> Dentro de ellos, está la vida, están todas las vidas en una vida. Los niños que llegan ahora forman parte de procesos evolutivos necesarios. Están en sintonía. Vienen ya «preparados», con una facultad

abierta y la facilidad natural de percibir la vida con una comprensión cósmica. Poseen gran rapidez y tienen acceso a espacios interiores. Pero hay que enfocarlos, no podemos dispersarlos. Por eso la educación debe ofrecer muchos espacios de creatividad y también de silencios, donde los niños puedan empezar a conectarse consigo mismos y a canalizar su energía. Es muy importante incluso para su salud integral y equilibrio.

La teoría del Hemi-Synch y las ondas cerebrales

El doctor Robert Monroe (1982) afirma que la sincronización armónica de los hemisferios izquierdo y derecho del cerebro puede permitir que el sujeto entre en una especie de estado alterado de conciencia, en el cual se desarrollan ciertas habilidades extrasensoriales de forma natural, así como dones artísticos, genialidad intelectual y proezas físicas.

Los distintos estados del cerebro se pueden clasificar por su actividad eléctrica, que se mide a través de la frecuencia de las ondas cerebrales. Cada tipo de onda se traduce en un estado psico-neuro-fisiológico diferente. Las ondas (o frecuencias) cerebrales son las siguientes:

Ondas gamma, de 30 a 40 hercios. Producen estados histéricos y pérdida del control de la propia personalidad: agresividad, pánico y estados de miedo, cólera, huida, terror o ansiedad desbordada. Las producen los ruidos fuertes, los insultos, las situaciones tensas o de pánico, las crisis, las noticias terribles, los enfados fuertes y las agresiones físicas o psicológicas.

Ondas beta, de 14 a 30 hercios. Se generan en estado despierto, cuando uno piensa, lee, conversa o dirige la atención a personas, objetos o problemas. Es el estado «normal» de conciencia cuando uno está despierto. Las producen los estados de vigilia normal y los estados de concentración «regular» en el trabajo, el estudio, la lectura o viendo la televisión.

Ondas alfa, de 7,5 a 13 hercios. Se crean cuando el cerebro reposa pacíficamente y su atención está dirigida hacia el interior, hacia sí mismo, cuando observa sus propios pensamientos o contempla su contenido espiritual interior. Es el estado de meditación ligera. Produce imaginación, mayor memoria, asimilación y capacidad de estudio, mejor rendimiento en el deporte y relajación mental y muscular. Las producen los estados de relajación activa (provocada) o pasiva (espontánea), la ingestión de sustancias psicotrópicas o hipnóticas y sedantes, y los estados de oración y de meditación.

Ondas theta, de 3, 5 a 7,5 hercios. Cuando el cerebro se halla en un estado incluso mucho más profundo de descanso. Corresponde a estados de imaginación espontánea, estados oníricos, de ensoñación y fantasía. Uno se abstrae a la realidad y la mente «vuela» sola. Es el camino del sueño superficial al sueño profundo. Hay una total relajación física y mental. Es el estado de meditación profunda o en el que nos encontramos en el momento justo antes de dormirnos. Las producen los estados de meditación profunda, Yoga, meditación, música, situaciones de gran calma y relax, audición de músicas armónicas y la ingesta de drogas psicoactivas.

Ondas delta, de 0, 5 a 3,5 hercios. Un cerebro durmiendo profundamente registra este tipo de ondas. Es el estado de hipnotismo profundo. Corresponde a los sueños oníricos. Su punto máximo dura aproximadamente noventa minutos en la fase de sueño nocturno. Es el sueño profundo. Esta frecuencia es la más desconocida. Las producen el sueño profundo, el sueño nocturno y el cansancio físico y mental extremo. Aquí actúan a pleno rendimiento las partes más internas y profundas del cerebro.

Algunos psicólogos piensan que los niños de hoy pueden entrar en ondas alfa y theta con facilidad, lo que hace parecer a veces que «no están». Tal estado no se debería, por tanto, a un déficit de atención, sino a la facultad de entrar en otros niveles de conciencia.

Lo confirma también Gaia, una joven española que en el año 2003 relató:

Cuando estaba en el colegio, podía escuchar a la profesora y a la vez estar en varios niveles de conciencia. Podía captar varias cosas de los mundos sutiles simultáneamente y no era fácil para mí manejar todo eso. Tenía muchos problemas por ese motivo y mi maestra me reñía.

Inge Bardor, una joven mexicana, también comenta:

En el colegio siempre estaba en otro mundo. Cuando levantaba la vista, desde mis ensueños, mis profesores me preguntaban si tenía algún problema. Hablaron muchas veces con mis padres sobre mis llamados estados imaginarios y sobre por qué actuaba de una manera tan diferente de la de los otros niños.

Memoria celular y un cerebro en movimiento por todo el cuerpo

¿Qué es la memoria celular?

La psicóloga Isabel Kambourian (www.holistica2000.com.ar) explica lo siguiente:

Cuando se accede al «banco de datos de la memoria celular», se resuelve con rapidez y eficacia todo tipo de situaciones conflictivas y traumas, sean de origen emocional, psicológico o físico. Para la memoria celular no hay imposibles, porque en el ADN está tanto la información de enfermedad como el modo de sanarse. Una vez liberado el núcleo enfermo, se regenera la vida por completo, en todas las áreas. El cuerpo es sabio y nuestro sistema neurológico sabe cómo lograrlo.

Barbara Ann Brennan comenta:

El acceso directo a la información tiene numerosas implicaciones futuras. Todo parece indicar que nosotros, como especie, estamos aprendiendo a acceder a la información, lo cual afectará a nuestro sistema educativo en su conjunto y, naturalmente, a la sociedad en la cual vivimos.

Por eso, toda terapia alternativa se puede utilizar también en la nueva educación. Arte-terapia puede ser arte-enseñanza, músico-terapia, músico-enseñanza, gemo-terapia, gemo-enseñanza, y todas sus múltiples posibilidades. Estas técnicas se denominan «herramientas biointeligentes», y dan excelentes resultados con los niños y jóvenes del tercer milenio, tanto en salud y salud preventiva como en los procesos de aprendizaje de la educación integral y la educación del Ser.

Un cerebro en movimiento por todo el cuerpo

Los trabajos de la científica estadounidense Candace Pert exploran un segundo sistema nervioso que funcionaría a base de mensajes bioquímicos, implicando a lo que la autora llama «las moléculas de la emoción». Esto nos hace pensar en un «cerebro químico y en movimiento por todo el cuerpo», y demuestra que el primer componente de las moléculas de la emoción son también moléculas que se encuentran en la superficie de las células corporales –incluidas las cerebrales–, llamadas «receptores opiodes». Explica la investigadora:

> Básicamente los receptores funcionan como moléculas sensibles o como antenas. Así como los ojos, los oídos, la nariz, la lengua, los dedos y la piel actúan como órganos de los sentidos, los receptores lo hacen a un nivel celular [...]. Todos los receptores son proteínas que revolotean y bailan esperando recibir mensajes de los neurotransmisores. Estos entran como una llave que penetra en la cerradura creando con una marca una señal que hace que la molécula se rearregle, cambie su forma hasta que ¡click! la información entra en la célula (citado por Ortíz, 2000: 127).

Ese es el motivo por el cual desarrollar la parte táctil es tan importante tanto en el campo de la salud como en el de la educación. De ahí que sean tan aconsejables los masajes suaves diarios a los recién nacidos y bebés.

El método Shichida y las posibilidades casi ilimitadas del hemisferio derecho

El hemisferio derecho o cerebro de las imágenes

El método de aprendizaje Shichida, utilizado en las instituciones educativas del doctor Makoto Shichida en Japón, es tan interesante en lo que respecta a la educación de los niños y jóvenes del tercer milenio que lo describimos con detalle a continuación. Gracias a sus estudios, algunas facultades de estos niños y jóvenes, que parecen inverosímiles, son demostradas científicamente.

El doctor Shichida ha demostrado que existen dos tipos diferentes de funciones cerebrales que producen dos tipos distintos de memoria y de operaciones mentales. Él utiliza las expresiones:

- «Cerebro izquierdo» para referirse al aprendizaje que emplea ondas beta (entre 14 y 30 hercios).
- «Cerebro derecho» para el aprendizaje que se vale de ondas alfa (entre 7,5 y 13 hercios).

Lo que él denomina cerebro izquierdo se utiliza con mayor frecuencia durante nuestros ciclos de vigilia y recuerda principalmente con palabras. Es el cerebro con el que estamos más familiarizados, ya que lo hemos desarrollado en los ámbitos académicos tradicionales. Requiere más repaso de la información y un aprendizaje consciente.

Por su parte, lo que él denomina cerebro derecho –o cerebro de las imágenes– se relaciona con un estado de alerta y relajado de la mente, como el que se da en la meditación, justo antes de salir de la cama o mientras se escucha música.

No es tanto la clase de actividad cerebral la que determina si una enseñanza es del cerebro izquierdo o del derecho, sino la onda que está operando en el momento (alfa o beta). Así, una misma actividad, como escuchar música, puede llevarse a cabo con el cerebro izquierdo o el derecho, pero con resultados muy diferentes. El primero, por ejemplo, analizaría la obra musical y el segundo «experimentaría» la música.

El doctor Shichida enseña que la meditación y la respiración profunda son puentes necesarios para entrar en el cerebro derecho. En muy pocos minutos los niños pueden pasar fácilmente del estado de ondas beta al de ondas alfa. Ha descubierto que aun cuando algunos niños puedan tener problemas para utilizar su cerebro izquierdo y se les diagnostiquen dificultades de aprendizaje, se les puede ayudar a aprender despertando las capacidades latentes de su cerebro derecho. Cuando se fortalece este, en ocasiones desaparecen las condiciones diagnosticadas en el cerebro izquierdo. Existen algunas pruebas emocionantes que indican que ciertos niños hiperactivos pueden prestar atención cuando la información se transmite utilizando un abordaje dirigido al cerebro derecho.

El doctor Shichida cree que cuando los niños nacen, sus habilidades del cerebro derecho están presentes y activas. Con el desuso, se atrofian y se vuelven recesivas. De sus múltiples observaciones, Shichida postula que la época óptima para el desarrollo de las facultades de este cerebro se sitúa entre los cero y los tres años, porque aproximadamente a esta edad, observa que este órgano comienza a cambiar de forma natural sus hemisferios derecho e izquierdo.

La educación del cerebro derecho por medio del método Shichida, que ya se utiliza en los centros educativos japoneses, consiste en varios pasos que se inician con fases destinadas a formar lazos entre el adulto y el niño: demostraciones físicas, técnicas de relajación seguidas de respiración, sugestión y finalmente varias actividades lúdicas para desarrollar las habilidades del cerebro derecho, de acuerdo con la edad.

Estos descubrimientos nos incentivan a trabajar considerablemente con el hemisferio derecho y la inteligencia emocional en la educación preescolar e inicial. Diríamos a un 80%. Acordémonos de Einstein, que aprendió a hablar, leer y escribir muy tarde. De niño solo se dedicaba a tocar el violín (excelente para desarrollar el hemisferio derecho y para equilibrar el cerebro emocional).

Los cinco sentidos del cerebro derecho y la función de percepción extrasensorial

El doctor Shichida afirma que existen cinco sentidos internos del cerebro derecho: vista, tacto, oído, gusto y olfato, que se corresponden con los sentidos externos del cerebro izquierdo, pero que pueden operar independientemente del aparato físico. Cree que la piel es el receptor de la información que va al cerebro derecho y que a menudo el niño puede «ver» procesando la información que le llega a través de ella, además de la que recibe mediante los otros sentidos. La información se percibe por las vibraciones que emiten los objetos. Esta teoría ayuda a explicar la razón por la que los niños ciegos pueden «ver» los objetos de su entorno.

Este concepto se basa en la teoría de que las células irradian energía y reciben radiaciones del entorno (función de resonancia). La percepción de imágenes es fundamental para la capacidad de utilizar las funciones de percepción extrasensorial. Recibir información en el vientre materno es una de las capacidades que resultan de la función de percepción extrasensorial del cerebro derecho. Los libros del doctor Shichida están repletos de anécdotas de niños que presentan ciertas capacidades en esas funciones mentales que él denomina percepción extrasensorial.

Función de resonancia

Según el doctor Shichida, el cerebro derecho trabaja independientemente de la memoria consciente. Actuando como un ordenador de altísimo rendimiento, tiene una función fundamental: la función de resonancia. Esta función se basa en la idea de que todo existe en el mundo como partículas subatómicas que vibran a una frecuencia ultra alta. Así, el cuerpo físico está siendo bombardeado constantemente por frecuencias emitidas por todos los objetos, pensamientos y sentimientos de nuestro entorno. El cerebro derecho está equipado con una especie de diapasón para recibir y procesar estas frecuencias que se perciben como pensamientos, imágenes, sentimientos y sensaciones, pero no necesariamente a nivel consciente. El doctor Shichida especula que el cerebro tiene maneras inconscientes de comprender estás señales de frecuencia ultra alta a nuestro alrededor.

El cerebro derecho tiene las siguientes funciones:

- Procesamiento automático a alta velocidad (por ejemplo, hacer cálculos matemáticos mentales instantáneos).
- Visualización de imágenes (memoria fotográfica). Es la capacidad del cerebro para captar y retener una imagen mental exactamente como se encuentra en el entorno. Los niños que han desarrollado esta función de visualización de imágenes pueden imaginar un objeto que han visto con los ojos abiertos, recrear la imagen mentalmente y manipularla a voluntad. Cuando esta habilidad se encuentra plenamente desarrollada, las imágenes pasan por la mente como una película. El doctor Shichida enseña que la capacidad de ver imágenes es fundamental para que todas las demás destrezas del cerebro derecho se desarrollen. Señala que cuando el niño ha adquirido esta habilidad para imaginar objetos, también se activan todas las demás funciones del cerebro derecho. De ese modo, puede enviar y recibir imágenes telepáticas o tener premoniciones sobre acontecimientos futuros. Los niños y los adultos que poseen esta habilidad aseguran que cuando cierran los ojos pueden ver imágenes con toda claridad. El profesor mentalmente envía esa imagen al niño, quien trata de adivinar cuál es esa imagen. Con esta habilidad los niños, a menudo, pueden decirle al profesor el color e incluso la forma de la imagen que este les está enviando.
- Memorización masiva a alta velocidad (por ejemplo, para la lectura rápida).
- Percepción extrasensorial. Cuando esta función está desarrollada plenamente, se poseen las habilidades de intuición, telepatía y clarividencia.

A estas funciones del cerebro derecho habría que añadir:

- Oído musical perfecto.
- Capacidad para la adquisición de idiomas. El aprendizaje basado en el sonido es más poderoso cuando se introduce a una edad temprana. Los patrones, las frecuencias, los tonos, el timbre y los acentos se absorben y registran con facilidad. Si hay cinco idiomas en el ambiente, el niño los dominará todos.
- Habilidad para las artes.

Por su parte, el cerebro izquierdo es lingüístico, analítico y va de las partes hacia el todo, mientras que el derecho aprende a través de imágenes, es intuitivo y sensible a la música y absorbe el todo sin necesidad de comprender las partes. Entender las fórmulas para desarrollar estas funciones del cerebro derecho en los niños pequeños y en los adultos, señala el doctor Shichida, permitirá llegar a capacidades mentales aceleradas en el ser humano:

> En términos generales, las personas creen que las capacidades intelectuales de los niños crecen a medida que almacenan recuerdos a través del aprendizaje, adquieren pensamientos lógicos y aprenden métodos de explicación. Generalmente pensamos que el reconocimiento es un hábito repetitivo en el cual las personas repiten lo que han experimentado en el pasado [...]. Sin embargo, cuando vemos a bebés de cuatro o cinco meses de edad haciendo operaciones aritméticas que no se supone se encuentran en sus memorias o cuando enseñamos aritmética utilizando «el sistema de puntos» a los niños inmediatamente después de nacer, estas creencias generales sobre la experiencia desaparecen rápidamente. El cerebro del hombre tiene una función inherente de computadora de alto rendimiento que le permite manejar automáticamente cálculos aritméticos sofisticados a alta velocidad (Shichida, 1993: 12).

Niños «antena» y el amor

El doctor Shichida cree que el cerebro está cableado para responder a un rango de frecuencias de la materia tanto visible como invisible para los cinco sentidos. Existe un número infinito de frecuencias que atraviesan nuestros cuerpos en todo momento. Algunas de ellas pueden ser percibidas por los humanos de manera consciente, y otras de forma inconsciente. Aquellos individuos que tienen la capacidad de percibir una mayor gama de frecuencias se los denomina «personas multisensoriales».

La expresión «niño sensible» también se ha utilizado para describir a los que parecen ser ultrasensibles a las frecuencias de la luz y de sonido que se encuentran más allá del rango percibido normalmente por el ser humano.

La telepatía es posible cuando las frecuencias que pasan a través del organismo se cambian por imágenes mentales en el estado de ondas alfa.

El amor es la clave para que a cualquiera le vaya bien, especialmente a los niños. En las academias infantiles Shichida, los padres y maestros trabajan juntos para atender las necesidades integrales de los alumnos: corazón, mente, cuerpo y alma. Cuando se proporciona esta base, los niños se vuelven ávidos de aprender. El doctor Shichida asegura: «Si usted ama a su hijo, ya le está enseñando», y además:

> Más que niños que razonan (*Homo sapiens*) son niños cuya sensibilidad es tan aguda que pueden percibir los sentimientos, lo que uno piensa, lo que le va a preguntar, el ambiente de un lugar, el pasado, el futuro y lo que sucede a nivel físico, afectivo, mental y astral, y son capaces de trabajar simultáneamente en todos estos niveles.

PARTE 3

NIÑOS Y ADULTOS NOS EDUCAMOS MUTUAMENTE EN COMUNIDAD

6

¿Cómo recibir a los bebés de hoy?

Bienvenido, pequeño. Quiero que sepas que
eres amado y apoyado en este viaje.
Te hablo del otro lado de mis ojos, desde la
eternidad que está en mí a la que está en ti...
Tú nunca estarás solo, tú estás conectado a la Unidad Total.
Honro tu decisión de haber venido a través de mí.

Palabras de bienvenida de la madre a su bebé en el momento del nacimiento. Tradición ancestral de los pueblos originarios de Australia.

Un buen comienzo para ser buenos padres: la concepción consciente

La concepción consciente es ponerse al servicio del universo para concebir lo que este necesite, ponerse al servicio de la corriente de la vida y entrar en el flujo divino de la existencia.

Cuanto menos condicionemos a los nuevos seres con nuestros deseos (sexo, características físicas, etc.), mejor. Amémoslos sin ponerle condiciones a su llegada, sin ponerle condiciones al amor. Las expectativas que nos creamos («Quiero que sea rubio y guapo», «Me gustaría que tuviese los ojos azules, como yo», «Me encantaría que fuese artista», «Desearía que se pareciese a...»), a la larga son contraproducentes. «¡Es que tú no saliste como yo quise, como yo te deseé», se oye decir a algunos padres. Ya se han frustrado con la llegada de su hijo y han hipotecado su amor para el futuro.

Los niños y jóvenes de las nuevas generaciones quieren que los amen tal como son, por ser quienes son, no por sus características ni por sus proezas o cualidades. Es un amor sin condicionamientos. No vale que digamos: «Yo quiero que mi hijo sea esto o lo otro, que sea así y que tenga estas cualidades». Él sabe a qué ha venido y va a continuar su camino. Nuestra función es ayudarle y educarlo en libertad, sin nuestros condicionamientos y expectativas.

El embarazo debe transcurrir en un ambiente relajado, con un apoyo total a la futura madre, libre de tensiones, de peleas, con una dieta saludable, lejos de todo tipo de toxicidad y en un ambiente de esperanza, amor, bondad y generosidad, pues el feto lo percibe y lo siente todo.

El parto, normalmente, será natural y sin complicaciones si el pensamiento y la vida de la madre están en armonía con las leyes y principios universales. Los pequeños problemas que puedan surgir serán fácilmente superados, pues la nueva criatura se merece todo el respeto y honor, y está por encima de esos problemas.

La lactancia puede continuar mientras el bebé mame activamente y mientras la madre pueda amamantarle. Cuando deje de hacerlo, debe preparar conscientemente a su hijo y decírselo con mucho amor. El pequeño, a su manera, ve, oye y entiende.

Durante todo el tiempo, tanto la madre como el padre deben tener con la nueva criatura una relación muy estrecha y cariñosa, hablándole, acariciándole y orientándole continuamente hacia una relación completa y natural con la vida.

Prodigando una atención amorosa y constante: el poder educativo del amor

Suele decirse de los humanos que tenemos dos disposiciones básicas: sentirnos amados o no sentirnos amados. Lo primero es fundamental y básico en cualquier recién nacido. Marcará toda su vida. El niño que durante los tres primeros años de vida no se sienta amado generará muy rápidamente sentimientos de inseguridad, inutilidad, falta de valía, escasa autoestima y una propensión a victimizarse.

A estas edades tan tempranas, no pueden esperarse respuestas sensatas, intelectuales u objetivas. El hecho de no ser amado originará respuestas de ataque, ciegas e inconscientes, y dará origen a reacciones de violencia e ira en el futuro.

Sentirse amado genera autoconfianza, estabilidad de sentimientos, autocontrol y capacidad de enfrentarse paulatinamente y con garantía de éxito a los problemas que surjan.

Todo niño tiene que SABER Y SENTIR que es amado, querido por ser simplemente lo que es. Tiene que recibir muestras de afecto y confianza, sin caer en lo empalagoso, lo cursi o lo exagerado.

Necesita sentir que es un niño deseado, que lo quieren, que disfrutan de él y que le dan toda la atención que se merecen, sin caer en lo caprichoso. Perciben el afecto en nuestros gestos, expresiones, miradas, silencios, explosiones de gozo o de tristeza, abrazos, mimos y caricias.

El amor paterno y materno no tiene que caer en el chantaje: «Te quiero mucho, pero te querría mucho más si fueras un gran matemático, una buena bailarina, un gran artista...». Es un amor «de ida», que no espera nada a cambio, que no espera ser correspondido y que se cumplan sus expectativas.

Por su parte, los niños manifiestan su amor y cariño de un modo muy espontáneo y no desean ser forzados. Hacen demostraciones de ello cuando lo desean y no siguen reglas. Es inútil decirles: «Dale un beso al tío Juan» si en ese momento no les apetece; lo darán cuando les apetezca. Normalmente a los niños y jóvenes actuales les gusta abrazar y tocar a las personas que aman, pues tienen muy desarrollado el sentido del tacto.

Retirarle el afecto y el cariño a un niño es una aberración, sea cual sea el motivo. Lo tomará siempre como un castigo. El amor no es comparable con la hermosa vajilla que nos ha roto sin querer o el objeto valioso que ha perdido. No le retiremos por eso nuestros habituales abrazos, ni nuestras caricias de costumbre. Ya ha sufrido bastante al habernos visto tristes y enfadados.

El amor y el afecto tienen que ser equitativos: han de amarse todos los miembros de la familia. No vale que los padres se den continuas y ostentosas muestras de cariño y no lo hagan con sus hijos, o se den muestras de afecto a los niños y no los adultos entre sí. «El clima afectivo» engloba a todos los miembros de la familia. De esta manera se enseña a trascender las situaciones concretas de cada uno y se comprende que lo importante es «ser persona», aunque cada uno sea diferente.

Hay que añadir que el amor y el afecto deben ser equilibrados. Se acabó aquello de que el cariño lo proporcionan solo las madres y para el padre se reserva «la vara, el palo y el orden». El niño necesita ambas energías afectivas: la masculina y la femenina.

Para los pequeños una de las maneras más prácticas de demostrarles nuestro afecto es prestándoles atención y estando a su lado para lo que necesiten. Estar atentos a ellos no es darles todos los caprichos, sino hacer que se sientan protegidos y que puedan confiar en las personas que los rodean.

Se trata de una atención relajada y tranquila; ellos normalmente viven en su mundo, pero necesitan sentir esa seguridad y confianza. Saben muy bien cuándo atendemos sus necesidades. Vendrán a decirnos «¡hola!», nos darán un beso y se irán... y volverán y se irán otra vez... No podemos decirles: «Déjame en paz, estoy muy ocupado». Respondamos con una sonrisa o una leve caricia, pero siempre PRESTÁNDOLES ATENCIÓN. Así crecerán sanos y confiados.

La habitación del bebé

No debes abarrotar la habitación de tu bebé con objetos. Procura que esté despejado y libre de muebles rotos, trastos inservibles y cualquier tipo de aparato eléctrico (radio, televisión, etc.).

No fumes ni bebas en el espacio donde se encuentre el bebé. Nunca grites a su lado, no te pelees ni muestres ningún tipo de violencia.

Decora su habitación con objetos y telas de colores vivos, naturales y colores vibrantes, como terracota, rojizo, naranja, verde manzana o amarillo cálido, que le ayuden a «aterrizar». Debes desmitificar el azul y rosa pálidos.

La hora del baño es muy importante. Maricarmen comenta de su bebé de tres meses:

> Amaru se baña con música clásica y comenzamos a visualizar. Por ejemplo, le digo: «Amaru, ¡mira cómo bailan las ondinas! Están felices, mira, son de diferentes colores...».

¿Qué necesitan?

Son importantes los abrazos y el máximo contacto físico, día y noche. De noche, pueden dormir en la cama de sus padres, cuando necesiten seguridad y protección. Les dará seguridad para el resto de su vida. Los padres deben saber interpretar su llanto. A veces los bebés lloran cuando hay emociones discordantes en la casa o en el entorno.

Al bebé le gusta que le canten y le hablen. Es importante que esté rodeado de sonidos armónicos, campanillas, instrumentos de viento de tonalidades dulces y música suave (pero no música infantil, que los aburre). Hay que hablarle claramente, evitando sonidos infantiles del estilo *«ga ga gu gu»*. Les gusta pasear para experimentar sensaciones diferentes.

Para hacerles dormir, primero debe tranquilizarse uno mismo, visualizando cosas bellas y agradables, como un arcoíris, una luz dorada o delfines, mientras se pasea al niño. Es importante cantarle; el sonido de la voz le da seguridad y tranquilidad.

Para que los niños puedan ser recibidos como se merecen, es indispensable que los futuros padres se preparen, reciban clases y formen grupos de apoyo con terapeutas. Hay que cuidar la calidad de la concepción, del embarazo y del parto.

El niño Flavio Cabobianco nos señala, en un texto que escribió cuando tenía ocho años:

> Los bebés lloran porque es muy difícil este planeta. Un bebé trata de expresarse vía telepática, pero no le funciona porque todo aquí es muy denso. Lo ve todo, lo malo y lo bueno, lo falso y lo verdadero.

> Ver es una manera de hablar, ya que no hay ojos físicos; uno se focaliza en lo que le interesa y se puede cerrar cuando quiere. El recién nacido está asustado, encerrado en la realidad física. Extraña la unidad esencial de donde viene, y se adhiere rápidamente a las personas que lo cuidan. Traspasan a los padres el lugar del Ser supremo. Los padres, si creen solo en la materia, lo involucran cada vez más en lo físico. Al enseñarle a hablar, limitan su pensamiento» (Cabobianco 1991: 6).

Maricarmen Delgado, madre y psicóloga boliviana, comparte su experiencia sobre la necesidad de dejar libres a los pequeños:

> Entendí que debía «entregar» a mi bebé porque no es mío. Y eso es lo que él me repite: «No soy tuyo». Él tiene una misión que cumplir. Las madres debemos dejar cumplir la misión de nuestros hijos. A veces los amarramos porque vemos que necesitan amor y nos pegamos a ellos. No dejamos que este cordón umbilical invisible se corte y que puedan ir y ser libres. Dejarlos ir, soltarlos. Mi bebé me dice: «Tranquila, mamá, voy a estar bien. Suéltame. Soy de la vida. No soy tuyo». ¡Para mí es muy fuerte! ¡Dejar de ser mamá gallina! Este es el mensaje que tengo para las madres.

¿En qué consiste el concepto de continuum?

El concepto de *continuum* se refiere a la idea de que para alcanzar un óptimo desarrollo físico, mental y emocional, los seres humanos –especialmente los bebés– necesitamos vivir las experiencias adaptativas que han sido básicas para nuestra especie a lo largo del proceso de nuestra evolución. Para un bebé, estas experiencias necesarias son:

- Contacto físico permanente con la madre (o la persona que adopte el papel de cuidador) desde el nacimiento.
- Dormir en la cama de los padres en permanente contacto físico hasta que él decida lo contrario por sí mismo, lo que ocurre alrededor de los dos años.

- Lactancia materna a demanda.
- Permanecer constantemente en brazos o pegado al cuerpo de otra persona hasta que comience a gatear por sí mismo, lo que sucede en torno a los seis u ocho meses.
- Disponer de cuidadores que atiendan sus necesidades. Es importante tener en cuenta que el bebé no debe ser el centro de atención permanentemente, aunque sí ha de sentir que sus necesidades serán satisfechas.
- Hacerle sentir que es un ser innatamente social y cooperativo, y al mismo tiempo fomentar su fuerte instinto de autoconservación. Es básico que el bebé sienta que es bienvenido y que se le tiene en cuenta.

Los bebés cuyas necesidades *continuum* se han visto satisfechas desde el principio, desarrollan una gran autoestima y son mucho más independientes que aquellos a los que se les ha dejado llorar solos por miedo a que se vuelvan demasiado dependientes.

Declaración sobre el llanto de los bebés

Es frecuente que los bebés de nuestra sociedad occidental lloren, pero no es cierto que *sea normal*. Los bebés lloran siempre por algo que les produce malestar: sueño, miedo, hambre o, sobre todo, falta de contacto físico con su madre u otras personas de su entorno afectivo.

El llanto es el único mecanismo que los bebés tienen para hacernos llegar su sensación de malestar; en sus expectativas no está previsto que nadie atienda ese llanto, pues no pueden tomar por sí mismos las medidas para solventar su problema.

El cuerpo del recién nacido está diseñado para tener en el regazo materno todo cuanto necesita para sobrevivir y para sentirse bien: alimento, calor y cariño. Por esta razón, no tiene noción de la espera, ya que estando en el lugar que le corresponde, tiene a su alcance todo cuanto necesita. El bebé criado en el cuerpo a cuerpo con su madre desconoce la sensación de necesidad, de hambre, de frío y de soledad, y no llora. Como señala la norteamericana Jean Liedloff, en su obra *El Concepto del Continuum*:

> El lugar del bebé no es la cuna, ni la sillita, ni el cochecito, sino el regazo humano. Esto es cierto durante el primer año de vida, y los dos primeros meses de forma casi exclusiva (de ahí la antigua famosa cuarentena de las recién paridas) (Liedloff, 2003).

Más adelante, los regazos de otros cuerpos del entorno pueden ser sustitutos del de la madre durante un tiempo. El propio desarrollo del bebé indica el fin del período simbiótico: cuando termina la osificación y comienza a andar. Es entonces cuando empieza, poco a poco, a hacerse autónomo.

El bebé lactante toma la leche idónea para su sistema digestivo y además puede regular su composición con la duración de las tomas, con lo cual no suele sufrir problemas digestivos.

Cuando la criatura llora y no se le atiende, llora cada vez con más desesperación, porque está sufriendo. Hay psicólogos que aseguran que cuando se deja sin atender el llanto de un bebé más de tres minutos, algo profundo se quiebra en su integridad y en su confianza en el entorno.

Muchos padres a los que se nos ha educado en la creencia de que es normal que los niños lloren y de que hay que dejarlos llorar para que se acostumbren, estamos especialmente insensibilizados para que su llanto no nos afecte. Sin embargo, a veces no somos capaces de tolerarlo. Si nos encontramos cerca de ellos, de forma natural vemos su sufrimiento y lo sentimos como propio. Se nos revuelven las entrañas y no podemos consentir su dolor. No estamos del todo deshumanizados...

Por eso, los métodos conductistas proponen ir poco a poco, para cada día aguantar un poquito más ese sufrimiento mutuo. Esto tiene un nombre: *administración de la tortura*, pues es una verdadera tortura la que infligimos a los bebés y a nosotros mismos, por mucho que se disfrace de norma pedagógica o pediátrica.

En la década de los noventa, varios científicos estadounidenses y canadienses (biólogos, neurólogos, psiquiatras, etc.) realizaron diferentes investigaciones que abarcaban la etapa primal de la vida humana. Demostraron que la carencia de afecto físico trastorna el desarrollo normal de las criaturas humanas. Por eso los bebés, cuando se les deja dormir solos en sus cunas, lloran reclamando lo que su naturaleza sabe que les pertenece.

En Occidente se han creado en los últimos cincuenta años una cultura y unos hábitos, impulsados por las multinacionales del sector, que eliminan este primordial cuerpo a cuerpo de la madre con el bebé y deshumaniza la crianza. Al sustituir la piel por el plástico y la leche humana por la artificial, se separa cada vez más a la criatura de su madre. Incluso se han fabricado intercomunicadores para escuchar al bebé desde habitaciones alejadas de la suya. El desarrollo industrial y tecnológico no se ha puesto al servicio de las pequeñas criaturas humanas, y la robotización de las funciones maternas está llegando a extremos insospechados.

Simultáneamente, la maternidad de las mujeres se medicaliza cada vez más. Lo que tendría que ser una etapa gozosa en su vida, se convierte en una penosa enfermedad. Entregadas a los protocolos médicos, las mujeres adormecen la sensibilidad y el contacto con sus cuerpos, perdiéndose una parte de su sexualidad: el placer de la gestación, del parto y de la lactancia. Paralelamente, las mujeres han accedido a un mundo laboral y profesional masculino, hecho por los hombres y para los hombres, y que por tanto excluye la maternidad; por ese motivo, la maternidad en la sociedad industrializada ha quedado encerrada en el ámbito privado y doméstico. Sin embargo, durante milenios la mujer ha realizado sus tareas y sus actividades cotidianas con sus criaturas colgadas de sus cuerpos, como todavía sucede en las sociedades no occidentalizadas. La imagen de la mujer con su bebé tiene que volver a los escenarios públicos, laborales y profesionales, si no queremos destruir el futuro del desarrollo humano.

A corto plazo da la impresión de que el modelo de crianza robotizado no es dañino. Al fin y al cabo, las criaturas sobreviven. No obstante, científicos como Michel Odent, apoyándose en diversos estudios epidemiológicos, han demostrado una relación directa entre diferentes aspectos de esta robotización y las enfermedades que sobrevienen en la edad adulta.

Por otro lado, la violencia creciente en todos los ámbitos, tanto públicos como privados, como han demostrado los estudios de la psicóloga suizo-alemana Alice Miller, procede del maltrato y de la falta de placer corporal en la primera etapa de la vida humana. También hay estudios que confirman la correlación entre la adicción a las drogas y los trastornos mentales, con agresiones y abandonos sufridos en la etapa primal.

Los bebés lloran cuando les falta lo que se les quita; ellos saben perfectamente lo que necesitan en ese momento de sus vidas. Deberíamos sentir un profundo respeto y reconocimiento hacia su llanto y pensar humildemente que no lloran porque sí. Ellos nos enseñan lo que estamos haciendo mal.

También deberíamos reconocer lo que sentimos en nuestras entrañas cuando un bebé llora; porque pueden confundir la mente, pero es más difícil confundir la percepción visceral. El sitio del bebé es nuestro regazo. En esta cuestión, el bebé y nuestro ser más profundo están de acuerdo.

No es cierto que el *colecho* (práctica que consiste en que los bebés duerman con sus padres) sea un factor de riesgo para el fenómeno conocido como muerte súbita. Según la Fundación de Estudio de Muerte de Infantes, la mayoría de los fallecimientos por muerte súbita se producen en la cuna. Estadísticamente, por lo tanto, es más seguro para el bebé dormir en la cama con sus padres que hacerlo solo.

Por todo lo anteriormente expuesto, queremos expresar nuestra gran preocupación ante la difusión del método propuesto por el neurólogo Eduard Estivill en su libro *Duérmete niño* (basado a su vez en el método Ferber, divulgado en Estados Unidos), que fomenta y ejercita la tolerancia de los padres al llanto de sus bebés. Se trata de un conductismo especialmente radical y nocivo, teniendo en cuenta que el bebé se encuentra aún en una etapa de formación. No es un método para tratar los trastornos del sueño, como a veces se presenta, sino para «someter» la vida humana en su más temprana edad. Las gravísimas consecuencias de este método han empezado ya a ponerse de manifiesto.

> Necesitamos una cultura y una ciencia para una crianza acorde con nuestra naturaleza humana, porque no somos robots, sino seres humanos que sentimos y nos estremecemos cuando nos falta el cuerpo a cuerpo con nuestros mayores. Para contribuir a ello, para que tu hijo deje de sufrir ya, y si te sientes mal cuando lo oyes llorar, a hazte caso: tómalo en brazos para sentirle y sentir lo que está pidiendo. Posiblemente solo sea eso lo que necesita, el contacto con tu cuerpo. No se lo niegues.

7

Aprendiendo en comunidad: las nuevas relaciones entre los adultos y las nuevas generaciones de niños y niñas

En cierta ocasión le preguntaron a Buda qué era
lo que más le sorprendía de la humanidad.
Y Buda respondió:
«Los hombres pierden la salud para juntar dinero.
Luego pierden el dinero para recuperar la salud.
Por pensar ansiosamente en el futuro,
olvidan el presente de tal forma
que acaban por no vivir ni el presente ni el futuro.
Viven como si nunca fuesen a morir
y mueren como si nunca hubiesen vivido».

La orientación personal, tarea de todos y de toda la vida

En vísperas de la Navidad del año 2005, en numerosos medios de comunicación se habló de un niño prodigio: Greg Smith. Greg tenía en esas fechas algo más de trece años. Su currículum era impresionante. A los catorce meses resolvía problemas de matemáticas, a los dos años se hizo vegetariano, a los cinco explicaba a su manera la fotosíntesis... Sus próximos objetivos eran doctorarse en matemáticas, biomedicina, ingeniería espacial y ciencias políticas. Confesaba que su sueño era hacer una carrera diplomática y acceder a la presidencia de Estados Unidos.

A los trece años decidió crear la Fundación *Youth Advocates*, dedicada a la defensa de jóvenes sin recursos, y se reunió para ello con grandes personalidades de la política, como Bill Clinton o Gorbachov, y varios galardonados con el Premio Nobel de la Paz. En sus entrevistas comentaba:

> Ser considerado un genio es maravilloso, pero quiero resaltar que no soy un sabelotodo. Lo que hago es buscar respuestas a cuestiones ante las que la sociedad se siente perpleja y que conducen a la violencia. Lo que pretendo es darle la vuelta a este ciclo pernicioso. A los siete años vi un vídeo que mostraba niños enfermos, desnutridos y víctimas de la violencia. Sentí que tenía que hacer algo por ellos. Lo pensé mucho y llegué a la conclusión de que el primer paso que hay que dar para alcanzar la paz, hay que darlo en el terreno de la educación.
> Tengo una importante misión: la de decir «basta ya» al ciclo de odio que se transmite de generación en generación. Y creo que la solución está en los niños. Ellos nacen puros e inocentes y solo actúan violentamente porque asisten a diario a la violencia, ya sea en su vida, en el cine o en la televisión.

Llama la atención la lucidez de los objetivos que este joven superdotado se ha propuesto alcanzar. Su orientación de la vida bien pudiera haber sido la de un gran intelectual o un gran científico, pero en todas sus declaraciones ha apuntado más bien a su vocación al servicio de la humanidad, en concreto a la ayuda a los niños y a la causa de la paz.

Si a un padre o a una madre les dijéramos que ellos «también son orientadores» de sus hijos, se sorprenderían. Orientar es señalar la dirección correcta, mostrar una senda de acceso a algún lugar deseado, ayudar a alguien a encontrar las vías para conseguir un objetivo, ponerlo en el sendero de la luz y del bien común.

Se tiende a hablar de orientación reduciéndola a lo que llamamos orientación escolar, configurada por tres pilares básicos: la orientación personal, la académica y la profesional. Defendemos la primacía e importancia de la primera sobre las otras dos, que al fin y al cabo forman parte de ella también. La orientación personal comienza en el momento de la concepción, dura toda la vida, conforma la personalidad a lo largo del tiempo y si es óptima, proporciona equilibrio y felicidad.

Los primeros y esenciales orientadores son los padres, quienes, en general, no han asumido esta función o han renunciado a ella por omisión. Parece que se conforman con «criar» a sus vástagos en lugar de «educarlos».

Un componente esencial de la educación es la «buena orientación de las conductas de los hijos». Su vida personal y los valores que anidan en el grupo familiar, son la clave del futuro. Muchos de los problemas educativos, por no decir casi todos, tienen un origen familiar más o menos evidente.

Los niños aprenden lo que viven

Si los niños viven con la crítica, aprenden a condenar.
Si los niños viven con hostilidad, aprenden a pelear.
Si los niños viven con miedo, aprenden a ser aprensivos.
Si los niños viven con lástima, aprenden a compadecerse a sí mismos.
Si los niños viven con ridiculez, aprenden a ser tímidos.
Si los niños viven con celos, aprenden qué es la envidia.
Si los niños viven con vergüenza, aprenden a sentirse culpables.
Si los niños viven con tolerancia, aprenden a ser pacientes.
Si los niños viven con estímulos, aprenden a ser confiados.
Si los niños viven con elogios, aprenden a apreciar.
Si los niños viven con aprobación, aprenden a quererse a sí mismos.
Si los niños viven con aceptación, aprenden a encontrar amor en el mundo.
Si los niños viven con reconocimiento, aprenden a tener un objetivo.
Si los niños viven compartiendo, aprenden a ser generosos.
Si los niños viven con honestidad y equidad,
aprenden qué es la verdad y la justicia.

Si los niños viven con seguridad,
aprenden a tener fe en sí mismos y en quienes los rodean.
Si los niños viven en la amistad,
aprenden que el mundo es un bello lugar para vivir.
Si los niños viven con serenidad, aprenden a tener paz espiritual.

Dorothy L. Nolte

Una función y una vocación tan importante como la de ser padres carece de formación inicial y de apoyo a lo largo de todo el vasto proceso de ir conformando nuestro ser como personas. No nos deben extrañar, por consiguiente, tantas «chapuzas» educativas en un papel donde, además de mucho amor, hay que poseer ciertos conocimientos de pediatría, medicina, psicología, nutrición y espiritualidad.

Es triste ver cómo la práctica de la paternidad/maternidad se ejerce sin la debida preparación, a base de buena voluntad, en permanente improvisación y en un continuo ejercicio de ensayo y error. Se trasmiten valores, formas de pensar y actuar que nada tienen que ver con las generaciones actuales de niños y jóvenes, porque se desconoce totalmente su manera de ser, aprender y actuar.

De este tipo de orientación dentro del grupo familiar apenas se habla, a pesar de ser el más importante. Los padres actuales apenas conocen a sus hijos. No saben cómo tratarlos, cómo motivarlos y cómo ayudarles a desarrollarse espiritualmente. ¡Están desconcertados!

Tanto la familia como los grupos educadores tienen que ser apoyados y orientados. Hay que buscar la manera de conciliar la vida laboral con la familiar. Una vez decidida la paternidad o la maternidad, es necesario ser consecuentes con ella y dar prioridad absoluta a la educación de los menores, sabiendo de antemano que ser padre supone renuncias y cambios inevitables en la forma de vida.

Nada de lo que hagamos por los niños se pierde jamás. Parece que ni siquiera nos miran, que están a nuestro lado indiferentes, pero siempre captan de algún modo lo que hacemos con ellos y por ellos.

Hemos visto en capítulos anteriores que los niños y jóvenes del nuevo milenio presentan características muy determinadas que conviene tener en cuenta a la hora de afrontar su educación. A continuación señalamos algunas que creemos importantes y damos orientaciones básicas para padres y educadores.

Los límites sí existen: la educación para el límite

Mucha gente afirma que los niños y jóvenes actuales «se creen dioses». Nosotros diríamos que se sienten poseedores de un gran potencial en muchos aspectos de la vida.

Los padres deben tener una idea muy clara y que es fundamental: TODO NIÑO NECESITA CONOCER LOS LÍMITES DE SU MUNDO Y DEL MUNDO EN EL QUE VIVE, y hay que educarlos para ello. Se trata de conocer los límites de una manera firme, clara, precisa y sin engaños del mundo que los rodea. De esta forma eliminamos confusiones, inseguridades y desequilibrios.

Los primeros límites que el niño debe conocer y asimilar son los referentes a la salud y la conservación de la vida: «Si cruzas el semáforo en rojo, te pueden atropellar», «La lejía te puede quemar el estómago y tal vez mueras», «Si utilizas un cuchillo de forma indebida, te puedes herir». Los adultos no solo deben dar la norma o instrucción, sino también velar para que esos límites se cumplan (permaneciendo cerca de ellos, alejando ciertos productos de su alcance, etc.).

Conviene desarrollar una pedagogía alejada de los dos extremos en que se sitúan muchos padres y educadores. En un extremo está pretender que los niños se eduquen solos. Dejarlos abandonados para que se desarrollen por sí solos es una utopía y podría generar niños muy neuróticos. En el otro extremo, si los agobiamos con un control y dominio constantes, sin permitir su desahogo y su propio desenvolvimiento, les anulamos su propio criterio y la autoformación de la conciencia.

Los límites que podemos denominar secundarios o de la educación formal tienen que ser fáciles de explicar, razonables, lógicos, sensatos y sobre todo honestos, sin subterfugios ni manipulaciones ocultas.

En los cuatro primeros años, toda circunstancia o situación es nueva y ha de tener una respuesta ajustada inmediata. Si se comete un error, es imprescindible conocer las consecuencias inmediatamente, no se pueden demorar en el tiempo. Los pequeños agradecerán las correcciones que les hagamos porque de ese modo los mantenemos en un mundo de seguridad. Conjugaremos la firmeza con la generosidad y el amor, pero pondremos los límites que sean necesarios.

Se imponen la comprensión y la paciencia, pues ciertos límites, por evidentes o por las consecuencias negativas que acarrea su incumplimiento, se aprenden muy pronto, pero otros requieren mucho tiempo para incorporarse al repertorio de las conductas aprendidas y dominadas. Y aquí cada niño es diferente y tiene su propio ritmo.

A medida que van creciendo, van redefiniendo «sus límites». De ahí la desobediencia o los intentos de desobediencia a ciertas normas o situaciones y las provocaciones de todo tipo. Los niños y jóvenes suelen ser maestros en estrategias y tácticas, conocen muy bien las debilidades, fortalezas y resistencias de sus padres y educadores y utilizan la constancia y los motivos disfrazados para conseguir sus objetivos. En esa etapa es cuando hay que aumentar las dosis de paciencia, las explicaciones y las negociaciones si son necesarias, pero siempre dentro de los límites y sin dejarse manipular por los menores.

Hay muchos niños de las nuevas generaciones que creen mucho en sí mismos, que intuyen soluciones a los problemas que los adultos no son capaces de ver. Con ellos hay que dialogar mucho, no imponer nuestro criterio, preguntarles cómo resolverían ellos esa situación y plantearse si es conveniente aceptar su punto de vista. No vamos a perder por ello ninguna autoridad, sino que más bien la ganamos, al ser capaces de demostrar amor y comprensión.

El aparente estrés o frustración que genere la imposición de un límite es positivo. Es esencial para su futuro, pues a lo largo de la vida se van a encontrar en situaciones muy parecidas. No se trata de cortarles las alas porque sí, sino de establecer unos límites justos y que no supongan abuso de autoridad por parte de los adultos.

No nos debe extrañar que la mayoría de los niños y jóvenes no comprendan la necesidad de ser educados en determinados límites y les cueste muchísimo aceptarlos, pues normalmente reaccionan con la fuerza de sus deseos y el ímpetu vital, en lugar de la racionalidad que les permitiría ver las consecuencias futuras de sus actos. Viven el momento presente y no ven las situaciones con perspectivas de futuro.

Hay que imponer límites claros y sencillos en la vida cotidiana si queremos mantener unas relaciones sosegadas y ordenadas con los menores: en la mesa, a la hora del baño, al irse a la cama, al despertarse, etc.

Esta educación de los niños y jóvenes del nuevo milenio impone a los adultos ciertas reglas que no conviene olvidar:

- Hay que establecer límites de la forma más sencilla posible, sin teatralidad ni exageraciones innecesarias. Para hacerle saber a un niño que el fuego quema, no se necesitan discursos sobre el fuego o sobre las quemaduras; basta que cojamos su manita y la acerquemos poco a poco al fuego hasta que sienta su calor. ¡Lo habrá aprendido para siempre!
- Saber adaptar los límites a la edad de los niños. Hay algunos que no podremos sobrepasar jamás: «Si me tiro por la ventana, me puedo matar». Otros son menos graves: «No es lo mismo el desorden en tu propia habitación que el desorden en toda la casa, la cocina o el salón, que afecta a todos».
- No imponer límites arbitrarios. «Esto se hace porque lo mando yo, que soy tu padre (o tu madre)» suena ridículo y no es educativo. Los límites que pongamos tienen que ser razonables. Hay que explicarlos y procurar que los comprendan completamente, tarea nada fácil en ciertas situaciones. En determinados momentos, nos dirán: «Mamá permite tal cosa, pero papá no», o viceversa. Y también: «Pues la mamá de fulana de tal sí le deja hacer tal cosa, y vosotros no». En esos casos las ideas de los padres tienen que ser muy claras al respecto. Es importante que ambos actúen juntos y negocien la respuesta,

pero no en presencia de los niños (sobre todo si existen fuertes discrepancias de antemano).

- Ser confiados y no usar amenazas. El uso de las amenazas genera miedo y comportamientos muy condicionados. Si hemos dado nuestra palabra de que vamos a hacer algo o hemos impuesto algún castigo a una situación muy grave, cumplámoslo. Pero estimulemos más los premios que los castigos, sin exagerar tampoco. Tanto el premio como el castigo tienen que estar muy justificados. La mayor parte de las veces no son necesarios ni convenientes. Se ha comprobado que con los niños actuales, el castigo no sirve para nada. Aman una disciplina sin correctivos. Prefieren la reflexión sobre lo acontecido, el razonamiento de todas las partes implicadas y la comprensión de lo que se pretende subsanar o corregir.
- No caer en el sobreproteccionismo pensando que la imposición de límites es algo traumático. Eso es convertir a los pequeños en jefes absolutos y da lugar a que con tres o cuatro años parezcan ser los amos de la casa y gobiernen la vida de sus padres. Una educación de este tipo lo único que logra es que se encaprichen de todo y se opongan violentamente a cualquier negativa. Así se han generado centenares de jóvenes que maltratan a sus padres y atormentan a sus familias.

Hagamos desaparecer el abuso y el maltrato infantil: una lacra que aún abunda

Raro es el día que no tengamos noticias –en los periódicos, revistas, televisión o Internet– sobre los abusos y los maltratos a los que los adultos someten a los niños. Parece increíble que este fenómeno se produzca en una sociedad que se dice civilizada, pero en la que abunda la violencia, el crimen y la depravación.

En el seno familiar existe aún mucho abuso y maltrato infantil. Se disfraza y manifiesta de muchas maneras, más o menos traumáticas o violentas, pero todas ellas detestables.

Los nuevos seres que nacen no vienen a que los maltraten. Vienen a que los magnifiquen, a que los respeten y ayuden, a evolucionar y a realizar una hermosa labor aquí en la Tierra. Nuestra tarea como padres y educadores es poner todos nuestros esfuerzos y conocimientos a su servicio, para que desarrollen su misión lo mejor que puedan.

Aunque decimos «nuestros hijos», en realidad NO SON NUESTROS, NO TENEMOS UN DERECHO DE PROPIEDAD SOBRE ELLOS y no podemos hacer con ellos lo que nos venga en gana. Esta creencia de que «son nuestros porque los hemos traído al mundo y por ello podemos dominarlos y hacer con ellos lo que deseemos» es una idea vil, peligrosa y totalmente errónea desde el punto de vista educativo y espiritual. Los hijos no son un trofeo para exhibir, ni un juguete para entretenerse. Todos los seres humanos somos dignos de respeto desde el momento de la concepción hasta la muerte.

El abuso y el maltrato son depravaciones físicas, mentales y espirituales. Si con nosotros se cometió algún tipo de abuso o maltrato, no lo justifiquemos y menos aún imitemos esas conductas despreciables. Tenemos que desterrar de nuestra sociedad esa lacra. Esta epidemia tiene muchas maneras de manifestarse. A continuación, las agrupamos en torno a lo que consideramos los siete derechos fundamentales de la persona, derechos que nos corresponden por nacimiento:

DERECHO A TENER, A ESTAR AQUÍ Y A RECIBIR LO NECESARIO PARA LA SUPERVIVENCIA. Las formas de violación de este derecho serían:

- Castigos físicos, palizas o cachetes ocasionales, golpes con cinturones, palos u otros objetos.
- Abuso físico.
- Abuso sexual.
- Amenazas físicas o psicológicas.
- Acoso de todo tipo.
- Tortura física.
- Explotación mediante la realización del «trabajo infantil».
- No proporcionar una alimentación sana y unos cuidados adecuados.

Derecho a sentir, a desear y a expresar la emotividad. Las formas de violación de este derecho serían:

- Reprimir la expresión de la emotividad.
- Considerar débiles a los que muestren sensibilidad.
- Inhibir o reprimir la expresión de los deseos.
- No respetar su intimidad, ni su espacio personal.
- Ignorarlos.

Derecho a obrar y actuar según su capacidad personal. Las formas de violación de este derecho serían:

- Abuso de autoridad, que propugna solo la sumisión y la obediencia ciega.
- Obligarlos a comportarse bajo la ley del temor al castigo.
- Amenazas y torturas psicológicas.
- Chantaje de todo tipo.

Derecho a amar y ser amado. Las formas de violación de este derecho serían:

- No atenderlos debidamente.
- Generar en ellos actitudes racistas o sexistas.
- Maltrato en público o en privado. Amenazas y desprecios.
- Ofensa verbal y gritos.
- Ofensa emocional: «Desearía no haberte tenido nunca», «Déjame tranquilo que no te quiero ni ver».
- Crítica negativa y destructiva hacia ellos y hacia las demás personas.
- Desahogarse y descargar conflictos, frustraciones y problemas personales en ellos.
- La reprimenda en público. Si tenemos que reprocharle algo a alguien, y más a un menor, lo debemos hacer en privado, razonándolo bien y con delicadeza.

- Avergonzarlos, compararlos o humillarlos ante los demás, sean hermanos o compañeros.

Derecho a decir y escuchar la verdad. Las formas de violación de este derecho serían:

- No permitirles expresar su verdad de los hechos: «Esas cosas no se dicen», «Los niños no hablan en presencia de los mayores».
- No escucharlos cuando hablan o no valorar sus opiniones.
- Enseñarles a guardar secretos que en principio no tendrían que guardarse.
- Revelar asuntos privados de ellos o de otras personas.
- Criticarlos por intentar hablar y no dejar que se expresen.
- Mentirles continuamente.
- No respetarlos o no valorarlos como se merecen.

Derecho a ver, a vivir y a actuar con intuición y a utilizar las facultades extrasensoriales si se tuvieran. Las formas de violación de este derecho serían:

- Negar la verdad y la evidencia de cosas y acontecimientos que se han visto.
- Poner en tela de juicio su capacidad intuitiva.
- Negar o no querer reconocer ciertas capacidades extrasensoriales que poseen, simplemente por no creer en ello.

Derecho a saber, a recibir educación y conocimientos. Las formas de violación de este derecho serían:

- El abandono y el descuido de su educación.
- Segregarlos del grupo en las instituciones, mandándolos a los pasillos o al despacho de dirección, o expulsándolos a sus casas.

- Imponerles dogmas y creencias espirituales contra su voluntad y antes de su posible comprensión y asimilación.
- Negarles el derecho a una educación espiritual (no religiosa ni sectaria) y no facilitársela cuando ellos la pidan.

Muchos padres y educadores preguntan: «Y si mis hijos (o mis alumnos) me hablan de Dios o me piden que les hable de él o de cuestiones espirituales como la muerte, los ángeles o el mal, ¿qué debo hacer?».

Para una persona creyente o espiritual, la respuesta no le será difícil. Para otras, puede ser casi una misión imposible. Sin embargo, siempre hay que darles respuesta, pues ninguna pregunta de un niño debe quedar sin contestar. Si no estamos muy seguros, podemos indicarles quién los informará mejor, pero jamás debemos frenar esa ansia de conocer, ni imponerles nuestros credos ni nuestras ignorancias. Lo mejor es decirles: «Ya llegará el momento de que llegues a determinadas conclusiones y que tomes tus propias decisiones. Si quieres saber si Dios existe o conocer más acerca de él, investiga por ti mismo». Esto es más correcto que manifestar: «Dios no existe, los ángeles no existen y no pierdas el tiempo en esas tonterías».

Es muy difícil saber qué mecanismo mental y psicológico se genera en el niño cuando es maltratado. De entrada, cuando son pequeños, no se suelen revelar contra ello, ni lo ven como una injusticia. Simplemente no pueden imaginarse que sus padres sean tan perversos, tan degenerados o tan arbitrarios para hacerle lo que le hacen. De ese modo, se culpabilizan a sí mismos y piensan que se lo merecen porque han hecho algo muy grave o son «unos niños muy malos». Así comienza el círculo vicioso del sentimiento de terror, de la falta de autoestima, del odio a sí mismo y a los demás, de la inseguridad, de las autoagresiones y de la agresividad como actitud permanente.

En casos de maltrato en el seno familiar, es necesario ponerlo en conocimiento de las autoridades y los servicios sociales correspondientes. O se corrigen esas conductas o se denuncian. Hay que desterrar el maltrato definitivamente de la sociedad.

La situación a día de hoy no es nada halagüeña. Existen millones de niños en todo el mundo sometidos al abuso y al maltrato tanto en su familia como en los centros de acogida. En muchísimos países están permitidos los castigos físicos. Es imprescindible cambiar las leyes ya, sin perder más tiempo, y abolir no solo el castigo físico, sino todo tipo de maltrato infantil. Se trata también de concienciar a los padres y a los educadores de que es necesario dedicar más tiempo a los niños y comunicarse más con ellos y evitar actitudes tanto demasiado permisivas como demasiado autoritarias. Para ello es preciso enseñarles cómo actuar correctamente con los niños ante situaciones difíciles.

En el sitio www.endcorporalpunishment.org puedes ver la geografía actual del castigo físico en todo el mundo, que no es nada elogiable ni agradable.

Los niños y jóvenes se preguntan: «¿Por qué a un adulto que pega a otro se le castiga, pero si pega a un niño no?». Todo niño debería tener a alguien, que no sea un juez, a quien acudir en caso de maltrato. Eso lo pondría a salvo de ser maltratado otra vez.

Honestidad a toda prueba: el valor de la verdad

Se suele decir que no hay nada más inocente que la mirada de un niño. Esta característica está aún más acentuada en los niños y jóvenes de las nuevas generaciones. Les horroriza la mentira y la manipulación, huyen de las personas retorcidas y enrevesadas, y desean relaciones claras. Se protegen y se alejan de aquellos cuyo comportamiento no sea claro u honesto. Les gustan las personas transparentes e íntegras, por encima de cualquier otra consideración.

Sin embargo, el premio Nobel de Literatura de 2005, Harold Pinter, ha denunciado repetidas veces «la creciente cultura de la supresión de la verdad en la sociedad actual». Todo se maquilla, disimula y manipula con el fin de conseguir unos objetivos que no siempre son lícitos.

La mamá de Pedrito le reprende con energía:

—¡A tu edad yo no decía mentiras!

—¿Y a qué edad comenzaste, mamá?

Los niños lo oyen todo ya desde el vientre materno. Siempre tienen las antenas puestas, aunque creamos que no es así. Quieren que los tratemos con un lenguaje sencillo, directo y sin doble sentido. Aman el lenguaje adulto y detestan los tonillos falsos, ñoños e infantilizantes. Hay que tomárselos en serio.

A medida que vayan creciendo, podremos utilizar más la polisemia del lenguaje y los dobles sentidos, pero sin llegar a ofenderlos.

Si los adultos nos equivocamos, es necesario que seamos honestos y reconozcamos nuestro error. Ellos mismos nos animarán a no volver a cometer ese mismo error. Y si hay que disculparse, se piden disculpas. En eso consiste educar para la verdad y en la verdad. Los humanos no somos perfectos, pero sí podemos y debemos ser honestas. Si los padres y los educadores se acostumbran a decir siempre la verdad, educarán en la verdad. Los menores comprenderán entonces que el error es una oportunidad para el aprendizaje.

Si se desea educar en la verdad, hay que ser «personas de palabra». Si no hay honestidad en los adultos, no se forjará una personalidad sólida en los niños, pues no habrá un referente seguro y orientador para su educación.

Aprovechando la plasticidad de los pequeños: la importancia de la estimulación temprana.

El aprendizaje comienza con el nacimiento. Ello exige el cuidado temprano y la educación inicial de la infancia, lo que puede conseguirse mediante medidas destinadas a la familia, la comunidad o las instituciones, según convenga.

Conferencia mundial «Educación para todos», Jomtien, Tailandia, 1990

La estimulación comienza realmente en el momento de la concepción. No se trata solo de cuidar la buena salud y alimentación de la madre, sino de *hablar con el nuevo ser, quererlo, acariciarlo y llenarlo de amor y de paz.* La estimulación se produce más sutilmente de lo que creemos. La criatura no habla cuando es muy pequeña, pero «siente» y «sabe» si se la ama o no. Esa estimulación es más importante que cualquier otra.

No insistiremos lo suficiente sobre lo importante que es el papel de la madre en la estimulación. Todo su ser inspira y alienta al niño. Todo lo que se haga a favor de las madres en los primeros años de la vida del nuevo ser es poco, ya que debería permanecer cerca de su hijo durante los tres primeros años de vida. La legislación debería cambiar para que esto fuera posible.

Sabemos que una estimulación apropiada desde las primeras etapas de la vida, garantiza los enlaces neuronales y el desarrollo intelectual. De ello depende que muchas capacidades y potencialidades se lleguen a desarrollar adecuadamente.

La capacidad de adquirir la lengua materna está restringida, prácticamente, a la primera infancia. Después no es posible hablar de una adquisición normal del lenguaje. El cerebro humano está especialmente preparado para adquirir la gramática de una lengua hasta una determinada edad, a partir de la cual se convierte en una tarea más difícil o incompleta. Esto se puede aplicar a otros campos, como el movimiento, los juegos, la visión, la ortografía, etc.

Esta tarea de estimulación temprana no es solo responsabilidad de las instituciones educativas, sino también de los padres. Un entorno estimulante en casa y en la guardería les ayuda a crecer en un ambiente de retos y progreso, de conquistas y satisfacciones, y de felicidad y amplias perspectivas.

Los niños son como esponjas, lo absorben todo: lo bueno y lo malo. De ahí la importancia de todo lo que hacemos y decimos, de todo lo que tocan, ven y escuchan (cuentos, televisión, películas, juguetes, música, familiares, amigos, compañeros de juego, etc.). Todo su entorno les va a influir. El rol de padres y educadores es saber seleccionar bien esas influencias e irlas dosificando según van creciendo.

Otro paso importante para la crianza emocional de los niños es estimular su excelencia y no la competencia entre individuos. Existen palabras claves durante el proceso de enseñanza de los pequeños:

Hasta el primer año de vida: los vocablos esenciales son «amor», «afecto» y «atención». A los bebés hay que tocarlos, abrazarlos, proveerles de mucha seguridad y jugar con ellos.

Entre el primer y segundo año: hay que resaltar los términos «libertad», «respeto» y «estímulo». Durante esta etapa se prueba el desapego a los padres. No hay que condicionarlos a través del temor, y evitar que el niño considere el dolor como un sinónimo de malo o de debilidad. Si así fuese, no habría espacio para el crecimiento espiritual.

Entre los 2 y 5 años: «merecimiento», «explorar» y «aprobar» son las palabras clave en esta época de transición entre el «yo soy» y el «yo puedo». Si reprimimos que se sienta poderoso o capaz, no se logrará que de adulto pueda enfrentarse a cualquier reto.

Entre los 5 y 8 años: el niño ya asimila conceptos más abstractos. Por ello hay que usar los términos «dar», «compartir», «aceptación», «verdad» y «no juzgar». A ellos les encanta compartir cuando sienten amor. Si se les enseña que para dar tienen que perder algo, no aprenderán el verdadero significado de dar. En cuanto a la verdad, deben saber que va acompañada de un sentimiento agradable.

Entre los 8 y 12 años: el niño, ahora convertido en casi adolescente, requiere que los padres empleen expresiones como «experiencia», «responsabilidad» y «estar alerta». Los que aprendieron las lecciones de la crianza espiritual reflejarán la confianza de sus padres. De lo contrario, se encontrarán confusos, cederán a las presiones y buscarán todo tipo de experiencias indiscriminadas.

Padres y educadores a la escucha de los niños y jóvenes de las nuevas generaciones

La infancia actual dispone de una serie de estímulos de aprendizaje tan variados e interesantes que se puede afirmar que su cerebro se encuentra en un continuo ir y venir, siempre está aprendiendo algo de la realidad, del mundo exterior o de su propio mundo interior.

En la búsqueda personal de su aprendizaje, las generaciones actuales nos están diciendo a gritos que son diferentes y que desean ser escuchados. No nos dicen que nos desentendamos de ellos, ni que les dejemos solos con sus juguetes y sus actividades. Aparentemente parece que no quieren saber nada de los adultos, pero no es así. No quieren que les *dirijamos el aprendizaje, pero sí que nos preocupemos de sus necesidades, que los escuchemos y les respondamos a las preguntas que continuamente les surgen.*

Quieren construir sus propios conocimientos, sus conceptos, su estilo de vida, y vivir sus propias experiencias. No desean que les influyamos en la construcción de sus vidas si no nos lo piden. Son muy independientes en todas las facetas.

Frente a la pedagogía «del sermón, del hablar, del dirigir y del influir», piden a los adultos una actitud «de saber escuchar, de diálogo y de ayuda». Confían en los beneficios del lenguaje del silencio, sabiendo que su educador y sus padres, bajo esa actitud de respeto, están a su lado, con una vigilancia afectuosa y en permanente y desinteresada actitud de ayuda. La no intervención no siempre significa abandono: es permitir que el niño o el joven sientan el placer de descubrir y aprender por sí mismos, aumentando así su seguridad y autoestima.

Una buena actitud de escucha encuentra siempre el momento justo, la palabra adecuada, la mirada cómplice y la palmada de felicitación. Es cierto que también en ocasiones habrá contraste de valores, de opiniones y de puntos de vista, y se necesitará poner límites y buscar soluciones éticas para prevenir conductas inapropiadas.

Este cambio en la manera de tratarlos es muy importante. No se consideran seres pasivos, ni fácilmente influenciables, sino todo lo contrario. Se sienten protagonistas y con personalidad propia, pero a la vez débiles y necesitados de los adultos, a los que acudirán –solo a aquellos que sepan escucharlos– cuando lo precisen. Si en la familia no existe un miembro que sepa escucharlos, buscarán fuera la ayuda y el apoyo que tanta falta les hace, y allí no siempre encontrarán la mejor orientación.

Esto se hace aún más complejo cuando nos encontramos con niños índigo, niños cristal o niños más espirituales o con facultades especiales. La mayoría de las familias no sabrán ni responderles ni escucharlos. En estos casos, la actitud correcta de los padres y los educadores será buscar personas que les puedan orientar. La familia tiene que ser humilde y demandar ayuda a los amigos, conocidos, profesionales o instituciones. Todo menos desentenderse de los problemas de los hijos.

En estos momentos es importante comprender que somos los adultos los que debemos aprender de los niños y jóvenes de las nuevas generaciones. Ellos nos enseñarán a vivir de forma natural y espontánea y a comprender la riqueza de su mundo emocional y espiritual. Y ellos, a su vez, podrán aprender de los adultos la fuerza y el afianzamiento con la Tierra.

La atención y educación de los pequeños como práctica espiritual

Lee Lozowick, en su hermoso libro, *Paternidad consciente* (2001), escribió estas palabras:

> Muchas personas sienten que, cuando viven circunstancias que no les permiten participar en todas las prácticas espirituales formales que solían tener, están fuera de la corriente de la gracia o fuera de la corriente de la práctica. Pero esto no es necesariamente cierto, sobre todo para los padres de los niños pequeños. Tan solo con ser un buen padre y una buena madre, si se vive en un contexto correcto, es práctica espiritual y sirve a Dios de manera directa y profunda.

Normalmente la llegada de los hijos cambia la vida de una pareja. La educación de un nuevo ser es una práctica de alto valor espiritual en sí misma y hay que saber desarrollarla con mucho amor y entrega. La disciplina más noble, la tarea más hermosa y elevada, por encima de todos los honores mundanos, es la buena acogida, la atención constante y el cuidado amoroso de un alma nueva que se encarna.

El ejercicio de la paternidad y de la maternidad supone muchas renuncias. Se sacrifican apegos y distracciones. Pero también nos da la oportunidad de sentir la vida en toda su pureza y grandiosidad.

La orientación escolar y profesional de las nuevas generaciones

Lee Carroll y Jean Tober (2003: 56-27), señalan:

> Para mí la enseñanza ha dejado de ser un lugar donde caben los números, las normas y las estructuras. Creo que la enseñanza puede ser, ahora más que nunca, un lugar para educar seres humanos. Cada docente tiene la oportunidad, durante todo el año, de cambiar la vida de esos niños o jóvenes para crear entre todos un mundo mejor. La escuela puede ser el lugar donde fracasan, pero también puede ser un lugar donde alguien se va a interesar por ellos lo suficiente como para escucharlos, comprenderlos, contarles historias, reír con ellos y ayudarlos a recomponerse.

Este testimonio evidencia cómo lo que denominamos «orientación escolar» está cambiando. La orientación escolar hoy día es, y debe seguir siendo, más una continuación de lo que hemos llamado «orientación personal».

Es verdad que la orientación escolar debe prestar atención a la marcha del aprendizaje de todos y cada uno de los alumnos, conocer y solucionar sus lagunas, recuperar sus retrasos, valorar sus éxitos y fracasos, detectar posibles dificultades y mejorar metodologías, pero ya no consiste solo en eso. Tiene que prestar atención a la evolución individual de todos los escolares, sus problemas personales, sus estados de ánimo, sus frustraciones, sus crisis, sus momentos de zozobra, sus fortalezas y sus debilidades. Además de ser un buen especialista, el docente debe ser sobre todo un buen educador.

La orientación es un proceso continuo, ligado con el desarrollo de cada persona. Los desequilibrios en la personalidad de los estudiantes conducirán irremediablemente a resultados escolares desalentadores o al fracaso. Un correcto ajuste de la personalidad es «prerrequisito para el aprendizaje».

El profesor debe centrarse en fomentar el autoconocimiento, la autovaloración, la progresiva construcción del yo y la realización personal del alumno.

La introducción en las instituciones educativas de la «educación en valores» responde a esta necesidad de no olvidar que la orientación personal es tan básica como los contenidos de las distintas áreas de enseñanza. Han de tener muy claro que además de «instituciones docentes» son «instituciones educativas».

La orientación vocacional y profesional está perdiendo el carácter rígido y determinista que tuvo antaño, en el cual según las puntuaciones de una batería de tests, se encaminaba casi obligatoriamente al alumno hacia determinadas carreras o estudios. Hoy es más una «información profesional» que una «orientación profesional».

Existe una gran cantidad de alumnado que se orienta por sí mismo y que toma sus decisiones de futuro sin contar apenas con los educadores y los padres, mientras que otra parte permanece en un mar de dudas a la hora de decidirse por su futuro profesional.

Los jóvenes de las nuevas generaciones toman las decisiones no solo con la cabeza, sino también con el corazón, al margen de lo que opinen los padres y sin sentirse presionados por los resultados de las pruebas de inteligencia o de personalidad. Saben que es su vida lo que está en juego y prefieren en muchas ocasiones estudios que les hagan felices o que sean beneficiosos para la humanidad, antes que aquellos que puedan proporcionarles beneficios económicos en el futuro. Se sienten más independientes y menos influenciables en las elecciones.

Es muy pernicioso rebajar o destruir las expectativas de los hijos o alumnos: «Hijo mío, eres un desastre para todo, qué puedo hacer contigo», o bien: «No hace falta ni que estudies, pues vas a suspender. No llegarás muy lejos». Las frases de este tipo son muy nocivas para el proyecto de vida de quienes las escuchan. Por desgracia, todavía se oyen mucho, tanto en los ambientes familiares como en las instituciones escolares.

El correcto tratamiento de las «expectativas mutuas» debe implicar a pequeños y a mayores. Algunos padres y educadores tienen la costumbre de plantear de vez en cuando «qué es lo que esperáis de nosotros», con lo que se pueden llegar a establecer las expectativas recíprocas y concretar las formas de llevarlas a cabo según las reglas pactadas. Esta técnica elimina muchos problemas y situaciones dudosas o embarazosas en la convivencia diaria. A veces se formulan por escrito en forma de pactos o contratos.

Un centro educativo no es bueno solo porque haya obtenido el 100% de éxito en la selectividad o en la prueba final de bachillerato, sino porque ha tratado a sus alumnos como seres humanos, les ha ayudado en su crecimiento personal, les ha enseñado a conocerse y valorarse, ha integrado y apoyado a los más débiles y les ha proporcionado los conocimientos y las herramientas necesarios para valerse en la vida.

Las necesidades de una orientación completa en todos y cada uno de los campos que sienten los jóvenes, exigen cada vez con más fuerza la coordinación de instituciones y organismos. Es el caso de la orientación sexual para jóvenes, de la educación vial, la prevención de drogodependencias, la prevención de la violencia, etc., en las que intervienen distintas administraciones.

8

El rol de los niños y jóvenes en la educación de los adultos

Conversando con los jóvenes

María Fernanda Domato, de Argentina, nos cuenta:

> Este es un tiempo para que los adultos ordenen lo emocional, sincerándose, tomando conciencia de sus necesidades y sanando sus miedos. De esta forma podrán trabajar con los niños desde una relación sana, creativa, lúdica y alegre. La Era de Acuario pide una educación personalizada, para individuos diferentes, una educación distinta, desde el amor y la comprensión de los nuevos códigos, con materias acordes a las actividades sociales que se perfilan para cada niño en la sociedad que está naciendo.

Pamela, una joven de diecisiete años de La Paz (Bolivia), nos comenta:

> Los profesores, a veces, son rudos. En clase me gusta cuando nos hacen participar. No me gusta cuando nos enseñan superficialmente.

El aprendizaje en el colegio es más agradable con diversión, con risas y con juegos. Con trece o catorce años tenía conflictos conmigo misma. Pensaba que había que hacer muchos esfuerzos y sufrir para que las cosas cambiasen. Sin embargo, no es así. No hablaba con nadie de eso. Tenía miedo de que me juzgaran como «anormal». Ahora sé que hay que hacer lo que uno quiere realmente, lo que dice el corazón. Es para nuestra felicidad, es para el bien. No me entendía a mí misma y los demás no me entendían. Pensé en el suicidio, sí, porque había momentos en que me sentía tan mal...

Vivía en un mar de sufrimiento. La gente me hacía pensar que estaba mal, loca o algo así. Supe de casos de padres que llevaban a sus hijos al psicólogo y luego al psiquiatra. Incluso hay algunos que les pegan porque no les entienden. Hay niños que han sufrido más que yo. Por eso es bueno que informen y que divulguen lo que está pasando, porque muchos no saben de qué se trata y no comprenden a los niños ni a los jóvenes.

A veces intentamos hablar con los padres de cosas profundas y no nos entienden. Por ejemplo, deseaba decirle algo a mi mamá, porque se hacía daño a sí misma. No me entendió. Era como si yo hablara otro idioma.

Recomiendo a los niños y jóvenes que busquen ayuda, que investiguen sobre estos temas, que crean en sí mismos y que vayan a un buen terapeuta. A mí, por ejemplo, me ayudó mucho Lucho (un psicólogo y terapeuta). Que no se dejen llevar por lo que la mayoría de la gente dice y que escuchen a su interior. Estamos aquí en la Tierra para estar bien, no para sufrir.

Siempre existe la esperanza de cambios en el planeta. Estamos en un mundo cargado negativamente. Esto va a cambiar. Yo pretendo colaborar en esta transformación. Los niños y los jóvenes están aquí precisamente para eso, para el cambio. Cada uno va a aportar un granito de arena. Ahora puedo ayudar con mi propia energía. Exige trabajo, pero se puede trasmutar cualquier cosa.

¿A los padres? Que apoyen a sus hijos y que abran los ojos a los cambios que están ocurriendo. Que en vez de juzgar a los jóvenes y a los niños, que se juzguen a sí mismos. Que traten de ayudar, porque lo que viene es luz y todo va a cambiar para mejor.

«Sin descuidar al saber, apuntamos al ser», señala Fernando Mirza, director del Idejo, en Uruguay. Para los niños y jóvenes del tercer milenio esta clase de educación es vital. ¿Quién soy? ¿Qué vine a hacer en la Tierra? ¿Quién fui? ¿Cómo equilibro mi energía? ¿Cuál es mi don? ¿Qué ocurre con los cambios planetarios? ¿Qué está sucediendo con la gente? ¿Qué esta pasando conmigo? ¡Son tantos sus interrogantes!

Una vez que un niño o un joven «se encuentra», todo lo demás encaja por sí mismo: sus relaciones, su «supuesta carrera», su equilibrio personal, su felicidad y paz interior. Después, podrá hacer lo que le apetezca, porque es una persona brillante y poseedora de un gran talento. Pero primero el SER debe ser atendido. Últimamente se ha producido un aumento de depresiones infantiles y suicido juvenil a nivel mundial, precisamente por esta razón.

Una madre ecuatoriana comenta:

> En 2003, teníamos reuniones extraescolares, y los chicos se colocaban en círculo y discutían durante horas. Un día, hablaban de Dios y del infinito, cuando una pequeña de nueve años preguntaba a un «grande» de diecisiete:
> —¿Qué hay detrás del cielo?
> —Hay más –contestó el «grande».
> —Pero ¿qué hay detrás de detrás?
> —Dios está por todos lados.
> —¿...y cómo sabes eso?
> —Porque así es.
> —¿Cómo sabes?
> —Así es.
> —... pero ¿cómo sabes? –insistía la chiquilla.
> —Mira –respondió el «grande» frente a tanta insistencia–, porque simplemente... ¡cierra los ojos, pregunta y sabrás!

El efecto detonador, el efecto esponja y el efecto espejo

Una de las funciones de los niños y jóvenes en nuestros días es la de servir de «detectores» de distorsión entre el aspecto exterior y el aspecto interior de los adultos. Desempeñan el papel de espejo para ellos, en especial para sus padres y docentes.

El efecto detonador

El trabajo de «detonador», de «amplificador» y de «despertador» se da con niños que desencadenan conflictos y a los que se considera problemáticos. Si no hay congruencia en el entorno inmediato del niño, entre lo que se dice, se hace, se vive y se piensa, enseguida lo «denuncia» con su actitud, haciendo crecer al adulto que le rodea. Estos niños no soportan física y emocionalmente la discordia y la falta de integridad, y consiguen que nuestras tensiones y traumas salgan a la superficie y afloren, para poder así trabajar con ellos y finalmente liberarnos de los bloqueos emocionales que nos impiden avanzar.

El efecto esponja

Significa que el niño «lo absorbe todo», tanto lo bello como lo feo, lo positivo como lo negativo. Gaia, una joven psíquica española madre de dos bebés, comenta al respecto:

> Esta tarea es especial: ellos toman y transmutan las energías psíquicas oscuras que están contaminando etéreamente a la Tierra y a los seres humanos, desempeñando el papel de «aspiradora sanadora». Es un trabajo tenaz y muy sutil, que ellos aceptaron realizar. Así ayudan a sanar tanto a la Tierra como a los humanos. Este paso también es decisivo para continuar con los cambios del planeta y seguir la evolución.

Esta limpieza consiste en sanar toda emoción y todo trauma que se quedaron anclados a nivel celular, así como en sanar los lugares sagrados, la Tierra, las aguas, los animales y entes de diferentes niveles. Es necesario ayudar a los niños para que no se vean demasiado afectados por este efecto esponja, es decir, enseñarles a protegerse psíquicamente y a limpiar su aura de forma regular. También hay que cuidar la calidad de sus sueños, momentos en los que son más vulnerables, ya que son más propensos a los ataques psíquicos.

Judy Hall, en su libro *Cómo protegernos de las malas ondas*, indica:

> La percepción extrasensorial es particularmente potente entre la madre y el bebé. Cuando estamos en el vientre materno, nuestro instinto nos revela lo que nuestras madres y los otros miembros de la familia piensan y sienten. En la mayoría de nosotros, esta facultad desaparece poco tiempo después de nacer. Sin embargo, otros jamás la pierden; estas personas viven confundidas porque, por un lado, está lo que les dicen y, por otro, lo que les transmite su intuición. Algunos optan por anular su percepción extrasensorial o recluirse en su propio mundo interior y desconfiar de lo que les digan los demás. En cambio, si esta percepción extrasensorial funciona plenamente, la persona se transforma en la pantalla de un radar, que recoge todo lo que se halla a su alrededor. De no existir una barrera sólida entre el mundo externo y ellos, estas personas se convertirían en esponjas psíquicas y absorberían los pensamientos y sentimientos del resto. Estos niños deberían, desde sus primeros años, aprender a proteger su psique para evitar así el agotamiento (Hall, 1996: 26).

El efecto espejo

Se produce cuando una persona le refleja a otra «lo que es» en un determinado momento. Es decir, con su simple presencia, les muestra a los seres de su entorno un «espejo» donde se ven a sí mismos. Si tenemos un problema recurrente con un niño o un joven, antes que nada deberíamos analizar si no proviene de nosotros mismos, esto es, simplemente preguntarnos si el niño o el joven no está actuando como un espejo.

Gina Vargas, madre de Diego, que tiene cuatro años, nos relata:

He aprendido tanto de los niños... Son realmente un mundo diferente. Te hacen ver tus errores. Hacen salir a flote tu parte emocional. Descubres que si no te puedes adaptar a ellos, eso es grave. La gente dice que son niños malcriados, pero simplemente son así. Hay que saber hablar con ellos. Me tocó trabajar mucho conmigo misma. Me di cuenta de que mi hijo ve todo lo de su entorno, lo capta y lo percibe todo. Es sumamente tierno. Cuando estoy bien, él está bien también. Cuando estoy mal, se altera enseguida.

A mí me gustaría tener acceso a una «escuela de padres» o algo así. ¡Reconozco que lo necesito tremendamente! Necesitamos un buen equilibrio emocional. Todo está cambiando, el método antiguo definitivamente ya no funciona.

¿Cómo reciben y procesan la información los niños y jóvenes del Tercer Milenio?

Como hemos visto repetidamente, los niños y jóvenes de hoy tienen conectados en armonía los dos hemisferios cerebrales. Poseen muchas destrezas y amplias facultades, que nosotros los adultos tenemos poco desarrolladas. Su entender es muy rico en imágenes, música y metáforas. Comprenden de manera global, intuitiva y como por ráfagas.

Son seres rápidos y precoces, que necesitan constantemente actividad y creatividad. Se mueven todo el tiempo porque a través del movimiento se produce su conexión con la esencia. Al pedirles que se estén quietos, los desconectamos de su esencia y se sienten mal.

Al adulto, por el tipo de educación que recibió, se le enseñó a ser pasivo y a recibir información sin opinar, moverse o expresarse. De este modo surgió un modelo de sociedad pasiva y sumisa, casi militar. Lo que necesitan los niños y jóvenes de hoy es justamente todo lo contrario.

Si no reciben una educación adecuada en función de sus talentos y sensibilidades, sin suficiente amor y sin contenido espiritual, pueden sentir pánico, volverse violentos, angustiarse y encerrarse en sí mismos. Más adelante, esto se traduce en una respuesta patológica de agresividad, trastornos sociales, hiperactividad, déficit de atención, autismo o depresión infantil.

La actitud de los adultos es más importante que los conocimientos intelectuales

Si nosotros somos felices, si nos gusta nuestro trabajo, si gozamos de lo que hacemos y si estamos a gusto con nosotros mismos, nuestros hijos o alumnos nos aceptarán y aceptarán las actividades que les propongamos. Colaborarán porque todo fluye. La esencia está en el corazón y ellos lo detectan con facilidad.

Si uno es violento y no se acepta a sí mismo, inculcará en los niños reacciones violentas. Como hemos visto antes, los niños son «espejos», «indicadores» y «medidores» de actitudes y situaciones. Actúan como reflejo del niño interior de la persona que tienen delante.

Si un bebé llora sin que nadie pueda consolarlo (y no tiene hambre, ni dolor, ni está sucio), quiere decir que hay una situación de conflicto en su entorno, una emoción bloqueada en los padres o las personas que se encuentran a su alrededor o que la «vibración» de un lugar es demasiado densa. El bebé puede incluso vomitar en estos casos o tener diarrea sin razón aparente.

Una agresividad sin explicación en el niño puede indicarnos desequilibrios en el adulto que le cuida. En ese caso habrá que sanar primero ese trauma emocional del adulto. Debemos ser conscientes de que para enseñar a los niños no son necesarios los discursos, los sermones, las recompensas o los castigos. Basta con el ejemplo.

Facultades que hay que potenciar en los niños y jóvenes del tercer milenio

Las líneas que siguen, muy importantes para entender mejor a los niños y jóvenes de las nuevas generaciones y actuar en consecuencia, fueron escritas por una joven de veinticuatro años:

> No existe una «receta mágica» que nos pueda señalar exactamente cómo actuar ante esta nueva experiencia. Es nuestro deber continuar

evolucionando con ellos, para poder seguir sustentándolos. Esa fue y es nuestra misión: crear un espacio adecuado para ellos.
Todos los seres humanos nos encontramos en este proceso de evolución consciente o inconscientemente, todos sentimos el cambio de una u otra forma y, lo más importante, cada uno de nosotros es un Ser único e irrepetible; por tanto, respetar nuestra esencia y la de los demás es básico.
Los niños y jóvenes del nuevo milenio demostramos claramente potencialidades del ser humano que antes de nuestra generación se hallaban en estado latente, pero es importante señalar que todos las poseen; simplemente no las han desarrollado. Por este motivo debemos ayudar a nuestros niños y jóvenes a no bloquear estas facultades, explicándoles que no es nada raro, inusual, malo, feo o cualquier otro calificativo que se les haya dado.

Estas son algunas características que los niños de esta era muestran y que deben desarrollarse, apoyarse y entenderse:

1. Son muy conscientes de su esencia divina, y por esta razón pueden fácilmente sentir la divinidad en todo. Les resulta doloroso ver cómo matan animales y plantas innecesariamente, cuando son una suerte de hermanos mayores en evolución y su tarea es cuidar de estos seres para que lleguen a su mismo estado de conciencia. A los que no se han olvidado de esto, les resulta inaudito comer carne, huevos, etc.
2. No son retadores o agotadores, como los han calificado. Se encuentran tan en contacto con su esencia que les resulta difícil aceptar y entender cómo algunas personas han olvidado el verdadero amor, es decir, el amor que se da sin esperar recibir nada a cambio. Esta falta de atención en el aquí y el ahora provoca en ellos una inmensa tristeza. Desean cambiar esos parámetros, y por ese motivo actúan de manera «retadora», para que los demás se den cuenta de que el mejor momento para la trascendencia es el momento presente.

3. Todos los seres humanos, sin importar en qué etapa de su vida estén –ya sean niños, jóvenes o adultos–, necesitan amor. Al sentirse amados, encuentran apoyo en su existencia. Los niños y jóvenes de hoy no desean a unos padres eruditos en metafísica, alquimia o terapias alternativas; simplemente requieren sentir comprensión para poder seguir con su camino y expresar libremente la verdadera dimensión del Ser.
4. Es imprescindible que los ayuden a mantener contacto con la Madre Tierra. Esta conexión los carga de energía y los ayuda a seguir con su labor. Cuando esto se olvida, se desarraigan, pierden el equilibrio y su energía comienza a fluctuar entre esta y las anteriores encarnaciones.
5. Muchos niños y jóvenes del nuevo milenio son extremadamente sensibles, por lo que experimentan dificultad para «digerir» vibraciones densas. Su cuerpo físico, así como los demás cuerpos sutiles, pueden verse afectados al estar expuestos de manera directa a este tipo de vibraciones presentes en ciertos alimentos (carne, huevos, aditivos químicos, transgénicos, etc.). La terapia floral y el reiki son útiles a la hora de armonizar y reforzar sus cuerpos.
6. Las vibraciones densas no se limitan a los alimentos. También hay personas que tienen una carga energética muy densa. Interactuar con ellas los debilita. Cuando sientas que a un niño le empieza a faltar aire o ves que experimenta un cansancio excesivo en una determinada circunstancia (por ejemplo, cuando alguien llega a tu casa), aléjalo de ese lugar. Lo que está experimentando es una bajada de energía. No es nada de lo que debas asustarte. Simplemente no está vibrando al mismo nivel de esa persona, y eso afecta a su cuerpo sutil. Esto no solo sucede con los niños, sino con todos nosotros.
7. En estas situaciones, los más pequeños suelen vomitar, tener diarrea e incluso enfermar. En estos casos debemos ayudarlos y proteger su aura para impedir que esas energías los lastimen. Abrazarlos para impregnarlos de nuestra propia aura como escudo

también es beneficioso, o ponerles la mano a la altura del ombligo para brindarles seguridad y armonía.

8. La mayoría de los niños y jóvenes, al estar más sintonizados con el alma de los seres humanos, de las plantas, de los animales y de los seres sutiles, tienen tendencias sanadoras, ya que les resulta muy duro ver un sufrimiento innecesario en los demás. Es importante ayudarlos a controlar esa tendencia, porque desgasta su cuerpo físico, provocándoles un sueño excesivo, adormecimiento y letargo.
9. A veces les resulta difícil entender por qué deben actuar de una o de otra forma en la sociedad. La anterior era fue intensamente mental y esto ayudó mucho en su proceso evolutivo. Pero este es el momento del cambio, precisamente porque esta era se caracteriza por una vibración más sutil, más rápida. Los niños y jóvenes del tercer milenio no piensan para actuar, ¡sienten! Los que actualmente están naciendo van un paso más adelante, ya que se reconocen seres perfectos, y es tarea de las generaciones anteriores llegar a este estado para poder andar de la mano con ellos.
10. Cualquier avance que logren en su evolución no es únicamente suyo, sino para la humanidad; por lo tanto, deben regalarse unos minutos diarios para conectarse con su Ser. Esto los ayudará a entender mejor los cambios que este planeta está atravesando. Han de tener presente que todo cambio siempre es positivo
11. Cada ser humano debe llegar al autoconocimiento por su propio camino; por esto es de suma importancia permitir que los niños encuentren una forma de expresar su Ser. Algunos la hallarán siendo sanadores, líderes o apoyando energéticamente a los líderes. Otros serán juristas con un verdadero sentido de la justicia y la equidad, médicos que aborden toda la magnitud del Ser o ingenieros que construyan respetando el medio ambiente y el ecosistema. Nuestra labor consiste en incentivarlos, respetando el camino que quieran seguir. El punto final es el mismo para todos: volver a casa impregnados de sabiduría y de autorrealización.

PARTE 4

LOS SISTEMAS EDUCATIVOS AL SERVICIO DE LAS NUEVAS GENERACIONES

En todos los países se habla de crisis de la educación. Una y otra vez se cambian los planes de estudio, que no suelen agradar a ninguno de los sectores implicados, sean profesores, padres o estudiantes. Se suceden las protestas de unos y otros, se debate entre los partidarios de la enseñanza pública y la privada, y da la sensación de que no es posible un acuerdo global.

Existe, por otra parte, una gran diferencia de planteamiento entre los países desarrollados y los más atrasados económica y culturalmente. Mientras los primeros se ven inundados por las nuevas tecnologías, los segundos subsisten con los mínimos recursos y sus medios educativos son apenas existentes.

En vista del panorama ante el que nos encontramos, podemos plantearnos ciertas preguntas: ¿responden realmente los sistemas educativos de todo el mundo a las necesidades reales de la población a la que pretenden servir?, y si no es así, ¿qué rumbo deberían tomar y qué reformas acometer, si pretenden garantizar una buena educación para los niños de las nuevas generaciones?

9

Los nuevos planteamientos y retos de los niños y jóvenes de las nuevas generaciones

Resulta innegable que la mayoría de los países sienten gran preocupación por la educación, y no es muy extraño escuchar de boca de grandes pedagogos que «es necesario cambiar todo el sistema educativo».

En una reciente entrevista a Juan Carlos Tedesco, delegado de la Unesco para Latinoamérica, este afirmaba lo siguiente:

> Gran parte de los problemas que hoy afronta la educación provienen de las profundas transformaciones sociales, económicas, políticas y culturales que caracterizan a la sociedad actual. No estamos atravesando una crisis cultural, sino un cambio de civilización, y eso afecta directamente a la actividad de la escuela (OGE 6.2005: 34).

Esto quiere decir que las respuestas que demandan los niños de las nuevas generaciones son RESPUESTAS ESPIRITUALES, ÉTICAS, SOCIALES Y HUMANAS, Y NO EXCLUSIVAMENTE PEDAGOGICO-DIDÁCTICAS. La sociedad no puede desentenderse de la educación; todo lo contrario, debe estar totalmente implicada en ella desde sus pequeñas o grandes aportaciones, desde la educación sanitaria hasta la económica, pasando por la educación vial, la comunicativa, la física y la corporal y la trascendental y espiritual.

Una transformación y una mejora de los sistemas educativos presenta un doble reto: por un lado, el proceso de los cambios es tan rápido, incontrolable y difícil de asimilar que suele sumergir a los educadores y a la sociedad en un estado de incertidumbre que provoca en muchos casos rechazo al cambio o resistencias más o menos confesables; por otro lado, si las instituciones educativas no responden a la fuerte dinámica del mundo actual, ¿puede eliminarse o anularse el alto grado de rutina, conformismo e inmovilismo que muchas de ellas llevan consigo? En este caso habría que plantearse si es necesario y conveniente cuestionarse todo el sistema educativo o bien solo los elementos básicos y nucleares que sea imprescindible cambiar.

Hay muchos analistas, sociólogos, políticos y educadores que afirman que nos hallamos ante una tercera revolución educativa (Esteve, 2004). Pero donde no hay coincidencia es en el tipo de revolución de que se trata. Muchos apuntan hacia la revolución de las tecnologías, que dejaría a los países sin medios al borde de la desaparición como organizaciones, aunque existe una minoría emergente que considera que estaría basada en las demandas que nos plantean las actuales generaciones de niños del nuevo milenio: llevar a cabo una educación más humana, completa, global y enfocada en el desarrollo de todas sus capacidades. Para esa minoría, la tecnología puede ser un instrumento para ayudar a esa revolución, pero no lo que va a provocar el cambio que se demanda.

A este reto que se nos plantea podemos añadirle algunos datos importantes:

- Los niños de las familias pobres siguen aprendiendo significativamente menos y abandonan el sistema escolar bastante antes que los de las familias ricas. El colectivo de niñas indígenas

en América Latina es el que peor resultados obtiene en todos los campos del conocimiento.
- La mayoría de los países carecen de objetivos claros y cuantificables para los estudiantes y las escuelas.

Existe una auténtica necesidad de fortalecer la profesión docente mediante el incremento de sueldos, la reforma de su formación y capacitación y la concienciación de que profesorado debe rendir cuentas ante la sociedad y ante las comunidades a las que sirven.

10

La ampliación del concepto de educación

No es extraño oír hablar a tecnócratas, políticos y economistas de que la educación es la economía del conocimiento, una gran reserva nacional de talentos y la gran inversión del capital humano en una sociedad. Pero nuestro objetivo no es hablar de la concepción de la educación en términos económicos, sino como relación educativa, tal y como la enfocan los padres y los educadores.

A lo largo de la historia, la educación, el fenómeno educativo, se ha interpretado de muy diversas maneras, que vamos a señalar brevemente.

La educación como molde

Este concepto parte del principio de que los adultos definen el programa académico, los objetivos, nociones y destrezas que deben asimilarse y adquirirse. Los jóvenes tienen que dejarse «moldear», renunciar a su manera de ser, a su creatividad y a su responsabilidad en pro de las ideas, valores y juicios impuestos.

El adulto tutela al joven, vela para que no se desvíe del camino señalado y toma decisiones por él. Esta actitud lo mantiene inmaduro, por lo que la toma de decisiones cuando entra en el mundo de los adultos se vuelve compleja y difícil para él.

La manera de comportarse del niño y del joven es mimética y repetitiva. Las desviaciones se corrigen con el castigo, y la disciplina es severa. Su actividad fundamental consiste en escuchar y repetir. El hecho de moldearse lleva consigo esfuerzo, autocontrol y disciplina.

Este modelo, en el que se han educado la mayoría de los actuales profesores y padres –y que tienden a transmitir porque es lo que han vivido–, fue fuertemente rechazado ya por los adolescentes de los años sesenta y es cada vez más cuestionado por los niños de las nuevas generaciones, que no ven conveniente el sometimiento excesivo, la alienación personal y la sumisión a la norma.

La educación como transmisión de saberes y enseñanza

Nuestros sistemas escolares son aún mayoritariamente unos sistemas de enseñanza, y que solo en algunos casos concretos y bajo la responsabilidad y la dedicación personal de educadores aislados se convierten en sistemas educativos. Dar calidad a los sistemas escolares pasa necesariamente por reconvertir nuestros sistemas de enseñanza en auténticos sistemas educativos.

José M. Esteve,

La tercera revolución educativa

Numerosos colectivos docentes y gran parte de la sociedad han sostenido y sostienen aún la idea de que las instituciones académicas (sobre todo los centros de educación secundaria y universitaria) solo deben ocuparse de la formación intelectual, limitando su responsabilidad a la enseñanza de las materias de estudio, y atribuyéndoles a las familias el cometido de educar.

El profesorado permanece al margen de las manifestaciones culturales y apenas se implica en los procesos educativos y formativos.

Estas tareas tampoco las realiza la familia, por lo que quedamos avocados a una sociedad «sin educación por omisión».

En el libro *La crisis de la educación* de Suchodolski, se constata que a mediados del siglo XX todos los sistemas educativos habían entrado en crisis. El autor atribuye esta crisis a:

- Un aumento de población a nivel global al que no se supo dar una respuesta educativa adecuada.
- Una falta de sintonía entre el sector educativo y los sectores económico y social.
- El absentismo escolar, muy pronunciado en los países en vías de desarrollo. Es lo que él denomina «mortalidad escolar».
- Una falta de salidas laborales de los titulados que terminan los estudios, con lo que se constata que la formación, por muy buena que sea, no garantiza el empleo.
- Una desigual demanda de las áreas del conocimiento: científicas, tecnológicas y humanísticas, con un fuerte descenso en estas últimas.
- Una gran discrepancia entre la realidad de los educandos, los planes y programas de estudio y la realidad social.

Después de la primera guerra mundial, se alzan las voces de aquellos pedagogos que buscan nuevos planteamientos educativos, tratando de educar en la paz y en el respeto: los franceses Cousinet, Freinet y Wallon; los ingleses Neill, Reddie y Hahn, y algunos norteamericanos que ponen en marcha proyectos experimentales.

Si a todo ello le añadimos los estudios del pedagogo de principios del siglo XX Jean Piaget, las principales críticas que pueden aplicarse a este sistema son:

- Todo gira alrededor de la figura del profesor y de sus intereses.
- Existe un escaso interés por las inclinaciones individuales de los alumnos y por su bagaje personal en el momento de acceder a la enseñanza.

- Todo el proceso de enseñanza culmina con los consabidos y temidos exámenes, que generan competencia, uniformidad y discriminación.
- Se le da una preponderancia excesiva al lenguaje frente a la acción y la experiencia.
- Olvida la cooperación, la reciprocidad y la solidaridad entre el alumnado.
- Su dependencia del capitalismo.
- El desinterés que muestra respecto a las fuerzas espirituales y todo aquello relacionado con lo espiritual y la armonía social.

La educación como libre desarrollo de la persona

Esta corriente de pensamiento está fuertemente influenciada por las diversas ramas del psicoanálisis. Ejerció una gran influencia tanto en la educación norteamericana como en la de algunos países de Latinoamérica –no tanto en Europa–, y todavía está latente en muchos profesionales de la psicología y la pedagogía.

Muchos padres educados en el antiguo régimen de enseñanza –sometidos a una férrea disciplina, con apenas libertad de expresión y escasa opción para la iniciativa propia–, toman la decisión de cambiar el modelo educativo de sus hijos. Surgen entonces las teorías psicoanalíticas sobre la educación. Por desgracia, la gran mayoría de los padres y educadores interpreta los sesgados mensajes psicoanalíticos de forma errónea. Así, llegamos a formar una opinión pública que mantiene ciertos estereotipos sobre la educación:

- Cuando nuestros hijos o nuestros alumnos no consiguen a la primera aquello que desean o con lo que sueñan, se frustran. Las grandes dificultades son frustrantes, así que debemos facilitar que se cumplan todos sus deseos, aunque estos sean a veces irracionales. De este modo, la resistencia a la frustración no existe y por tanto reaccionan de manera violenta ante cualquier contratiempo.

- El castigo siempre es traumático, sobre todo el físico, que debe evitarse a toda costa.
- La intervención del adulto siempre es coercitiva. Se debe dejar opción únicamente a la libertad, la creatividad y el libre desarrollo del niño o alumno. Es preferible no intervenir en el proceso. Pensemos en la gran cantidad de hijos drogadictos en familias que fueron demasiado permisivas y no supieron intervenir a tiempo.
- La idea nuclear de este concepto de educación es que hay que permitir el libre desarrollo del niño por sí mismo, al margen de las imposiciones de los adultos. Él descubrirá el mundo y los valores a medida que vaya evolucionando en la vida.
- Los padres no han sabido cómo actuar y algunos educadores tampoco. La mayoría ha abandonado su función educadora y solo mantiene su función de crianza.
- Los niños educados en este modelo se han revelado muy influenciables por los medios de comunicación y la publicidad, sobre todo en los países desarrollados, donde el consumismo ha abonado esa ansia de caprichos y los más pequeños son los que marcan el consumo familiar, ante la pasividad de sus padres. Estos no saben distinguir entre los deseos y las necesidades de sus hijos, y lo único que buscan es tenerlos contentos.
- Un niño que recibe este tipo de educación se vuelve caprichoso y tirano en su casa. Fuera de ella, esas conductas caprichosas no se toleran, lo cual genera una conducta de rechazo, cuando no de marginación. En el hogar, al capricho se le llama creatividad y fuera de él se defiende al hijo caprichoso acusando a los demás de incomprensión y falta de tacto. Si el adulto no le ayuda a ordenar ese caos de pensamientos, actitudes y conductas, lo normal es que crezca con una personalidad caótica, descentrada e insegura.

La educación como iniciación

El buen maestro es un guía que ayuda a los demás a prescindir de sus servicios.

R. S. Peters,
El concepto de educación (1996)

Vistas las limitaciones de los modelos anteriores y sus efectos tan desastrosos, que aún hoy subsisten en numerosos países y capas de la sociedad, se busca una alternativa para la educación de las nuevas generaciones.

Urgió la necesidad y la conveniencia de que a los niños y jóvenes se los educase en una construcción personal de valores, de tal manera que se consiguiera la autonomía individual y fueran responsables de su propia vida. Cuando eso ocurre, la labor del maestro o padre desaparece como tal y se convierte solo en un soporte o una ayuda. Se trata de sugerir más que forzar. El arte de la educación consistiría en intervenir en el proceso educativo sin que ello supusiese la imposición de los valores de los adultos.

¿Qué es lo que básicamente defiende este modelo?:

- El educador tiene el deber de «iniciar» a sus hijos o alumnos en aquellos conocimientos, procedimientos, actitudes y valores que hemos descubierto como valiosos a lo largo de los siglos y cuya transmisión merece la pena. No podemos imponerles lo que deben pensar, creer o hacer al finalizar su período de escolarización o educación.
- Iniciar no es finalizar. Iniciar es comenzar un proceso cuyo final no está previsto de antemano, es abrir horizontes nuevos y vías de conocimiento alternativas, explorar lo desconocido, mostrar nuevas tendencias y señalar y propiciar otros puntos de vista.
- Las capacidades que deben adquirir nuestros alumnos y de las que hablan nuestros textos legislativos son capacidades abiertas, tan abiertas que algunas de ellas son muy difíciles de adquirir incluso por los adultos. Obligación del educador es

iniciar al alumno en la adquisición de esas capacidades, cuyo grado de dominio final es imprevisible. Depende de cada persona y puede durar toda una vida.

- El sentido común y el compromiso con la memoria individual y colectiva deciden los valores en los que hay que iniciar a los alumnos. A través de la cultura, de las distintas ciencias, de la filosofía, de la literatura... hemos llegado a unas conclusiones muy generales de los valores que son correctos y valiosos para nuestra sociedad.
- Este modelo de educación busca un equilibrio entre el rechazo de la imposición y la aceptación de cierta influencia. En la medida en que se dé ese equilibrio, se puede llamar educación. Los padres y educadores no pueden ni deben dejar de transmitir a los niños y jóvenes aquellos valores que consideran básicos. No tienen por qué imponerlos, pero sí deben transmitirlos. Esa posible influencia les puede servir de norte en el futuro. La educación es un proceso intencional, con sentido, pero sin imposición.

Es conveniente resaltar que la mayoría de las reformas de los sistemas educativos que se han emprendido al comienzo del milenio han apostado claramente por este modelo y otros países están en vías de adoptarlo, no sin cierto desconcierto por parte del profesorado. Ello no debe abocarnos a olvidar los contenidos, procedimientos, actitudes y valores, sino todo lo contrario.

La educación como descubrimiento de un potencial

«Porque educar es creer en la perfectibilidad humana, en la capacidad innata de aprender y en el deseo de saber qué la anima, en que hay cosas (símbolos, técnicas, valores, memorias, hechos...) que pueden ser sabidos y que merecen serlo, en que los hombres podemos mejorarnos unos a otros por medio del conocimiento.

FERNANDO SAVATER,
El valor de educar

Esta visión de la educación sobrepasa la idea de que educar es transmitir conocimientos; más bien «educar es escuchar la pregunta formulada o no formulada y contestar espontáneamente –no con un conocimiento intelectual, sino con el fruto de una experiencia–. El más pequeño puede en este caso dar una lección al más grande si este escucha (Diesbach Rochefort, 2002).

A esta concepción de la educación como descubrimiento y realización de un potencial personal y social contribuyen distintas corrientes de pensamiento filosófico, psicológico y pedagógico. Señalamos las más importantes y fecundas desde el punto de vista educativo:

- Las llamadas escuelas nuevas o escuelas activas insisten en la necesidad de un nuevo concepto de persona e introducen en el centro educativo los valores de cooperación y solidaridad. No debemos presionar al alumno, sino estimularlo para que actúe. La educación ha de dirigirse al ser integral, respetando su ritmo individual de aprendizaje, por lo que la enseñanza debe ser también individualizada. Pero sin olvidar el trabajo en grupo, que les permite aprender a integrarse en la sociedad.
- Las contribuciones más importantes de Piaget, desde este modelo de educación, pueden considerarse las siguientes: los programas educativos tienen que adaptarse a la estructura mental del niño y no al revés, los conocimientos deben partir de la realidad y de la experiencia, y debe fomentarse la responsabilidad mediante la participación de todos los miembros de la comunidad y el trabajo en equipo.
- El enfoque humanístico de Carl Rogers (1980 y 1986) persigue una educación integral y para toda la vida. El centro del proceso de educar se halla en el aprendizaje y no en la enseñanza propiamente dicha.
- Maslow (1979) propone que el verdadero objetivo de la educación es la «autorrealización de la persona, es decir, llegar a las más altas metas a las que pueda llegar la especie humana, esto es, el pleno desarrollo humano». Este planteamiento permite

dar mayor relevancia a las experiencias vividas fuera de la escuela.

Ambos autores citados insisten en la semejanza entre educación y psicoterapia. Así, por ejemplo, una persona «educada» y una persona «sana» tendrían ciertas cualidades comunes, como mayor aceptación de sí misma, de los demás y de la naturaleza, mayor independencia, mayor creatividad y mayor capacidad de enfrentarse correctamente a los problemas y de efectuar cambios y mejoras en su escala de valores a lo largo de la vida.

Mientras tanto llegan de América Latina distintas alternativas educativas. Los principales protagonistas son La Belle, Paulo Freire e Ivan Illic, y lo que se ha dado en llamar la Educación Popular.

La mayoría de estas alternativas han perseguido la igualdad de oportunidades para quienes no pudieron acceder a una educación formal a temprana edad y desean adquirir unos determinados conocimientos o mantenerse actualizados.

Paulo Freire (1973 y 1976) ve la educación como un proceso de cambio social a través del cual las personas podemos llegar a ser los dueños del medio donde nos desenvolvemos. Condición imprescindible para ello es la educación para la libertad, exenta de prejuicios y de condicionamientos sociales. Su enfoque y todo su plan escolar apuestan claramente por el cambio socio-político, dirigido a los pueblos oprimidos o marginados de Brasil, no a adolescentes o a jóvenes. Su objetivo es analizar la situación de marginación, ser conscientes de ella y luego tratar de cambiarla: la educación como concienciación y como liberación.

La Educación Popular, según Santiago Gelinas (1970), pedagogo boliviano de origen canadiense, es una opción para que el pueblo analfabeto y marginado pueda tener en sus manos su destino y sea capaz de transformar el subdesarrollo mediante un cambio de mentalidad que conducirá al cambio de las estructuras.

En esta opción pedagógica son fundamentales el diálogo entre alumnos y educadores, la escucha al alumno para aprender de él, conocer su situación constantemente, elaborar nuevos mapas conceptuales y proyectar nuevas iniciativas, tanto de tipo académico y cultural como de evolución y cambio personal y social.

La educación como universalización

La educación transmite porque quiere conservar; y quiere conservar porque valora positivamente ciertos conocimientos, ciertos comportamientos, ciertas habilidades y ciertos ideales. Nunca es neutral: elige, verifica, presupone, convence, elogia y descarta. Intenta favorecer un tipo de hombre frente a otros, un modelo de ciudadanía, de disposición laboral, de maduración psicológica y hasta de salud, que no es el único posible pero que se considera preferible a los demás.

Fernando Savater,
El valor de educar

El objetivo básico de la educación, según Fernando Savater, es «completar la humanidad del neófito con una precisa orientación social: la que cada comunidad considera preferible». Nuestro ideal pedagógico es obra de la sociedad y ha variado a lo largo de los siglos constantemente.

Hay que afirmar la dimensión conservadora de la tarea educativa. Las sociedades educan para asegurar su conservación, no su destrucción. «No solo buscan conformar individuos socialmente aceptables y útiles sino también precaverse ante el posible brote de desviaciones dañinas», al igual que hacen los padres con sus hijos.

El educador se convierte en «responsable del mundo ante el neófito», lo que quiere decir que su tarea no consiste en aprobarlo como es, sino asumirlo conscientemente y enmendarlo si es necesario. La educación universalizadora propicia la vuelta a las auténticas raíces de los humanos, que no son las naciones, ni las razas, ni los colores, ni las religiones, sino lo que nos distingue de los animales: «El uso del lenguaje y de los símbolos, la disposición racional, el recuerdo del pasado y la previsión del futuro, la conciencia de la muerte, el sentido del humor, etc., en una palabra, aquello que nos hace semejantes y que nunca falta donde hay hombres».

La educación como potencial salvífico

El pensamiento pedagógico del chileno Claudio Naranjo (2004) ha influido y está influyendo de forma notoria en su país, en el resto de América Latina y, recientemente, en España.

Su idea central es que la educación constituye nuestra mejor esperanza. Transformándola, generamos un futuro mejor. Hay que volver a inventar la educación.

Su propuesta de «una educación nueva, una educación de la persona entera para un mundo total» sería el resumen de su pensamiento sobre el fenómeno educativo. Se hace precisa una integración entre las personas y el mundo en el que viven. La educación sería el hermoso –y trabajoso– puente que les permitiría afrontar los inmensos problemas en que se ha sumergido ña humanidad.

Sin embargo, no se trata de cualquier tipo de educación, sino de una educación que integre y desarrolle al individuo plenamente, que abarque a todas las culturas del planeta, que aúne el conocimiento y la acción, lo teórico con lo práctico.

La educación integral implica que se eduque la vida física, la vida emocional, mental y espiritual de los individuos. Consecuencia de ello sería un menor control y una mayor liberación y formación de conciencias. Estaríamos hablando de una «educación psicoespiritual transformadora».

> Se trata también de ser seres espirituales, lo que implica que más allá de una educación del cuerpo para el trabajo, del corazón para la vida de relación y de la mente para el conocimiento del universo, deberíamos tener una educación que favorezca la disposición contemplativa de la mente y no solo sus aspectos intelectuales.
> Más allá del aprender a ser o aprender a convivir, más allá aún que el aprender a aprender, importa aprender a ser, para poder por fin llegar a la divina raíz de la conciencia (Claudio Naranjo, 2004: 127).

Después de esbozar un lúcido diagnóstico de los males que aquejan a nuestra sociedad, Claudio Naranjo cree profundamente en el poder «salvífico» de la educación y, en defensa de la esperanza, llega a escribir:

> En medio del pesimismo generalizado respecto al cambio social y la impresión por parte de la ciudadanía activista de que vamos hacia la catástrofe, no puedo evitar sentir, curiosamente, que no nos será difícil cambiar la sociedad si apuntamos en la dirección justa: hacia la conciencia, la educación, la formación humana de maestros y una revolución educacional que a su vez apunte hacia la armonía de nuestras personas interiores [...].
> Es muy probable que termine imponiéndose la evidencia lógica de que la educación es la clave del cambio masivo de conciencia así como el hecho de que en el fondo queremos lo mejor para nuestros descendientes (Claudio Naranjo, 2004: 372).

11

Los nuevos objetivos de la educación que demandan y demandarán las generaciones de niños y jóvenes

La educación adecuada propone el despertar de la inteligencia, la promoción de una vida integrada, y solo tal educación puede crear una cultura nueva y un mundo de paz; pero para que surja esta nueva educación debemos de hacer un nuevo comienzo en una base totalmente diferente.

KRISHNAMURTI

Los niños y jóvenes del tercer milenio no se sienten cómodos con los objetivos y la manera de enfocar la educación de las generaciones anteriores. Nuestra sociedad y los problemas que la aquejan piden soluciones educativas de otro tipo; se hace necesario no quizá tanto un cambio de escenario como un cambio bastante radical de objetivos. Este cambio de objetivos tiene una base muy clara: se han modificado los valores sobre los que la actual sociedad y los nuevos niños se asientan.

En la sociedad industrial primaba la «economía». El objetivo principal era el rendimiento, la ganancia, la mercancía y el consumo. El mundo posmoderno, por el contrario, se ocupa más del propio sujeto que de la economía y la producción; se esclavizó a sí mismo y ahora pretende liberarse mediante la educación, primando su libertad, su dignidad y su potencial.

La educación no es lo esencial, es solo un medio. Lo esencial es la dignidad de la persona, y difícilmente podremos encontrar un medio mejor para conseguir su paulatino desarrollo.

La educación debe facilitar el desarrollo del potencial latente interno

> *Te he puesto en medio del mundo para que puedas ver mejor lo que hay en él. No te he creado ni celestial ni terreno, ni mortal ni inmortal, para que como artífice de ti mismo, puedas tallar tu propia figura. Puedes, si quieres, degradarte a la condición de animal, pero puedes igualmente, por la libre decisión de tu espíritu, darte una naturaleza semejante a la divina.*
>
> Pico della Mirandola,
> *Tratado sobre la dignidad del hombre*

Raro es el pensador y rara es la persona de hoy en día que no estén de acuerdo con este objetivo de la educación. La misma etimología del término «educación» (procedente de *educere*) sugiere la idea de sacar algo de dentro hacia el exterior.

El mundo moderno le otorga mucha importancia a lo externo, a las apariencias. La antigua educación también le daba excesiva importancia a las formas y trataba de forjar personas con virtudes y cualidades de tipo «social», con la intención de mantener un orden que favoreciera la sumisión y la aceptación de las normas y formas ya preestablecidas, en lugar de un pensamiento divergente y una actitud crítica ante el propio conocimiento.

Este desarrollo del que hemos hablado en los apartados anteriores y que entronca de lleno con la educación humanística despliega su fecundidad en varios aspectos que cabe subrayar:

- Supone la creación de estrategias efectivas y prácticas, así como de tecnología humanizada para desarrollar ese potencial interno de los individuos desde el mismo momento del nacimiento, no solo en las escuelas y colegios.

- Permite la utilización de los dos hemisferios cerebrales y complementa la metodología deductiva. La utilización de los dos hemisferios cerebrales es una demanda de las nuevas generaciones de niños y jóvenes, y si no los escuchamos, generaremos alumnos castrados, fragmentados, no la persona global y completa que ellos quieren ser.
- Los procedimientos utilizados involucran a todo el individuo: su cuerpo, sentimientos, mente, imaginación, fantasía, e incluso el medio ambiente que lo rodea, las personas de su entorno y el mundo globalizado.
- Estos procedimientos fortalecen la comunicación y las relaciones: desarrollo de las habilidades sociales, mediación para la paz y la no violencia en los conflictos entre iguales o no iguales, teatro escolar, todo tipo de danzas, concentración, relajación, meditación, diversos juegos de expresión, etc.

La educación debe facilitar el descubrimiento de la propia identidad

La educación del hombre ha de calar hasta el fondo de todas sus capacidades o potencias que lo definen como tal y que constituyen íntegramente su ser.

Francisco Giner de los Ríos

Para facilitar el desarrollo de la verdadera identidad por medio de la educación, es necesario respetar la personalidad y la experiencia propia de todos y cada uno, así como las diferencias mutuas. En el concepto de diferencias mutuas se encuentran no solo los aspectos de inteligencia académica, sino los físicos, existenciales, espirituales y religiosos, además de las emociones y los sentimientos.

En los comienzos del tercer milenio, con tanto cambio y tanto bombardeo de información, llegar a crear y conocer nuestra propia identidad es fundamental. Esto no es algo que se pueda lograr con sermones o a través del raciocinio. Es preciso poseer la habilidad de escuchar nuestra voz interior y de observar lo que sucede dentro de uno mismo. Esto supone un gran reto para las instituciones docentes.

El reconocimiento y la educación para la práctica de los valores de justicia, solidaridad, ética, armonía, paz, no violencia, cooperación, honestidad, igualdad, comprensión, compasión y amor llevarán a una renovación de los hogares, las instituciones y la misma sociedad.

Las corrientes humanísticas de pensamiento, la psicología transpersonal y las nuevas corrientes de espiritualidad aspiran a unos mayores niveles de comprensión y desarrollo humanos. Al enfocar la mirada hacia el interior del individuo, están seguras de encontrar los verdaderos valores, tal y como resulta evidente en el caso de los niños y jóvenes de las nuevas generaciones.

El descubrimiento de la verdadera identidad implica conocer nuestros auténticos deseos, características, capacidades y limitaciones. Ello conduce a las personas a la autenticidad, sinceridad y espontaneidad, valores que sienten profundamente las actuales generaciones, a las que debemos prestar mucha atención para que no se pierdan o desvíen hacia conductas simuladoras.

Llegados a este punto, la pregunta es obvia: ¿serán capaces los sistemas educativos de atender debidamente el descubrimiento de la verdadera identidad o habrá que formarse en sistemas paralelos?

Facilitar el aprendizaje y el cambio

El único hombre que está educado es aquel que ha aprendido cómo aprender, el hombre que ha aprendido cómo adaptarse al cambio, el hombre que ha aprendido que ningún conocimiento es seguro, que solamente el proceso de buscar conocimiento proporciona bases para la seguridad.

Karl Rogers, (1995)

La educación ha de proporcionar ciencia y conciencia, conocimiento del entorno y actitud correcta ante él. No puede quedarse en la ciencia, sino que debe formar conciencias. La ciencia sin conciencia no genera seres libres ni responsables, objetivo básico de la educación.

Nos encontramos aquí con toda la problemática de la comunicación de masas. El alumno recibe gran cantidad de información formal y no formal. Si no está bien formado, se dejará influir fácilmente y tal vez no distinga lo que es correcto para el individuo y la especie, y lo que no lo es.

La formación de la conciencia exige que el aprendizaje se vierta también hacia el interior. El auténtico aprendizaje educativo pide al sujeto su implicación total y la puesta en juego de toda su personalidad, tanto en su faceta intelectual como emocional y espiritual.

En el proceso educativo los jóvenes tienen que mostrar su curiosidad, despertar sus intereses, enfocarse en ellos y cuidarlos; deben explorar y reconocer que todo lo que los rodea se halla en proceso de cambio permanente y que su ejercicio profesional puede estar sometido también a cambios, deseados o no deseados; saber que su vida es un aprendizaje continuo y que tienen que vivirla en constante proceso de cambio.

La formación y las actitudes de padres y educadores es básica para que esto se consiga. El miedo al cambio –que se refleja en frases como: «Esto no es para mí», «Yo ya no tengo edad» o «Me da miedo meterme en eso»– se transmite muy fácilmente y con él no se facilita ni el aprendizaje ni el propio cambio.

La educación debe facilitar las experiencias personales y tener en cuenta las ideas y vivencias previas de los alumnos

Todos los alumnos llevan a las aulas una serie de conocimientos, vivencias y valores muy personales e intransferibles. Los maestros y profesores no pueden dejarlas de lado y plantear e impartir sus clases a un «ciudadano-alumno medio o anónimo». Los estudiantes tienen nombres y apellidos, su biografía personal y su propia experiencia.

Los modernos pedagogos recomiendan que antes de empezar a explicar un tema, se parta de las ideas previas que tienen los alumnos sobre él. Es preciso conocer el nivel de conocimientos que poseen, para poder ajustar bien la enseñanza. De esta forma, el aprendizaje se convierte en algo significativo.

Raramente los educadores se interesan por las vivencias previas de sus alumnos o por sus sentimientos y problemas afectivos, emocionales o familiares. Solo cuando llegan los momentos de crisis, con conductas disruptivas o graves conflictos, se preocupan por investigar y buscar las causas.

Los niños de las nuevas generaciones comienzan a rechazar desde edades muy tempranas el principio de autoridad. «Las cosas son así porque lo dice fulano de tal» no resuena en ellos. Desean adquirir el conocimiento de primera mano y vivir sus propias experiencias sin condicionamientos previos. No podemos limitarnos a darles solo conceptos o palabras, SINO HACER QUE LLEGUEN A UNA EXPERIENCIA INTERIOR DE ELLOS.

Difícilmente va a poder saber un alumno lo que es la concentración o la paz si no ha tenido experiencias de concentración o no ha experimentado el sentimiento de paz interior. «Hablar de la paz» no es lo mismo que «sentir y vivir la paz». Lo primero es intelectual, externo; lo segundo, emocional, sentimental y espiritual, y llega a implicar a toda la personalidad.

La educación debe facilitar la creatividad, la sabiduría y la síntesis

> *El reto al que hoy se enfrenta la humanidad es único. Evidentemente se necesita una nueva oleada creativa para hacerle frente, que ha de incluir no solo una nueva manera de hacer ciencia, sino también un nuevo acercamiento a la sociedad e, incluso, un nuevo tipo de conocimiento Algo semejante debe haber ocurrido en el Renacimiento, una transformación radical en la que se incluían la ciencia, el arte y una nueva visión de la humanidad, la cultura y la sociedad. Hoy se hace necesaria una nueva oleada, semejante al estallido de energía renacentista, pero todavía más profundo y extenso.*
>
> David Bohm y David Peat

Tradicionalmente, la creatividad se ha confundido con la producción artística en el campo de las bellas artes. Hoy se añade a campos nuevos, como la publicidad, el diseño gráfico o el arte culinario. Sin embargo, este es un concepto muy limitado e intelectualista de la creatividad. Cabe preguntarse: ¿acaso no es creativo el agricultor que busca la mejora año a año de sus cosechas? ¿Tal vez no es creativa la persona que, siendo consciente de un defecto grave de carácter, se esfuerza en mejorarse para conseguir una personalidad equilibrada?

La creatividad es un desarrollo de algo con el sentido de saber hacia dónde dirigirse. Creativa sería la persona que descubre una nueva vacuna o el compositor de una pieza musical, pero también lo es aquella que aprende a desarrollarse interiormente o que lucha por revalorizar nuevos valores humanos.

Los sistemas educativos deben tomar conciencia de que tienen una ingente posibilidad de generar individuos creativos en todos los campos del saber y la conciencia.

La creatividad es un potencial, que se puede entrenar y desarrollar. No se enseña sino que se manifiesta. Se desbloquea. Si el entorno, la familia y los centros educativos son capaces de estimular, alentar y motivar, la creatividad florece. Esto se logra propiciando las condiciones óptimas para fomentarla: ausencia de ansiedad, de bloqueos, de inhibiciones y de mecanismos de defensa y aumento de la seguridad, la confianza y el entusiasmo.

Ello nos lleva a considerar la educación como «un proceso». Este proceso parte de la adquisición de conceptos, procedimientos, actitudes y experiencias, y la capacidad de ir aplicando paulatinamente los conocimientos adquiridos. Más adelante, todo ese conocimiento adquirido se debe ir transmutando en «sabiduría». La correcta aplicación de este saber permitirá al alumno mantener una vida sana y equilibrada, encontrar su propio sitio y contribuir al desarrollo armónico de la sociedad en la que vive.

La creatividad es una necesidad primaria del ser humano, y su negación produce un estado general de insatisfacción y aburrimiento. Un estado mental vigoroso y creativo, así como una fuerte voluntad de vivir, son causa de buena salud e incluso de la recuperación de enfermedades graves.

La educación debe facilitar la autorrealización y la trascendencia personal: la educación holística y espiritual

Retírate dentro de ti mismo y obsérvate; si no te encuentras bello, haz como el creador de una estatua, corta aquí, suaviza allá hasta que consigas dar a tu imagen un bello rostro. Corta tú mismo lo excesivo; endereza lo torcido; pon luz a todo lo que está en sombra; trabaja hasta que brille en ti el esplendor divino de la virtud, hasta que veas la bondad firmemente establecida en el inmaculado santuario interior.

Plotino de Alejandría

La educación holística pretende educar a las personas de manera integral, teniendo en cuenta sus particularidades y potenciando todas sus capacidades. Su interés es la toma de conciencia y el conocimiento de las propias facultades físicas, emocionales, intelectuales, mentales, sociales y espirituales.

La visión holística se está aplicando a todos los campos del saber: economía, medicina, física, etc. La idea central es que las partes no pueden estar disociadas del todo. Todo es interdependiente. En el campo de la medicina y de la salud, el cuerpo humano deja de ser un mero instrumento orgánico material para ser considerado la expresión más densa de una serie de energías sutiles que se van concretando hasta llegar al plano físico.

Este planteamiento le da un sentido trascendente a la vida, y el ser humano pasa a ser una «unidad de conciencia en evolución». Dicha conciencia utilizaría todos los vehículos a su alcance para expresarse. Uno de esos vehículos sería el cuerpo humano.

La autorrealización no debe considerarse un estadio final de realización personal, sino una constante actualización y mejora en mayor o menor grado de las propias potencialidades.

Para Maslow (1990), una persona autorrealizada es aquella que vive cada momento de un modo pleno y desinteresado, sin temor, y que elige la opción del crecimiento personal constantemente. La autorrealización no significa realizar algo extraordinario, sino permanecer en un estado de exigencia y esfuerzo permanente por desarrollar las propias capacidades.

A veces da la impresión de que los sistemas educativos se dedican a cuestiones que no tienen mucho sentido en el mundo en que vivimos y a tareas poco significativas para la conservación y mejora de la especie humana. En lugar de educar a personas para que sean mejores y se autorrealicen, enseñan materias que ni siquiera sabemos si les van a servir o no y que forman solo algunos aspectos mentales, olvidando el resto de los campos que conforman al individuo completo.

La función principal de las instituciones escolares pasa a ser la de expendedores de diplomas, que seleccionan para el mercado laboral mediante una serie jalonada de exámenes. En lugar de ser la «auténtica institución para el desarrollo humano», se ha convertido en el tribunal o comité seleccionador de los más intelectualmente capaces, mientras deja a los demás al albur de sus propios medios y recursos. Esos intelectualmente capaces (muchos de ellos «castrados en su autodesarrollo personal») serán los conductores del mundo, como guías ciegos de otros ciegos a los que van a imponer sus cortos y miopes valores.

No nos extrañe el rechazo de los jóvenes a este tipo de educación tan excluyente y tan poco atenta a sus personalidades. Una educación que no se enfoca en atenderlos como personas en su totalidad y a la que únicamente le importan los cerebros.

Podemos pensar: «Los jóvenes actuales no se interesan como antes en los estudios», «No tienen interés por aprender» o «No se dan cuenta de lo importante que son los conocimientos», pero habría que escuchar lo que ellos piensan y sienten. La mayoría de ellos, a los diez o doce años, ya le dan la espalda al colegio, porque lo conocen, saben lo que les espera y ven que no les ofrece lo que les interesa.

En las escuelas avanzadas y pioneras en el cultivo del desarrollo y la autorrealización personal que han optado por planteamientos alternativos motivadores, no se dan esas circunstancias y el alumnado se integra con confianza y esperanzado en las instituciones, porque estas atienden fundamentalmente a su desarrollo y le proporcionan herramientas que le servirán para el futuro.

La educación actual tiene generalmente como meta conseguir el desarrollo de la mente basándose en el control sobre lo físico y lo emocional. Casi siempre se ignora el alma, el Ser verdadero y centro de conciencia más real que la propia personalidad. La naturaleza del alma es amar y servir, está absolutamente dedicada al bienestar del todo y no conoce el temor ni la separación.

El conocimiento y el control de nuestras fuerzas interiores serán fundamentales para la educación del futuro. Ello llevará consigo la revalorización de la introspección como método de autoconocimiento, así como el mantenimiento de un interés permanente por conocer el mundo que nos rodea y una actitud de servicio humilde y generoso hacia nuestros hermanos.

Los educadores reconocerán en cada niño un alma encarnada y no una «tábula rasa» sobre la que escribir cualquier cosa, e intentarán valorar la naturaleza particular de cada uno. Para ello tendrán que adaptar sus métodos.

Según hemos visto anteriormente, los niños y jóvenes de las nuevas generaciones, en la mayoría de los casos, nacen con muchas cualidades espirituales, y esto los lleva a investigar por su cuenta sin parar. Descubren cosas muy interesantes tanto en el campo profesional como a nivel interior y espiritual: se comunican muy a menudo con los mundos no visibles, entablan un diálogo con realidades espirituales que a veces los adultos desconocemos, conectan muy fácilmente con la madre naturaleza y se sienten uno con el Origen de todo lo creado. Tienen una mirada diferente de la vida, con otras necesidades, prioridades y valores. Sus sentimientos suelen ser muy profundos y poseen una conciencia interdimensional.

Se hace necesaria para ellos una educación espiritual y holística, que integre todos los conocimientos y tipos de aprendizaje, que dé una visión planetaria de las cosas y de la vida, que aúne teoría y práctica, que trabaje los dos hemisferios, y que integre los aspectos masculinos y femeninos de la persona y lo instintivo con lo que llamamos cultura.

Son elementos de una formación holística y espiritual los siguientes:

- La resolución pacífica de los problemas y el ejercicio del perdón.
- El amor, la compasión por sí mismo y por todo lo existente, animado o inanimado.
- El conocimiento de uno mismo y la conciencia de las propias posibilidades y limitaciones.
- El compromiso con el propio despertar y con el hecho de convertirse en mejor persona.
- El desprendimiento de los egos y su superación, tanto del individual como del colectivo.
- El amor y el compromiso de conservación de todo lo que es vida.
- El contacto y escucha del niño y la voz interior.
- El contacto y la conexión permanente con el Creador, el Origen.
- La evolución y transformación personal.
- La unidad con el TODO.
- La liberación de los condicionamientos del pasado y la confianza en el futuro.
- La integración y superación del sufrimiento en la vida.
- La aceptación de sí mismo.
- El respeto por todas las formas de vida.
- La búsqueda del significado de la existencia.
- La toma de conciencia de los problemas de nuestro tiempo y el compromiso para su solución.
- El amor a través de la gratitud.
- La disposición contemplativa de la mente.
- La visualización interna para resolver problemas.
- La capacidad para recuperar recuerdos olvidados.
- El descubrimiento de que todo es un proceso.
- La conexión cuerpo-mente y la bioenergía.
- La percepción y correcta interpretación de la sincronicidad.
- La transformación del miedo en autoconfianza.
- El trabajo con los cuatro elementos.

- El crecimiento y desarrollo personal en la vida diaria.
- La búsqueda de la paz interior.

Estos no son contenidos religiosos. Son contenidos y objetivos espirituales básicos, necesarios para que la humanidad funcione armónica y sanamente. Son válidos para todas las personas, razas, culturas y religiones.

De la religión a la espiritualidad y a la ética

No puede haber convivencia humana sin un ethos mundial de las naciones; no puede haber paz entre las naciones sin paz entre las religiones; no puede haber paz entre las religiones sin diálogo entre las mismas.

Hans Küng,
Proyecto para una ética mundial

Es fácil constatar el escepticismo que muestra mucha gente con respecto a las religiones organizadas, incluso entre los mismos practicantes. Numerosas personas de todos los continentes mantienen el convencimiento de que las religiones han perdido el «contenido verdaderamente espiritual y transformador» y se están quedando en una ritualización más o menos bien organizada, pero sin conseguir de sus miembros la auténtica espiritualización.

Las distintas religiones no satisfacen la demanda de interioridad del espíritu; simplemente se mantienen en el ritualismo externo, más que en la búsqueda del mundo interior, que es el que produce el auténtico cambio.

En el hermoso libro *Dictamen sobre Dios* (2001), José Antonio Marina efectúa un análisis de lo que representan hoy día las religiones, la ética y lo espiritual. Las primeras, nos dice, han creado la moral, pero por el propio dinamismo que desencadenó, «ahora tienen que someterse a la ética, que es una moral laica de nivel más alto». La ética se convierte en juez de la religión. El comportamiento ético y la buena conducta de las personas, es el criterio para juzgar una buena creencia, un amor instalado en la conducta y la fortaleza de las convicciones personales. «Obras son amores y no buenas razones», dice el refranero. Jesús lo resumió en: «Amar a Dios sobre todas las cosas y al prójimo como a ti mismo», y Buda con: «Hacer el bien, evitar el mal, purificar el propio corazón. Este es el camino del Buda».

La ética, aparentemente laica pero profundamente espiritual y humana, se convierte en defensa de la religión, no en su enemigo. La purifica, la libera de posibles excesos y concepciones erróneas. Pensemos en la discriminación de los sexos de las religiones, el carácter sagrado de los reyes, la esclavitud, la legitimación del poder divino de los dignatarios o el carácter impuro de la menstruación. Podíamos seguir enumerando una serie de hechos de los que nos avergonzamos hoy día, por la bajeza en la que ha caído la humanidad durante la historia con las ideas religiosas como protagonistas. Frente al carácter estático y cerrado de las religiones, la ética se muestra siempre renovadora y abierta a la profundización en el valor divino y sagrado de los seres humanos y de toda la creación.

La ética la tenemos que crear, no la encontramos en ninguna parte salvo en nuestro corazón, en nuestras emociones y sentimientos. La ética nos habla de «lo que debería ser», de lo ideal y óptimo para el individuo y para la especie. Poco a poco se va imponiendo en el mundo actual como un sistema de derechos humanos basados en el concepto de dignidad. Lentamente va influyendo en las constituciones y en el desarrollo normativo de todos los pueblos.

Una de las tareas educativas más urgentes consiste en eliminar la constante «etiquetación» que efectuamos en nuestro lenguaje ordinario: demócratas, totalitarios, europeos, asiáticos, africanos, budistas, católicos, musulmanes, judíos, etc. Las etiquetas alimentan la competencia, la separatividad, el sentimiento de superioridad o inferioridad, y esto crea muchísimos problemas. Nos llevan a olvidarnos de que ANTES QUE NADA SOMOS SERES HUMANOS.

Estos sentimientos separativos impiden, a escala mundial, el desarrollo de unas correctas relaciones y de un respeto mutuo con nuestros semejantes. Como seres humanos, debemos desarrollar una cooperación constructiva en todas las situaciones de nuestra vida y con todos aquellos que nos rodean.

Todas las religiones, en el fondo, beben de la misma fuente: el amor del Creador. La ilusión de la enemistad y la separatividad deben ser reconocidas, superadas y eliminadas. Lo que necesita en estos momentos la humanidad son líderes espirituales con corazón y amor, y no gobernantes religiosos intelectuales que solo buscan poder y prestigio. La espiritualidad trasciende todas las religiones y conecta las almas con la verdad divina, con la fuente divina. La espiritualidad ama la vida por sí misma, no juzga ni rechaza a nadie. La espiritualidad significa darse cuenta de lo divino que hay en todo ser humano y en todo lo creado.

12

Los agentes educadores y la posibilidad de la desescolarización

Tengo la esperanza de que con el progresivo debilitamiento de las rigideces de la escolarización, será posible aflojar sus estructuras y robustecer de tal forma las oportunidades de aprender de otras fuentes, que llegará a ser imposible separar el aprendizaje de la vida y distinguir a profesores y alumnos de unos amigos que aprenden juntos. Para que esto llegue, es preciso que realmente florezcan otras opciones.

RONAL GROSS
La conspiración de Acuario

En esta era de la información, es preciso reconocer que la labor educadora no se ciñe ni a la familia ni a las instituciones educativas. Actualmente atravesamos por un momento en el que un aprendizaje sin límites precisos y difuso (Internet, ocio, pandillas, etc.) convive con el aprendizaje escolar.

Las formas y los medios de aprender se han multiplicado, la escuela se va abriendo paulatinamente a la sociedad y a la comunidad, se dominan nuevas habilidades en todos los campos, se realizan todo tipo de actividades diferentes y los jóvenes se enrolan en grupos de espiritualidad o religiosos.

El aprendizaje no tiene ya límite ni de edad, ni de forma, ni de contenidos: las personas están abiertas a todo aquello que suponga un desarrollo integral y que dé calidad y aliciente a sus vidas. Es la educación permanente.

En ciertos países, como Estados Unidos, se multiplican los defensores de la desescolarización, volviendo a las tesis que en los años sesenta preconizaba Ivan Illic (1977): una sociedad sin escuelas, pues estas han estado siempre al margen de los problemas de los demás y del mundo.

Muchos países europeos –como Francia, Gran Bretaña, Portugal, Italia o Finlandia– tienen reconocido el «derecho a la educación en casa». En España, la Asociación para la Libre Educación (ALE), en su publicación *Razones para educar en familia*, hace hincapié en que el pilar fundamental de este tipo de enseñanza es la educación en valores. Sus reivindicaciones son claras:

- El reconocimiento legal del derecho constitucional como familias a educar a los hijos según sus valores éticos y creencias (artículo 27 de la Constitución española).
- La regulación específica de la educación en el hogar como alternativa al sistema escolar.
- El acceso mediante exámenes libres al título de Educación Secundaria (ESO) a los dieciséis años y a los estudios universitarios a los dieciocho.

Los partidarios de la desescolarización huyen de la educación en serie, de una escuela donde, según ellos, prima todavía la autoridad y la jerarquía. Algunos argumentos que esgrimen a favor de la enseñanza en casa son los siguientes:

- Los campos de la producción, gestión y servicios tienden a «personalizarse».
- «La escuela en casa» se ha implantado con propósitos muy distintos. Unos lo han hecho por «evitar el contagio indeseable y peligroso de la escuela pública» (las drogas, el acoso y

la violencia escolar). Otros han desarrollado programas para aquellos niños que viven a larga distancia de la escuela.

- Permite a muchas familias organizar mejor sus horarios y desempeñar sus trabajos de forma más flexible. Se pierde la disciplina de la escuela pero se gana en intensidad de vida familiar y los padres pueden dedicarse más a sus hijos.
- El estudiante puede disfrutar más en el aprendizaje al no estar sujeto a una disciplina y horario rígido y realizar sus trabajos cuando realmente está motivado.
- Al tratarse de un programa abierto, pueden surgir contenidos que interesen al estudiante. Esto colma su sed de aprender y hace que adquiera conocimientos a través del autodescubrimiento.
- Muchos estudiantes rechazan el sistema educativo actual y desearían abandonar el colegio y volverse autodidactas o dedicarse a otras actividades. En la escuela se sienten perdidos, como masa anónima.
- ¿Por qué la enseñanza ha de ser «obligatoria»? Se trataría más de una posibilidad para todos los ciudadanos y no de una obligación. Siguiendo este razonamiento están surgiendo cada vez más objetores de conciencia contra la enseñanza obligatoria.
- La educación no tiene límites espacio-temporales. Cada ciudadano es libre de escoger las «fuentes y los medios» para su formación.

Los partidarios de la reforma y renovación de la escuela, pero no de su desaparición, hacen las siguientes consideraciones:

- La educación es un proceso fundamentalmente humanizador; aprendemos de nuestros semejantes, que nos enseñan gracias al contacto de conciencia a conciencia. La relación con los humanos da «el verdadero significado de las cosas y de los acontecimientos». No es lo mismo «procesar información que comprender significados», y la educación atiende fundamentalmente a buscar y dar significados. El mejor medio para ello es el contacto con otros seres humanos.

- Las sociedades democráticas tienen que liberar a sus ciudadanos de la ignorancia. La ignorancia nos impediría la comprensión del medio social y del mundo que nos rodea. La sociedad educa para su propia supervivencia y por tanto está facultada para obligar a los padres a que envíen a sus hijos a las instituciones educativas.
- La enseñanza y la educación no es un bien más que se pueda ofertar frívolamente en el mercado, porque en ese caso se reproducirían las desigualdades existentes y desaparecería la igualdad de oportunidades. La escuela pluralista y pública es garantía inequívoca del derecho a la educación.
- La escolarización ha permitido a numerosos colectivos (inmigrantes, gitanos, rurales, etc.) el acceso a una educación de cierta calidad y ha supuesto en numerosos casos la única vía de promoción personal y profesional.

Si la escuela no responde a las expectativas de la sociedad, habrá que cambiarla y mejorarla en lo que sea posible. Si es incapaz de cumplir sus objetivos, se deberá ir abriendo las puertas a otras «formas de escuela o de escolarización más acordes con las demandas de los niños y jóvenes de las nuevas generaciones».

Si los niños del tercer milenio llevan lo interactivo en la sangre, ¿no es demasiado pasiva la escuela?, ¿no están abocados los alumnos al aburrimiento?, ¿puede adaptarse el centro educativo a una sociedad en continua mutación?, ¿tiene capacidad y medios para ello?, ¿qué hacemos con los colectivos de alumnos, sobre todo adolescentes, antiescuela, que a los doce años no desean ya asistir a clase, pero que poseen una gran capacidad de aprendizaje?, ¿es apta y conveniente para ellos la «escuela obligatoria»?, ¿porqué los vamos a obligar a ir al colegio o al instituto si no desean ir, no quieren aprender unos contenidos que no les interesan y dedican su tiempo a incordiar, a molestar, a enfrentarse como gallitos a los profesores, a hacer lo posible para que los expulsen del centro y así conseguir la ansiada liberación durante una temporada más o menos prolongada?

En otro orden de cosas, si queremos una educación holística, espiritual y ética, ¿están preparados los profesores para impartirla?, ¿tienen conocimiento siquiera de qué se trata?, ¿no habrá que diversificar más el estamento docente y dar cabida a otros profesionales de la educación, educadores, rehabilitadores, facilitadores de la psicoespiritualidad y profesionales de diversas ramas del saber?

Frente a toda esta casuística y estas demandas se han realizado algunas propuestas que tendrán que ser evaluadas por los responsables educativos a fin de estudiar su viabilidad:

- Ampliar las formas de escolarización. La enseñanza a distancia, la semipresencial y el telestudio son modalidades que en el futuro pueden dar mucho juego.
- Crear instituciones abiertas para atender a colectivos cuya educación en la escuela sería prácticamente imposible. Es el caso del educador francés Guy Gilbert, que se dedica a la rehabilitación de jóvenes de la calle, a quienes lleva a la granja *La bergerie de Faucon* para que se hagan cargo de más de doscientos veinte animales. Al cuidar y alimentar a los animales, se amansan a sí mismos y canalizan la violencia que han vivido desde niños. Después de un año en el campo, son acogidos por una familia, que los escolariza.
- Ampliar el concepto de profesor con educadores que en ciertas materias pueden proporcionar una educación de mayor calidad que el profesorado, por ser especialistas en algún campo concreto: artistas, científicos, médicos, policías, expertos en inteligencia emocional o en espiritualidad, terapeutas, etc. Estas personas podrían intervenir de forma permanente o temporal en el Centro educativo.
- Una opción que está dando muy buenos resultados allí donde se ha implantado son los «foros de alumnos», donde pequeños y mayores intercambian ideas y se pueden enseñar

mutuamente. También se organizan «foros de padres y alumnos», «foros de alumnos con alguna personalidad», etc.

- Se ha sugerido un «plan de recibos o comprobantes», que permitiría a cada persona comprar la educación que desee en el mercado abierto, tanto si se trata del aprendizaje escolar como del aprendizaje de una profesión.
- Cada vez cobrará más importancia el aprendizaje virtual y la enseñanza por Internet, el *e-learning*, del que en un principio se pensaba que lo reemplazaría todo. Los tres modelos básicos de enseñanza electrónica se irán imponiendo poco a poco. El primero es el modelo básico de enseñanza totalmente en red; en el segundo, los alumnos acuden a clase con ordenadores o disponen de ellos en las aulas y los usan allí más que en casa, y el tercero es el modelo del futuro, *blended learning* –aprendizaje mixto–, en el que se separa el tiempo de clase del tiempo en red y se pasan menos horas en el aula, pero se mantiene todavía el contacto directo con los profesores.
- Otra sugerencia ha sido la creación de nuevas instituciones educativas o bien una organización distinta. Las opciones propuestas son: la reforma del aula dentro del sistema escolar, la dispersión de aulas en toda la sociedad y la transformación de toda la sociedad en una gran aula.

La libertad personal en que los niños y jóvenes de las nuevas generaciones están tan instalados y que llevan grabada a fuego va a poner la situación muy complicada. Hay muchos adolescentes que no aceptan la disciplina escolar, pero no por lo que supone de sacrificio, sino porque no resuena en su interior tener que estudiar una serie de materias a las que no les ven futuro.

Se va a hacer necesario buscar fórmulas «negociadas con cada uno de los sujetos» y llegar a una educación a la carta, controlada por las administraciones, pero que no necesariamente deba pasar por las instituciones clásicas. Lo interesante sería que el usuario disfrutara de la educación mediante una serie de alternativas que él pudiera escoger de común acuerdo con sus padres, de manera que no todo fuese forzosamente la escuela o el instituto clásicos.

El alumno debe ser muy consciente de que lo que está en juego es su futuro y que nadie va a velar por él si no se esfuerza por labrarse un futuro. Debe asumir su responsabilidad ante la vida y los esfuerzos que suponga su propia formación, pues todo redundará en su propio beneficio. De la misma manera que un médico no puede motivar a los enfermos a tomar su medicación, el profesor no puede motivar a una persona que ha decidido no estudiar. Pero por otra parte, las autoridades educativas tienen la obligación de crear posibles alternativas para aquellos jóvenes que tomaron decisiones sin la suficiente reflexión o cuya misión en esta tierra sencillamente no converge con los caminos que se les ofrecen.

No deja de tener su importancia lo que dice Thierry Crouzet de los jóvenes de las nuevas generaciones: «No votan, no estudian y no trabajan, pero están cambiando el mundo».

13

A nuevas generaciones de niños, nuevos currículos

A la pregunta: «¿Cómo te hubiera gustado tu educación en primaria y secundaria?», el joven Daniel Pacheco respondió en su día:

> Me hubiera gustado un mayor contacto con la naturaleza. Creo que hubiera sido muy diferente. Estar muy en contacto con la Tierra. Hay mucha más libertad así.
>
> También me hubiera gustado que me enseñaran cosas de mí mismo. Tenemos la psicología, pero tal y como nos la enseñan no tiene nada que ver con nosotros. No se enfoca en los alumnos. Algún día, me gustaría dar clases de acercamiento hacia uno mismo, en los colegios. Creo que hace falta.
>
> De hecho, todas las ciencias que estudiamos (biología, matemática, química, etc.) tienen una relación con nosotros mismos, con nuestro interior, y enfocarlos desde esa perspectiva las haría muy interesantes. Todo queda «fuera», la mayoría son cosas que no sirven. Es solo memoria, y es terrible. Se puede ir mucho más allá.

Dentro de uno está todo. Necesitamos acordarnos, nada más, ser más conscientes.
También sería conveniente preocuparse de lo que ocurre entre los niños. No de su avance académico, sino qué sucede a nivel personal e interpersonal, cómo se sienten y cómo se llevan entre ellos.
En secundaria, tendría que haber más posibilidades. El colegio para mí fue solo para socializar, porque lo que aprendemos en doce años, lo podríamos hacer en un año: sumar, restar, multiplicar, dividir, leer y escribir. Creo que deberíamos estudiar en otra etapa de la vida, cuando somos un poco mayores, cuando estamos más enfocados en lo que queremos. La educación debería ser más flexible, estudiar aquello que te interesa y que solo el profesor te ayuda a descubrir.
La sociedad debe aprender que no todos tienen que ir al colegio. Hay gente que vive de otra forma. El colegio como está ahora puede ser incluso contraproducente, bloquea muchísimo y frustra. Bloquea el desarrollo personal y la forma de ser de cada uno. Si uno está en contacto consigo mismo, el tema de la colectividad se da por sí solo.
El colegio es clave, son doce años que estás allí, todo los días. ¡Todos los días! Es mucho tiempo para lo que te da.

Podemos afirmar que la humanidad debería dirigirse hacia la unidad total de todas sus partes, de todos sus integrantes, hacia la unidad de países, a un acercamiento del hombre con el hombre, a un total entendimiento del mundo interno humano y a la unidad de concepciones éticas y espirituales para alcanzar la total compenetración entre las diferentes formas de organización social.

En una obra muy reciente, Edgar Morin nos habla de la educación en la era planetaria, una era que lleva en su seno la configuración de una sociedad planetaria y la consecuente complejización de la política y de la gobernabilidad global de todos los países. Según este autor, la humanidad se desenvuelve a través de una constante tensión contradictoria y complementaria de «dos hélices mundializadoras». Por un lado, el cuatrimotor ciencia, técnica, industria e interés económico y por otro, las ideas humanistas y emancipadoras del hombre.

El principal objetivo de la educación en la era planetaria es «educar para el despertar de una sociedad-mundo». Estamos hablando de «planetarización» –no de «globalización»–, que expresa la inserción de la humanidad en el planeta Tierra. Humanidad que carece de la conciencia de una comunidad de destino y de instancias mundiales que sean capaces de asumir y resolver graves problemas de dimensión planetaria, como son la paz, la economía, la ecología, la educación y la cultura.

El último informe de 7 de septiembre de 2005 sobre el Índice del Desarrollo Humano (IDH) de Mundi-Prensa muestra datos desalentadores. Dieciocho de los países más pobres del mundo, con una población de cuatrocientos sesenta millones de personas, han empeorado sus niveles de desarrollo respecto de 1990. Doce de esos países pertenecen al África subsahariana, lo que quiere decir que una de cada tres personas de esta área vive hoy con un índice menor de desarrollo humano que el de los años noventa. Los ingresos totales de los quinientos individuos más ricos del mundo son superiores a los ingresos de los cuatrocientos dieciséis millones más pobres, dos mil quinientos millones de personas siguen viviendo con menos de dos dólares americanos al día, diez millones de muertes infantiles se podrían evitar todos los años, ciento quince millones de niños siguen sin asistir a la escuela, más de mil millones de personas todavía no cuentan con acceso a agua potable y dos mil seiscientos millones no tienen acceso a saneamiento.

A nivel planetario, «la misión de la educación sería, por tanto, posibilitar la emergencia de una sociedad-mundo compuesta por ciudadanos protagonistas, conscientes, críticamente comprometidos en la construcción de una civilización planetaria».

La revisión de las competencias básicas de los alumnos

La búsqueda permanente de soluciones en el campo educativo a fin de conseguir una educación digna para los ciudadanos del mundo en que vivimos está llevando a casi todos los países a diversas y constantes reformulaciones de planteamientos teóricos sobre la educación, los objetivos que se desean conseguir, planes de estudio que se deben implantar, los contenidos de la enseñanza-aprendizaje, etc. La educación es, al mismo tiempo, un espejo y un faro.

Si echamos una ojeada a lo que está sucediendo a nivel más o menos global en los últimos quince años, vemos que se está produciendo un cambio radical en los planteamientos de partida. Desde la Conferencia Mundial sobre la Educación de 1990 se viene asentando la idea de que el fin principal de la educación es la preparación de los estudiantes para su participación efectiva en la vida comunitaria fuera del contexto escolar y que ello implica la adquisición de conocimientos, destrezas, habilidades y competencias transferibles y aplicables a situaciones de la vida real.

Ya desde el año 1993 la Organización Mundial de la Salud (OMS) promovió la iniciativa internacional «Habilidades para la vida en las escuelas» con el objetivo de que niños y jóvenes adquirieran herramientas psicosociales que les permitieran acceder a estilos de vida saludables. La competencia psicosocial se define operacionalmente como «la capacidad de una persona para afrontar con éxito las exigencias y desafíos de la vida diaria y para mantener un estado de bienestar mental que se haga evidente mediante un comportamiento positivo y adaptable, en la interacción con las demás personas y con el entorno social y cultural».

De carácter más bien informativo al comienzo, se ha ido completando con programas de prevención de problemas específicos relacionados con la salud pública (embarazos de adolescentes, consumo de sustancias psicoactivas (tabaco, alcohol, drogas, pandillismo...). Se amplía posteriormente (1993) el enfoque a la promoción de la salud, y se proponen diez competencias psicosociales básicas:

1. Conocimiento de sí mismo.
2. Comunicación efectiva (asertiva).
3. Toma de decisiones.

4. Manejo de emociones y sentimientos.
5. Manejo de tensiones o estrés.
6. Empatía.
7. Relaciones interpersonales.
8. Solución de problemas y conflictos.
9. Pensamiento crítico.
10. Pensamiento creativo.

Distintos países han seguido esta propuesta de manera desigual y en alguno de ellos no ha sido competencia del Ministerio de Educación, sino del Ministerio de la Salud, como es el caso de Colombia.

El Foro Mundial de la Educación de Jomtien (1990) empieza a sentar las bases para la búsqueda de una educación integral y de calidad para todos los países. En el Informe de la Comisión Internacional sobre la Educación para el siglo XXI se afirma que existen unos pilares básicos sobre los que se sustenta la educación:

- Aprender a conocer.
- Aprender a ser.
- Aprender a vivir juntos.
- Aprender a hacer.
- Aprender a emprender (tomar iniciativas), añadido en el año 2002.

En el contexto europeo, la Agenda de Lisboa para el año 2010, derivada del Consejo Europeo de Lisboa de marzo de 2000, está suponiendo un cambio bastante optimista de cara al futuro, ya que se encuentra en la línea de lo que están demandando las actuales generaciones de niños y jóvenes: una educación para la vida y a lo largo de la vida. La escuela es para vivir, no para sobrevivir. Vivir es sentirse libre, saber elegir, ampliar fronteras y comprometerse.

Después de las reuniones del Consejo Europeo de Estocolmo (2001) y de Barcelona (2002) y convergiendo las ideas de otros programas europeos como el Proyecto de la OCDE, el grupo de trabajo de las competencias clave formula «las ocho competencias clave» y propone su aplicación a través de los diversos contextos educativos y de formación por medio del aprendizaje a lo largo de la vida, como marcos nacionales apropiados de educación y formación.

¿Qué entendemos por «competencias clave» o «competencias básicas»?

Lo que pretende el nuevo currículo es hacer del alumnado «personas capaces» mediante las competencias básicas establecidas, es decir, el profesorado debe enseñar y preparar para la vida y no transmitir exclusivamente los conocimientos que posee.

Algunas características muy notorias de las competencias básicas son:

- El término «competencia» se refiere a una combinación de destrezas, conocimientos, aptitudes, actitudes y la inclusión de la disposición para aprender además del saber cómo.
- Son cruciales para tres aspectos de la vida:
    - Realización y desarrollo personal a lo largo de la vida (capital cultural): las competencias básicas deben permitir a los individuos desarrollar objetivos personales, llevados por sus intereses, sus aspiraciones y el deseo de continuar aprendiendo a lo largo de la vida.
    - Inclusión y una ciudadanía activa (capital social): las competencias clave deberían permitir a todos una participación como ciudadanos activos en la sociedad.
    - Aptitud para el empleo (capital humano): estas competencias deben permitir que todos tengan la capacidad de obtener un puesto de trabajo decente en el mercado laboral.
- La distinción entre niveles básicos y niveles superiores de cada competencia muy flexible, lo que permitirá su adaptación a distintos contextos según las necesidades del momento.

El concepto de competencia viene a cambiar el significado de «SER COMPETENTE», aplicado a las personas, que le damos en la vida corriente. Ser competente supone poseer los dominios siguientes:

- Un conjunto de conocimientos relevantes, es decir, que sirvan para resolver problemas de la vida cotidiana o para proseguir estudios posteriores.
- Las habilidades y destrezas necesarias para aplicar y desarrollar los conocimientos asimilados en distintos contextos o situaciones.
- El suficiente desarrollo de la inteligencia emocional que permita el uso de las potencialidades y capacidades tanto innatas como adquiridas.
- La asimilación de valores culturales, éticos y espirituales que permitan el desarrollo de una socialización y una ciudadanía democrática y responsable.

Esto cambia en gran medida la óptica social y ética, y quiere decir que una persona, por ejemplo un maestro, un médico, un empleado de banca, un ama de casa o un agricultor, no serían competentes si, a pesar de tener todos los conocimientos y destrezas profesionales, les faltaran la autoestima y la identidad personal, padecieran una carencia absoluta de autorreflexión o fueran incontrolables en sus reacciones interpersonales. Un maltratador, aunque domine las destrezas de su profesión, es una persona «INCOMPETENTE», pues no domina muchas de las competencias básicas que debe manejar toda persona.

La función primordial de la escuela, hoy en día, no puede seguir siendo la mera transmisión de información, sino llegar a formar individuos competentes en el sentido que se le da en estas páginas a este término. La formación de personas, de ciudadanos responsables, trasciende y supera el problema clásico de los contenidos de la enseñanza desde una perspectiva disciplinar.

La labor de educar se convierte así para el profesor, el alumno y los padres no solo en una tarea de autodesarrollo personal, sino de reforma personal, de enderezamiento o encauzamiento de muchas actitudes. Es la nueva escuela en la que todos aprenden, crecen y participan juntos. Es la escuela igualitaria y para la vida que están demandando nuestros niños y jóvenes de hoy.

La revisión de los planes de estudio

Piaget ha subrayado la sobrecarga de los programas en general, planificados desde arriba y distribuidos en multitud de conocimientos. Se pretende dotar la alumno de una cultura general amplia y a la vez llenar su mente de conocimientos específicos de materias consideradas importantes o relevantes. Según Piaget, esto puede perjudicar la salud física e intelectual de los estudiantes y retardar su formación. Esta situación, que él denunció, no ha cambiado mucho. Les llenamos la cabeza de conocimientos que no les van a servir y olvidamos formarlos como personas capacitadas para la vida.

Damos a continuación algunas pinceladas sobre ciertas materias o contenidos parciales de algunas ciencias que pueden ser novedosos. Las consideramos relevantes porque enlazan a la perfección con la manera de ser de los niños y jóvenes de las nuevas generaciones.

La educación matemática

Las matemáticas constituyen un área de extraordinario valor para la educación del razonamiento como tal. No es un conocimiento del pasado, tradicional, que hay que echar por la borda, como pretenden algunos falsos pedagogos que abogan por restarle importancia u olvidarlo en pro del uso del cerebro derecho, de la intuición y la afectividad.

La formación matemática presupone la capacidad de hacer uso de los conocimientos y destrezas matemáticas (operaciones básicas con números, manejo de dinero, medición de formas y figuras espaciales y nociones sobre cambio, crecimiento e incertidumbre) y no solo saberlas dentro del recinto escolar. Se trata de unas matemáticas aplicadas y aplicables a la vida real.

Fascinan actualmente a los jóvenes la geometría sagrada, los fractales, las matemáticas de los pueblos indígenas originarios, la astrología, la astronomía y la física cuántica.

La geometría sagrada

Es el estudio de las formas geométricas y sus relaciones metafóricas con la evolución de los seres humanos y del universo. Hay siete formas principales dentro de la geometría sagrada:

- Los cinco sólidos platónicos –el cubo, el icosaedro, el tetraedro, el octaedro y el dodecaedro–, que caben dentro de la Matriz Universal, que es la Esfera.
- El círculo.
- La espiral.

Cuando observamos atentamente nuestra realidad de tercera dimensión, podemos ver la geometría sagrada en todo lo que existe. Los minerales, por ejemplo, se organizan en proporciones geométricas sagradas, y es posible encontrar sus respectivas plantillas geométricas.

Fractales

A finales del siglo XIX y comienzos del XX, un grupo de matemáticos, encabezados por Peano, Hilbert, Koch y Sierpinski, entre otros, formularon una nueva familia de curvas con inquietantes propiedades matemáticas que escapaban a todo intento de clasificación que se había realizado hasta el momento.

Al contrario que la geometría utilizada hasta entonces, basada en rectángulos, círculos, triángulos o elipses, esta nueva geometría describe sinuosas curvas, espirales y filamentos que se retuercen sobre sí mismos, creando elaboradas figuras cuyos detalles se pierden en el infinito.

Aparentemente el arte no casa con los teoremas ni los bodegones con los logaritmos. Sin embargo, el arte fractal ha roto todos esos esquemas y hoy ya se organizan exposiciones de este arte. Sus composiciones gráficas son de una belleza impactante, pero a la vez reflejo de un universo cuyo interior desconocemos.

Esta geometría ha dado lugar al magnífico arte fractal y a la música fractal, lo cual ha suscitado un gran interés por las matemáticas en los niños y jóvenes del tercer milenio, como indica el profesor José Martínez Aroza, del Departamento de Matemática Aplicada de la Universidad de Granada (www.divulgamat.net).

María Fernanda Domato, de Córdoba (Argentina), escribe al respecto:

> Los fractales son la geometría del espacio, la geometría de la conciencia. Son expansión, creatividad.
> Diariamente observamos multitud de objetos con un contorno liso que visto con ojos fractales se tornará tan escabroso como queramos. Siempre han estado entre nosotros: en los helechos, en nuestros pulmones, en las coles (si no lo crees, mira una con una lupa de aumento), en la red bronquial, en los copos de nieve, en las cuencas hidrográficas, en las montañas o en el crecimiento de ciertos vegetales.
> La razón por la cual un término matemático como este ha traspasado las fronteras de los libros de álgebra o geometría es claramente visual. Algunos algoritmos matemáticos generan imágenes espectaculares. Estas imágenes se conocen también como fractales. Aquí es donde empieza una pequeña y divertida tarea.

Las imágenes fractales no son más que la representación por ordenador de una sola fórmula matemática, generalmente muy simple, utilizando para ello un determinado algoritmo de color, que también suele ser sencillo. La sorprendente complejidad que muestran estas imágenes se debe exclusivamente a las propiedades aritméticas de los números complejos.

Los fractales representan la frontera entre el arte y las matemáticas. Si se analizan cuidadosamente, se perciben las emociones de su autor en cada forma y en cada color. La música fractal también produce sonidos misteriosos y bellos a la vez, mezclados mediante técnicas fractales para invitar a un viaje sonoro extraño, novedoso y espectacular.

Las matemáticas de los pueblos indígenas originarios

Este tipo de matemáticas, denominadas etnomatemáticas, cubren muchas áreas apasionantes para los niños y jóvenes, porque contienen una manera nueva y retadora de ver esta materia y gozan del misterio y de la atracción de descifrar los enigmas del pasado.

Pueden incluir explorar el modelo de la Cruz del Sur en los Andes y el descubrimiento de la Chakana, la tetraléctica andina, el código ordenador andino y su geometría sagrada, las leyes de formación del diseño andino, el cuadrado cromático andino y su «teoría del color», la geometría fractal de los Amawt'as y de Tiwanaku, los sistemas de cálculo e informática andinos, la yupana, los *kipu* y la escritura *toqapu*, el diseño de los templos mayas, los calendarios mayas y toda la asombrosa ciencia de la «sincrometría maya», por nombrar solo algunos ejemplos.

Constituyen retos matemáticos a la vez que son expresiones físicas del código sagrado de la creación en sí misma, en el sentido de que no son «matemáticas inanimadas»: son el patrón de la conciencia misma expresado en forma armónica.

La educación estética

Una educación estética bien comprendida hace confluir la formación de una actitud ética y estética correcta hacia todo lo que nos rodea. «La obra bien hecha», tanto artística como éticamente, es la idea eje que debe guiar este tipo de educación, que comprende el desarrollo de la percepción estética, los sentimientos, las ideas, el desarrollo de las capacidades artístico-creadoras y la formación de la apreciación y el gusto estético.

La música (sonido), la escultura(forma), la plástica (color), la arquitectura (espacio), la danza (movimiento), el teatro (representación), la literatura (palabra) y todas las artes y técnicas asociadas a ellas permiten que el individuo ensaye el vuelo hacia otros espacios más allá de lo físico, creando un mundo que se extiende hasta lo infinito.

El ser humano enriquece su espíritu, pues sus mentes y sus atributos espirituales son libres de viajar por todo el universo y colma la sed de viajar por el infinito El arte es el vuelo del espíritu que prueba a ser libre dentro de los límites de su cuerpo físico.

La expresión artística mediante todas sus posibles formas es vital para los niños y jóvenes de las nuevas generaciones. Es uno de sus medios preferidos para la búsqueda de sí mismo, para la plasmación de lo contemplado en su interior y para crear una imagen de una idea, sentimiento o deseo.

Es necesario que los educadores y padres actuales desechen la idea largamente mantenida por mucho tiempo de que las ciencias dan el conocimiento y las artes, lo artístico. Tanto unas como otras contribuyen a la formación y construcción de la personalidad del individuo y entre ellas no hay jerarquización sino complementariedad.

La educación musical y para el movimiento

Toda expresión creativa puede desarrollar la intuición, pero la música es la que más contribuye a ello. Este arte, como ha indicado Polanyi, es «matemática sensible». Las matemáticas serían la base del cerebro racional y la música, la del cerebro intuitivo.

Pedagogos de muchos países han aportado metodologías e iniciativas para mejorar la educación musical de sus pueblos, pues la música tiene unos componentes (el sonido, la voz, el canto, el ritmo, la expresión corporal, la instrumentación, etc.) que pueden organizarse y potenciarse de muy diferentes maneras, adaptándolos a la idiosincrasia y la tradición cultural de cada pueblo.

En la pedagogía musical son mundialmente conocidos los métodos de Zoltan Kodali (Hungría), Karl Orff (Alemania), Jacques Dalcroze (Suiza), Suzuki (Japón), Patricia Stokoe (Argentina), Héctor Villalobos (Brasil), César Tost (México) y Murray Schaffer (Canadá).

Los medios de comunicación

Desde el punto de vista educativo y del aprendizaje, la televisión dificulta en gran medida la capacidad de concentración. En cualquier programa, la interrupción permanente con un exceso de publicidad, hace que se pierda la capacidad de concentración. Esto provoca que los niños y los jóvenes tengan cada vez momentos de concentración más cortos y no aguanten largas sesiones ni de cine, ni de espectáculos ni de explicaciones en clase.

La televisión, como la sociedad, debe dar un giro y dejar de ser un ente competitivo para desarrollar una labor cooperativa. Tiene que cambiar su contenido, su esencia y sus formas. Es raro el padre o educador que no se dé cuenta de la influencia perniciosa de este medio de comunicación en los niños: falta de concentración, pérdida de tiempo de estudio, retraso de la hora de ir a dormir y consiguiente cansancio matinal, y deformación del lenguaje y de los modales.

Función de los ordenadores

Los niños y jóvenes actuales han nacido, crecido y viven en el mundo de los ordenadores y la robótica.

Detrás de los juegos electrónicos se esconde la capacidad de razonamiento, de inducción, de abstracción, de toma de decisiones instantáneas, así como el ingenio y los reflejos mentales.

La televisión, los ordenadores e Internet han revolucionado la sociedad entera y disparado aún más la distancia que separa a los países ricos de los pobres, cuya infraestructura tecnológica es nula o prácticamente inexistente.

Muchos niños y jóvenes de hoy poseen una gran capacidad para las tareas múltiples. En la realidad virtual su cerebro es capaz de desplegar toda su imaginación, sin dañar en absoluto su cuerpo físico en el proceso. Intuyen que el mundo de la informática es el vehículo de la humanidad para pasar a la cuarta dimensión. Pueden conectarse a través del portal de la imaginación –el puente hacia otras dimensiones– con el multiuniverso. El ciberespacio es el lugar donde se puede crear todo lo posible y dejar de lado los velos de la realidad. Lo virtual parece ser real e incluso permanece en el cerebro aunque ya se haya apagado el ordenador hace tiempo.

Sin embargo, en estos momentos, nos preocupa la elevada dosis de violencia de los contenidos de muchos videojuegos y la posible generación de ludopatías en muchos jóvenes.

Función de la ecología. La autorregulación de la Tierra

La ecología está ayudando a que los seres humanos veamos el planeta Tierra como nuestro hogar, a que desarrollemos una conciencia de hermandad y cooperación internacional. Una conciencia de conservación, mantenimiento y explotación de sus recursos de manera que permita una vida sostenible, sin despilfarros energéticos ni instintos depredadores. ¡Por desgracia, aún estamos muy lejos de haber conseguido grandes logros en este terreno!

El tratamiento de estos problemas en distintos foros (G8, Foro Social) está sentando las bases de un nuevo orden político mundial con el compromiso de cuidar de todos y cada uno de los territorios que componen nuestro planeta. El suelo de cada país es patrimonio de toda la humanidad. Lo que se hace con él concierne a todos y nos debe preocupar su destrucción o empobrecimiento.

El amor a la Tierra es uno de los valores que debemos inyectar en la nueva infancia y juventud. Experiencias como plantar un árbol, tener una mascota o cultivar un pequeño huerto en el centro educativo sensibilizan en gran medida al alumno, que sentirá un mayor amor por la Madre Tierra.

Es urgente crear una conciencia ecológica en estos seres criados en el asfalto, que viven enjaulados en grandes urbes donde prácticamente se ha perdido el contacto con la naturaleza.

Función de las ciencias

Paradógicamente, sin embargo, no hay tradición que ofrezca a la meditación un botín de trascendencia tan grande como el que nos ofrece la ciencia.

G. Charpak y R. Omnès, (2005)

> *La religiosidad del sabio consiste en maravillarse, en extasiarse ante la armonía de las leyes de la naturaleza, en las que se muestra una inteligencia tan superior que, en comparación con ella, todos los pensamientos humanos con todo su ingenio no pueden más que revelar su nulidad irrisoria.*
>
> A. Einstein,
> *El mundo como yo lo veo*

Para muchos pensadores, el descubrimiento de las leyes de la naturaleza es la clave de la modernidad. El filósofo Plotino llamaba a estas leyes «el alma del mundo», porque todas las cosas tienen un alma, y Galileo afirmó que el libro de la naturaleza está escrito en el lenguaje matemático.

Los niños son por naturaleza investigadores, especialmente los del tercer milenio, que quieren experimentarlo todo. Recordemos el enorme desarrollo e importancia que tiene el sentido del tacto en las actuales generaciones. A muchos les encanta tocar, romper, abrir, conocer el interior de los objetos y poner a prueba sus propiedades. Si se les proporciona una serie de actividades experimentales cuidadosamente preparadas y llevadas a cabo por personal competente, puede conseguirse en ellos una forma científica de razonar.

Es muy interesante a este respecto la experiencia comenzada en Chicago con el método «Hands on» («Tocadllo») y luego realizada en Francia bajo el nombre de «La main à la pâte» («La mano en la masa»), a partir del año 1997 (www.inrp.fr/lamap). Se trata de una experiencia llevada a cabo con alumnos de cinco a doce años. Consiste en material bien elaborado sobre varios fenómenos naturales que intrigan a los niños de estas edades: los estados del agua, el cultivo de las plantas, etc. Aventuran hipótesis sobre los posibles resultados, realizan en común los experimentos –en grupos de cuatro estudiantes–, comparan sus resultados y los discuten delante del profesor. A veces surgen cuestiones inesperadas y terminan siempre con una discusión a nivel global sobre los resultados obtenidos. El debate es fundamental.

Lo importante es despertar la curiosidad científica, el rigor del razonamiento, el desvanecimiento de la ilusión ante las evidencias científicas, el aprendizaje del debate en todas sus vertientes y la motivación que ello supone, pues la experiencia ha demostrado que no llegan a producirse problemas de disciplina ni de desmotivación.

En el terreno de la divulgación científica, los jóvenes tienen un campo muy abierto, pues son capaces de llegar a sus propias generaciones con su estilo y lenguaje. Es el caso de Silvia Arroyo, nacida y criada en Alemania y de padre español. A la edad de trece años ya leía libros de física cuántica y a Stephen Hawking. Su manual sobre esta materia, *Extravagante mundo cuántico,* salió a la luz cuando acababa de cumplir veinte años. Asegura:

> He escrito el libro que yo hubiera querido encontrar, entre el nivel profundamente científico y el nivel científico popular, para que los jóvenes y el gran público puedan acercarse a la naturaleza y tratar de comprenderla. El hecho de que no podamos describir totalmente la naturaleza me parece increíblemente fascinante.

La ciencia se halla aún muy estructurada con la visión mecanicista del universo, por lo que deja escapar lo significativo y decisivo de los fenómenos humanos. Quiere ser universal, pero se limita al campo de lo físicamente contrastable y rechaza cualquier otra forma de conocimiento. Declara inexistente todo lo que no alcanza a percibir con la mente lógica o los instrumentos de medida y niega todo aquello que no es capaz de comprender o de explicar.

El conocimiento científico será siempre un conocimiento relativo, limitado e incompleto y en fase de continua evolución y progreso. No le atribuyamos propiedades y valores que no tiene. Su cultivo y aplicación han sido muy beneficiosos para la humanidad por un lado, pero por otro han colocado al mundo al borde de la destrucción. Transmitamos a los jóvenes su amor por la ciencia, pero dándole su justo valor y una ética y correcta utilización

La verdadera historia

> *La historia es de dos tipos. Existe una historia oficial que se enseña en las escuelas, una compilación de mentiras... Y existe la historia secreta que trata con las verdaderas causas de los eventos, una crónica escandalosa.*
>
> HONORÉ DE BALZAC

La «historia», hasta ahora, ha sido siempre escrita o dictada en cada país por los vencedores de los conflictos o de las guerras. Ellos eran los buenos y los perdedores, los malos. Estos últimos han perdido hasta «su voz» y si se han arriesgado a contar su verdad, e incluso en muchas ocasiones han sido encarcelados, torturados o asesinados.

Las naciones deben enfrentarse a su historia, reconocer abiertamente sus propios errores y eliminar los agravios causados.

Es necesario escribir la historia de nuevo. ¿Las futuras generaciones reconocerán acaso alguna vez «su verdadera historia»? ¿Llegaremos algún día a comprender lo que realmente ocurrió en el pasado?

En un futuro más o menos próximo, los pueblos necesitarán reconocer el pasado en un plan de igualdad de unos con otros y serán capaces de construir unas correctas relaciones humanas globales, basadas en el amor a la verdad, la igualdad, el respeto mutuo, la responsabilidad personal, la justicia y la cooperación.

Los valores de la paz, la dignidad y la verdad histórica deben llegar a todos los pueblos. La justicia y las leyes han de constituir la regla que permita la armonía en el mundo. Las nuevas generaciones desean unas relaciones humanas y entre naciones basadas en la justicia, la universalidad y la unidad de todos los pueblos y de todas las razas.

SIGNIFICACIONES DEL JUEGO EN EL APRENDIZAJE

Cuenta el psiquiatra Pearce (1995) que una niña le decía que prefería la radio a la televisión, porque la radio tenía imágenes más bonitas. Las palabras de la radio le daban a la niña los estímulos para construir belleza. Belleza procedente de su imaginación.

Esa imaginación es precisamente la base del futuro pensamiento simbólico y metafórico, y también del pensamiento formal y concreto que requieren las matemáticas, las ciencias en general, la filosofía y todo lo verdaderamente interesante e importante de la educación.

Dentro del concepto «juego» entra una gama muy variada de conceptos y procedimientos metodológicos y didácticos. Incluimos en él los juegos, los cuentos, el desarrollo de la acción, la narración, la ejecución, las representaciones, los dibujos, la resolución de problemas, la metáfora, etc.

Para Pearce y para casi todos los psicólogos y pedagogos, el juego es el fundamento de la base creativa. De ahí que se diga que el niño que no juega, no tiene vida, no se nutre del fluir de la vida y tendrá dificultades en su desarrollo general.

14

No hay verdadera educación sin desarrollo integral

Darles la libertad de vivir.
Darles la paz de sentir.
Darles la capacidad de decisión para el futuro.
Fortalecer su sensibilidad a través del amor.

El desarrollo integral

El desarrollo integral se basa en el reconocimiento de que el hombre es un ser bio-psico-emocional-espiritual, continuamente emisor, receptor y cocreador. La educación basada en el desarrollo integral consiste en combinar y equilibrar armónicamente, además del desarrollo cognitivo:

- El desarrollo físico, tomando en cuenta la hipersensibilidad o la hiperestesia de los cinco sentidos.
- El desarrollo mental, cognitivo o intelectual.
- El desarrollo emocional, con énfasis en el hecho de que los niños tienen una muy alta empatía.

- El desarrollo social, la participación en la comunidad, la noción de servicio y de «misión». Incluye el desarrollo ético y estético.
- El desarrollo psíquico.
- El desarrollo espiritual.

Este tipo de educación tiene en cuenta la armonización de los hemisferios izquierdo y derecho, las inteligencias múltiples y la inteligencia emocional, a la vez que induce la «acción» y por lo tanto los cambios. La educación que no llega a la acción y a los cambios no puede considerarse una verdadera educación.

Te presentamos una fórmula que esclarecerá el «hacia dónde» de lo que apuntamos:

I + D = G:	hemisferio **I**zquierdo más hemisferio **D**erecho, nos da un «**G**enio». Pero un «genio per se» es limitado e incluso peligroso y no es una meta en sí.
G + C = H:	«**G**enio» más **C**orazón nos da un ser **H**umanitario.
H + E = S:	**H**umanitario más **E**spiritualidad nos da un ser **S**abio. Un sabio emerge.

A continuación veremos, uno por uno, en qué consiste el desarrollo físico, mental, emocional, social, psíquico y espiritual, si bien es cierto que sabemos que todo está integrado e intrínsecamente relacionado y que en realidad no podemos separar una forma de desarrollo de la otra.

Desarrollo físico

La actividad física provee:

- Disminución del estrés.
- Coordinación.
- Autocontrol y autodisciplina.
- Concentración.

- Disminución de la ansiedad.
- Mejor relación con el cuerpo.
- Valoración de la sexualidad.
- Prevención de enfermedades.

Los niños y jóvenes de las nuevas generaciones deben añadirle a la educación propiamente física los elementos de la «actitud y la atención» e incorporar al currículo algunas formas de entrenamiento sensorio-motor. Pueden ser interesantes las técnicas de trabajo en torno al movimiento corporal como la «eutonía» de Alexander, la «autoconciencia por el movimiento» de Feldenkreis, la educación psicomotriz relacional u otras más tradicionales como el Hatha Yoga o el Tai chi.

El deporte permite la liberación de las energías y ayuda a desarrollar el valor, la confianza, la entrega y la disciplina. Son aconsejables y beneficiosos cualquier deporte al aire libre, todas las artes marciales, la danza, la natación y el yoga. La elección de cualquiera de estas actividades, sin embargo, debe ser libre y sin presiones. Debe incentivarse el trabajo en equipo, el uso de la música y sobre todo el disfrute.

En muchos colegios de todas las partes del mundo se ofrecen clases de relajación y de yoga. Este último refuerza los músculos, agiliza las articulaciones y ayuda a mantener una buena postura corporal. Incluso los niños menos deportistas y más tímidos aprenden a expresar sus sentimientos y dejar que su fantasía fluya, gracias al yoga. Desarrollan así mayor capacidad de concentración y atención, además de aumentar su autoestima y la seguridad en sí mismos.

Es importante poner especial atención al desarrollo y estimulación de los cinco sentidos: vista, oído, gusto (por ejemplo, cocinar), olfato (oler flores) y tacto (trabajar con arcilla, masajes, tocar y sentir gemas, notar el viento y el sol en la piel).

Desarrollo cognitivo o mental

Es el desarrollo más estudiado por los pedagogos. Los venezolanos Natalio Domínguez y Jazmín Zambrano nos ofrecen interesantes propuestas sobre la creática:

La creática consiste en una estimulación integral de la persona de cara al futuro. Es un programa psicoeducacional para «descubrir», no para enseñar nada. Y menos todavía para entretener a los niños con ejercicios complicados. Esto sería demasiado desperdicio para el tiempo que llevamos trabajando con afán en este modelo.
El superaprendizaje es transpersonal, porque va más allá de los límites de la persona, comunicando a sus discípulos con las esferas más hermosas del sueño universal. Dentro de este modelo transpersonal, se inscriben todas las tendencias educativas, filosóficas y psicológicas que consideran al hombre un ser bio-psico-socio-espiritual, es decir, un individuo integral con plena capacidad, inteligencia y responsabilidad para autorrealizarse y dirigir su propio proceso de desarrollo de potencialidades.

Desarrollo emocional

Tiende a cuidar la extrema sensibilidad de los niños de hoy, su inmensa necesidad afectiva, su alta empatía (percepción de los demás) y su inteligencia emocional, y pretende ayudarlos en sus reacciones, a veces extremas.

Se recomienda trabajar siempre su autoestima, velar por la calidad de las relaciones interpersonales en el colegio y en el hogar, y establecer asambleas escolares de manera regular y en un ambiente gratificante (por ejemplo, una comida con los padres, profesores y niños, reuniones familiares con un picnic o alrededor de una fogata).

Como hemos señalado anteriormente, también es necesario emplear el nombre del niño y no utilizar apodos, y enseñarle a hacer «afirmaciones», a valorar el saludo y el abrazo, a ser amable y las reglas de cortesía básica. Enmarcar y colgar sus obras de arte, diplomas y todos sus logros, en la pared o en un lugar apropiado, hará que se sienta valorado.

Trabajar el arte ayuda al desarrollo emocional. Se puede utilizar en el diagnóstico psicológico y energético, porque el dibujo posibilita la interpretación del desarrollo actual de cada niño.

En estos tiempos, debemos cuidar especialmente la sensibilidad repentina, el incremento de habilidades psíquicas, los ataques de pánico y ansiedad, el aparente o real déficit de atención y la depresión.

Hacer ejercicios de respiración es importante. Una respiración adecuada afloja el tono muscular, ayuda a la relajación, alivia el estrés y provee autocontrol.

Los dos ejes básicos de la educación afectiva giran en torno al autoconocimiento (el ideal socrático de «conócete a ti mismo») por un lado y a la educación de las relaciones interpersonales por otro. Pero su objetivo central es el desarrollo de la capacidad de amar, tanto a uno mismo como a los demás. El enfoque gestáltico de la psicología humanística, el psicodrama del análisis transaccional y muchas otras terapias pueden ayudar a la educación afectiva o a la reeducación de posibles desviaciones o carencias en el campo afectivo.

Desarrollo social y valores

Cada vez vemos más necesario el trabajo en equipo, la solidaridad y la cooperación. De hecho, los niños y jóvenes del nuevo milenio, desde temprana edad, son muy conscientes de las realidades sociales, económicas, políticas y ambientales. Escucharlos, conversar con ellos y no ocultarles nada es, por lo tanto, muy importante.

Te presentamos a continuación algunas ideas para lograr un buen desarrollo social:

- Estudiar la vida de los grandes héroes y líderes. Eso los inspira a reforzar sus ideales y puede ayudarlos a tomar conciencia de su misión.
- Reforzar, como transversal, la ética y la estética de manera sistemática.
- Llevar a cabo regularmente actividades comunitarias.
- Aceptar al otro tal cual, es decir, respetar sin juzgar las diferencias del otro y tener siempre una actitud abierta para aprender de los demás.

- Tener presente la inter e intraculturalidad. Realizar actividades diarias en este sentido.
- Aprender una lengua vernácula desde temprana edad, en caso de los países multilingües. Esto les abre la mente a otras culturas.
- Incentivar el respeto a los mayores. Invitar a los abuelos a compartir su sabiduría con los niños de manera regular.
- Estudiar la tradición local como parte del currículo.
- Efectuar a menudo actividades de cuidado del medio ambiente.
- Incentivar que tengan acceso a las emisoras de radio y canales de televisión locales para compartir sus logros, proyectos e ideales.

Es muy conveniente acostumbrar a los niños y jóvenes desde muy pequeños a sencillos trabajos comunitarios (familiares, escolares, comunales y de barrio).

Desarrollo psíquico

Se pueden practicar, en este sentido, los ejercicios del cerebro derecho del doctor Shichida, y juegos de clarividencia, así como practicar técnicas de comunicación no verbal. Es importante enseñar a los niños y jóvenes técnicas simples de protección psíquica y a manejar sus miedos, especialmente sus temores nocturnos en caso de que los haya.

Se recomienda que hagan un intercambio diario de energía con la naturaleza, que vistan con ropas de fibra natural, que practiquen ejercicio físico regularmente y que se vele la calidad energética de la habitación donde duermen. Es conveniente enseñar a los niños a protegerse energéticamente ellos mismos y a limpiar las energías de los espacios donde se encuentran.

Desarrollo espiritual

Para lograr este desarrollo, se hace necesario incentivar una educación que permita momentos de quietud para fortalecer la conexión con el Yo interior, facilitar a los niños y jóvenes el acceso a los temas

CUADRO DE LAS HERRAMIENTAS PRÁCTICAS PARA EL DESARROLLO INTEGRAL: ALGUNAS SUGERENCIAS PARA TRABAJAR EN EL AULA O EN LA CASA					
FÍSICO	**MENTAL**	**EMOCIONAL**	**SOCIAL**	**PSÍQUICO**	**ESPIRITUAL**
Rondas Actividades físicas Movimiento Deporte Baile Ejercicios de «enraizamiento» Comer Beber Tacto	Estimular Preguntas Investigar Creática Ajedrez Informática Crucigramas	Arte Círculo emocional Valorar el nombre Autoestima Intraculturalidad Afirmaciones Inteligencia emocional Tacto Saludar y cortesía básica Abrazos	Héroes Responsabilidad Interculturidad Multilingüismo Interacción con los mayores Tradición Valores Servicio Trabajos comunitarios Medio ambiente Entrevistas Medios de comunicación	Ejercicios del hemisferio derecho Clarividencia (juegos) Protección psíquica Manejo de los miedos Comunicación no verbal	Símbolos Mitos Mandalas Estrellas Círculos filosóficos Naturaleza Cosmovisión
ACTIVIDADES LÚDICAS					
Actividades corporal-kinestésicas, espaciales, naturistas	Actividades lingüísticas, musicales, lógico-matemáticas	Actividades musicales, espaciales	Actividades interpersonales, lingüísticas	Actividades intrapersonales, trascendentes, naturistas	Actividades intrapersonales, trascendentes, naturistas

espirituales que les atraen, escuchar sus inquietudes y sus preguntas respecto a cuestiones religiosas, esotéricas o espirituales y buscar juntos respuestas si fuera necesario.

Es interesante trabajar con los símbolos, los códigos ancestrales, los mitos, los mandalas, la astronomía, la astrología, la cosmovisión y las terapias alternativas, así como incentivar el amor por la música.

Es excelente crear el hábito de meditar, relajarse o reflexionar diariamente. Con diez minutos es suficiente para los niños. Las meditaciones regulares tranquilizan los sentidos, conectan con el universo, ayudan a sentirse positivos y hacen irradiar paz.

Más herramientas pedagógicas encaminadas al desarrollo del Ser

La Programación Neurolingüística (PNL) constituye un modelo formal y dinámico de cómo funciona la mente y la percepción humana. A través de ella descubrimos cómo se procesan la información y la experiencia, así como las diversas implicaciones que esto tiene para el éxito personal y grupal. Con esta técnica es posible identificar las estrategias internas que utilizan las personas de éxito y trasponerlas al aula.

Varias técnicas de PNL pueden ayudar a los docentes y a los alumnos, por ejemplo, actividades de autoconocimiento, juegos de rol, trabajos grupales y dinámicas interactivas. Esta herramienta se revela útil también para estudiar los lenguajes de los sentidos (visual, auditivo y físico) y el lenguaje sensorial.

Aprender a trabajar con «mapas mentales» se torna muy eficaz para la organización del trabajo y de las ideas, además de para «fijar» largos hilos de conocimiento. Estos «mapas mentales» son particularmente recomendados para niños y jóvenes con dificultades de atención e hiperactividad.

Saber cómo relajar la mente para lograr creatividad y motivación, así como para generar un estilo propio de diseño mental, también lo proporciona la PNL, además de estrategias efectivas para disminuir el estrés del alumno y del docente y fortalecer la habilidad para aprender de manera natural y fluida.

15

Algunos métodos e iniciativas pedagógicos interesantes acordes con las nuevas generaciones

Entre las muchas iniciativas latinoamericanas, europeas y de otros lugares, os vamos a presentar algunos ejemplos educativos cuya metodología e ideología se adaptan perfectamente a las necesidades y la forma de ser de los niños y jóvenes del tercer milenio.

Es interesante notar que los siguientes ejemplos, como muchos otros, arrancaron a partir de iniciativas personales. Ya funcionan, y han dado buenos resultados. Eso demuestra que el cambio es «de base» y práctico, no teórico. No hay que dudar a la hora de generar instituciones educativas alternativas por cuenta propia o de llevar a cabo innovaciones que vayan en consonancia con la psicología y la manera de ser y de actuar de las nuevas generaciones.

En Ecuador, por ejemplo, la mayoría de las guarderías y escuelas alternativas fueron iniciadas por padres de familia que deseaban algo diferente para sus hijos. Esta clase de trabajos es lo que marca la diferencia. Requiere de mucha flexibilidad, coraje, pasión y tenacidad. Se trata de actuar, aprender constantemente y redirigirse en la marcha de la educación.

El método Kilpatrick, basado en la acción y en los proyectos (Ecuador)

El proyecto del colegio William Kilpatrick (www.kilpatrick.edu.ec/index.htm) trabaja con un sistema educativo adecuado para responder al vertiginoso ritmo de cambios y avances tecnológicos del mundo actual. Los contenidos de estudio se constituyen en medios y recursos para el desarrollo personal y no en un objetivo en sí mismos.

La metodología está orientada a potenciar las fortalezas individuales de los estudiantes y a apoyarlos en el proceso de «construcción» de su propio conocimiento. Se reconoce que los niños y jóvenes tienen potencialidades diferentes y experiencias muy particulares, por lo que la labor del colegio es proporcionarles confianza, estímulos y un medio ambiente adecuado para que puedan aprovecharlas.

Algunas de las actividades fundamentales de este proyecto educativo son:

- **La elaboración de proyectos**, eje generador de ideas y un importante instrumento del proceso de aprendizaje. Un proyecto requiere un plan de trabajo y la realización de tareas individuales y sociales. Al elaborarlos, los estudiantes despiertan su iniciativa, afán de investigación, creatividad, responsabilidad y deseo de autorrealización.
- **Las salidas académicas** a distintos lugares de la ciudad, provincia o país, y ocasionalmente a otros países, destinadas a vincular el aprendizaje con el mundo real, a permitir que los estudiantes descubran las aplicaciones reales de los contenidos de estudio, ayudándolos a descubrir sus propios intereses y conocer la existencia de realidades socio-económicas distintas.
- **Las experiencias de trabajo** de una semana de duración. Los alumnos participan anualmente en dos de estas experiencias. Las prácticas se realizan en diversas empresas o instituciones de la ciudad o de otros lugares del país; ponen a los alumnos en contacto con el mundo laboral dentro de las distintas áreas

de su interés y les permite tener un conocimiento más preciso de lo que quieren hacer al terminar la educación secundaria.

- **Los intercambios** promovidos por el colegio con estudiantes de otras regiones del Ecuador y de otros países. Tienen como propósito desarrollar el respeto y la tolerancia con otras realidades socio-culturales, permitiéndoles a los estudiantes adaptarse fácilmente a distintos ambientes sociales. Conocer otros ambientes e interactuar con ellos, les posibilita enriquecerse cultural, personal y familiarmente.
- **Los talleres**, que permiten a cada alumno conocer su potencialidad para actividades prácticas y desarrollarla con plenitud. En muchos casos se trata de actividades complementarias a las materias desarrolladas en las diversas áreas. Se organizan talleres de arte, ciencias, actividades prácticas y deportes, que complementan el desarrollo integral y equilibrado del ser humano, ya que permiten expresar libremente lo que cada uno lleva en su interior.

Tanto los alumnos como los profesores participan en la formulación y revisión de las reglas y normas. Está claro que aquellos aceptan normas disciplinarias con mayor facilidad cuando estas son fruto de sus propias inquietudes e intereses.

La evaluación es multinivel y controla el cumplimiento de los objetivos propuestos. Para involucrar a los estudiantes en este proceso de evaluación, se toma en cuenta no solamente la apreciación del maestro, sino también la del propio estudiante.

El director del colegio de Tumbaco, en Ecuador, comenta:

> Al principio, en secundaria, llegaban chicos que habían sido expulsados de otros colegios. Su actitud era francamente antisocial y su autoestima estaba por los suelos. Solo un aprendizaje sumamente interesante, práctico, útil y con mucha acción podía captar su atención. Paralelamente había que darles mucho amor y recuperar su parte emocional, que estaba destrozada. A final, salieron de aquí

con espíritu de líderes, muy carismáticos y conscientes de la realidad a la vez que firmes en sus ideales. Eran capaces de dar conferencias, manejar diferentes situaciones y solucionar eficazmente cualquier problema que se les presentaba. Se podían adaptar, sabían que había días en los que podían venir al colegio en *jeans* y con algún que otro *piercing*, y que los días con tareas formales en el exterior había que ir en traje. ¡Estos chicos en realidad son tan brillantes! ¡Y cuando se les da afecto y cariño, se desenvuelven muy bien y te lo devuelven multiplicado!

Por su parte, una profesora puntualiza:

Con los chicos de primaria tuve excelentes resultados con el método Kilpatrick. La escuela está ubicada en un barrio bastante pobre de Quito (Ecuador) y los alumnos eran un tanto rebeldes. Tuvimos un grupo de ocho niños de once a doce años que trabajaban solo si había acción y actividades concretas. Estos chicos eran tan increíbles... ¡Tan inteligentes y con tantas iniciativas...! Imaginaos que lograron hacer un taller de plata. Y eso es difícil: es necesario tener mucho cuidado porque hay que fundir el metal. Luego lograron vender toda la producción y con las ganancias pudimos llevar a todo el colegio de viaje de fin de curso.
Otro día tuvieron la idea de limpiar el barrio, porque les daba pena tanta basura. Fuimos todos a ayudar, por supuesto. Pararon el tráfico, la policía tuvo que intervenir y al final todo el barrio se reunió a ayudar.
También tuve que complementar el método con las materias quechuas: idioma, cultura, rituales, diseños y tejidos, respeto a la Pacha, mitos, tradición oral y todo el material que podía encontrar para valorizar nuestras raíces. Los niños estaban fascinados.

Un ejemplo de desarrollo integral: el Idejo (Uruguay)

Formando un Ser, competente en el saber, solidario en el actuar, alegre en el vivir. En un mundo agresivo, formamos jóvenes fuertes y pacíficos. En un mundo competitivo, formamos jóvenes solidarios y competentes. En un mundo cambiante e inestable, formamos jóvenes flexibles y creativos.

Este es el lema del Idejo (www.idejo.edu.uy), el Instituto de los Jóvenes, ubicado en Montevideo (Uruguay). Nos comenta su directora:

> Educamos en valores, desarrollando la capacidad de elegir, buscando el mayor bien para el individuo y el entorno. Nuestros alumnos aprenden en un clima afectivo, donde la disciplina se logra con alegría y respeto. Integramos y unificamos los conocimientos científico, artístico y social. Cultivamos la dimensión espiritual desde una propuesta laica, respetando la diversidad de creencias.
>
> Trabajamos en grupos reducidos, lo que permite mejorar la atención al alumno. Cumplimos la totalidad del currículo de primaria y secundaria, ampliándolo a través de talleres, seminarios, salidas didácticas, exposiciones y publicaciones. Brindamos coordinación de actividades entre diferentes niveles (jardín de infancia, escuela y liceo), favoreciendo la integración y el crecimiento en lo académico, social y personal. Se sensibiliza a los niños y jóvenes a través de propuestas solidarias con diferentes instituciones. Promovemos el despertar de una conciencia ecológica desde lo cotidiano. Incentivamos los intercambios educativos con instituciones a nivel nacional y con países del Mercosur. Incluimos diversas disciplinas que apuntan a la formación de un individuo global y a la educación en valores. Fomentamos actividades que fortalecen la integración de las familias.
>
> Las actividades que llevamos a cabo para desarrollar el hemisferio izquierdo son: idiomas, informática, ajedrez y ciencias. Para desarrollar el hemisferio derecho: meditación, yoga, expresión

corporal, plástica-cerámica, kárate, animación a la lectura, sonidosofía, música y danzas circulares.

En el capítulo 18, que trata sobre las herramientas biointeligentes, desarrollamos con mayor extensión algunas de las técnicas utilizadas en el Idejo.

«Kurmi Wasi», un colegio por la diversidad

Kurmi Wasi (*Kurmi*: arcoíris en aymara; *Wasi*: casa en quechua) no aspira a ser un colegio con una propuesta alternativa que siga una pedagogía definida, sino a trabajar según ciertos principios filosóficos y ofrecerles a los estudiantes instrumentos que los ayuden a ser ciudadanos autónomos, responsables y críticos. Para ello, se esfuerzan en crear un ambiente de amor y confianza, donde los alumnos se sientan a gusto, puedan desarrollarse y se encuentren en un ambiente de respeto mutuo.

El colegio empezó a funcionar en febrero de 2005 en Achocalla (zona sur de La Paz), con un número de cincuenta niños. La idea de su creación la estuvieron incubando durante varios años diferentes personas interesadas en el rumbo que estaba tomando la educación en Bolivia y preocupadas por la segregación y la falta de perspectivas de futuro. Por ello se decidió crear un colegio más, pero con el intento de hacerlo «integrador», trabajar de manera más contextualizada y contribuir a reducir desigualdades. En definitiva, un espacio donde se valorasen las diferencias y se practicase la solidaridad.

Se trabaja por grupos de edades en forma de multigrado, es decir, 2º y 3º de primaria trabajan en la misma aula, al igual que los niños y niñas de 4º a 6º de primaria. Se empezó a trabajar de esta manera por el reducido número de alumnos, pero se descubrieron varias ventajas pedagógicas en ello. En el multigrado existe la posibilidad de adelantarse en cuanto a los contenidos, pero también de avanzar al ritmo del grupo que trabaja en el nivel más básico del tema.

Hacia la diversidad y el respeto

Kurmi Wasi está situado en una zona rural y en un contexto donde las tradiciones aymaras están presentes en el día a día. El colegio cuenta con un alumnado multicultural, con la idea de fomentar el respeto mutuo entre sus integrantes y de llegar a ser un centro intercultural.

El marco filosófico tiene como pilares fundamentales la interculturalidad, la educación integral y la inserción de niños y niñas con necesidades educativas especiales. Esto requiere constantes ejercicios democráticos, de espacios de discusión y opinión en un marco de respeto mutuo.

La asamblea escolar

Uno de los espacios de debate que se crearon en el colegio es la asamblea. La directora, por razones prácticas, propuso realizar las asambleas sin los más pequeños, ya que por su edad se dispersan fácilmente e interrumpen la dinámica. La reacción de los más mayores fue rechazar unánimemente esa propuesta. Consideraban que la participación de sus compañeros más jóvenes era imprescindible, ya que deberían aprender a opinar y expresarse lo antes posible. Como el problema de dispersión e interrupción seguía sin solución, después de mucha reflexión surgió la idea de los «padrinazgos». De esa forma, cada alumno mayor se haría cargo de uno más pequeño durante la asamblea. En el día a día, se fue tejiendo una relación especial entre el «padrino» y su «ahijado», y se buscaban no solo para la asamblea, sino para pedir ayuda a la hora de atarse los zapatos, para hacer de mediadores en una pelea, etc.

Lo que pretenden desarrollar con la asamblea es crear un espacio para socializar, reflexionar, criticar, proponer, participar, ser creativos en la búsqueda de soluciones, ejercer derechos y establecer obligaciones. De esta manera se ejerce la ciudadanía y se construyen entre todos modelos de relación pacífica, asertiva y empática.

Aprender a conocer, hacer, ser y convivir

Otra exigencia consiste en ofrecer una educación integral y crear situaciones de aprendizaje significativo. Todo aprendizaje es más duradero cuando lo trabajado en un área puede relacionarse con los contenidos de otras áreas, y especialmente cuando es aplicado. La educación en el colegio cuenta con formas de trabajo integrales con las que los estudiantes terminan adquiriendo habilidades que integran el manejo de conceptos, procedimientos y actitudes.

Al adquirir un conocimiento, hay que saber ponerlo en práctica y ser perseverante a pesar de las dificultades o los fracasos, además de demostrar flexibilidad y respeto hacia los compañeros. En la medida de lo posible, la enseñanza debe darles la oportunidad de aplicar sus conocimientos o de sacar conclusiones a partir de las observaciones hechas en la práctica.

Uno de los espacios existentes en el colegio, donde se da la oportunidad de contextualizar ciertos aprendizajes, es un terreno vecino de mil quinientos metros cuadrados, que utilizan para realizar trabajos agrícolas. Durante el año, padres, alumnos y docentes emprenden diferentes actividades de trabajo comunitario. En septiembre siembran patatas, maíz, habas, quinua y linaza para su posterior uso en la preparación de alimentos.

La ocasión brinda la oportunidad de compartir, de trabajar codo a codo la tierra y de conocerse mejor. Las familias provenientes del área urbana aprenden a apreciar todo el esfuerzo y el proceso que se requiere para producir bienes agrícolas. Aprenden en qué época se siembran, qué productos convienen y cuánto tardan en crecer. A la vez, conocen y experimentan ritos y tradiciones de la cultura aymara, pues antes de sembrar se pide por una buena cosecha. En cierta ocasión los estudiantes debían quitar las malas hierbas en el terreno sembrado. Para ello, los que venían de la ciudad primero tenían que aprender a reconocer los plantones para diferenciarlos de las malas hierbas. Los alumnos trasplantaron un ejemplar de cada plantita y los dibujaron en sus cuadernos de Ciencias Naturales, con lo cual se pudieron trabajar conceptos de clasificación de las plantas y de las formas de las hojas. Lo que se cosechó fue utilizado en la cocina de la escuela.

El espacio de la cocina se emplea para aplicar nociones adquiridas en el área de las matemáticas: medidas de peso (balanza), volúmenes y cantidades. Paralelamente, es un lugar apropiado para trabajar habilidades procedimentales (medir, pesar, etc.) y a la vez las actitudinales (trabajar en grupo, ser cuidadoso y respetuoso).

Como proyecto de aula, se construyó un gallinero que alberga a seis gallinas cuyos huevos se usan diariamente en la cocina. Para su construcción se realizó un plano con medidas y un presupuesto, es decir, de nuevo se contextualizaron contenidos trabajados en el área de las matemáticas. Los alumnos, por turnos, se ocupan de cuidar a las gallinas.

Una educación variada y aplicada

La mayoría de las situaciones de aprendizaje se han orientado hacia las necesidades e intereses de las familias de la ciudad. En la presente gestión se pondrán en práctica también herramientas a las cuales no tiene mucho acceso la población rural –la utilización de ordenadores, Internet, etc.–. También se está introduciendo el ajedrez como materia, una herramienta que no solo desarrolla el pensamiento lógico y estratégico, sino que enseña a tomar decisiones.

Se enseña la lengua aymara desde los cuatro años de edad y se está introduciendo el inglés para poder manejarse con más facilidad en el mundo globalizado actual.

Se dispone de una biblioteca bastante amplia que presta libros a los estudiantes. Tratan de impulsar la lectura, mostrando cómo los libros abren mundos. Para ello cada docente, en el transcurso del año académico, les lee varios libros a los alumnos de su curso. Se comienza la mañana con la lectura de un capítulo y con veinte minutos para discutir, opinar y compartir lo leído. A veces se utiliza el contenido del libro como inspiración para realizar actividades.

Desarrollo integral y social

Basados en sus principios filosóficos y en la corta experiencia adquirida, Kurmi Wasi plantea los siguientes objetivos:

- Lograr un desarrollo integral que permita a los estudiantes construir su identidad y su proyecto de vida a partir de su cultura, buscando intercambio y enriquecimiento con la de los demás.
- Responder a las necesidades de los alumnos que durante su escolaridad presenten necesidades educativas especiales temporales o permanentes.
- Enriquecerse de las relaciones entre culturas, respetando y valorando sus diferencias.
- Lograr un equilibrio emocional, físico y espiritual a partir del autoconocimiento y de la relación con los semejantes y el entorno.
- Incentivar en los alumnos una actitud investigadora como instrumento para desarrollar un aprendizaje autónomo.
- Elevar su autoestima mediante el descubrimiento y la valoración de su riqueza interior, sus capacidades y habilidades.
- Incrementar su fortaleza para enfrentarse a situaciones de frustración.
- Cultivar amor y respeto por la naturaleza.
- Contribuir en la integración de la comunidad educativa de Achocalla.
- Favorecer la formación permanente de los educadores de la comunidad educativa de Achocalla.
- Forjar una comunidad educativa integrada y solidaria mediante la participación activa de los padres de familia, compartiendo sus expectativas, saberes y conocimientos con los estudiantes.
- Practicar relaciones horizontales y de reciprocidad dentro y fuera de la comunidad educativa.
- Participar en actividades extracurriculares para la comunidad (limpieza de acequias, desfiles, campeonatos, etc.).

Metodologías de trabajo

Las metodologías de trabajo en las que el grupo de docentes se está formando buscan profundizar en los siguientes conocimientos y experiencias:

- Investigación.
- Experimentación.
- Proyectos de aula.
- Secuencias didácticas.
- Juegos.
- Sendas ecológicas, a través de huertos e invernadero.
- Valoración y conocimiento de valores ancestrales, invitando a personas mayores de la comunidad de Achocalla para compartir su sabiduría.
- Rincones de aprendizaje en el aula.
- Diálogo.
- Oralidad, referida a la comunicación oral (no escrita), que es una buena herramienta pedagógica y un soporte adecuado para transmitir la tradición oral y los conocimientos no escritos, como las leyendas ancestrales.

La sostenibilidad del proyecto

Una preocupación fue y es la sostenibilidad del proyecto. Con respecto a los gastos corrientes, el colegio se mantiene gracias a las aportaciones de las familias, que oscilan de acuerdo con las posibilidades económicas de cada una. Con este sistema de compensación, algunas familias subvencionan indirecta y solidariamente una parte de las mensualidades de otras. Aquellos que no están en condiciones de pagar el costo que implica mantener el proyecto, tienen la opción de trabajar dos jornales al mes en el mantenimiento del establecimiento o bien en el abastecimiento o la preparación de algunos alimentos. Su mano de obra también será precisa a medio plazo para la construcción de un colegio propio en el terreno adquirido. El proyecto también recibió el apoyo de personas particulares y de organizaciones que financiaron parte de la infraestructura o que apadrinaron a estudiantes de escasos recursos económicos.

Un largo camino por recorrer

Es necesario tener un perfil de docentes capaces de promover y fomentar las cualidades por las que apuesta Kurmi Wasi. Aunque no todos poseen estas cualidades, es muy importante la predisposición de seguir aprendiendo día a día. Deben tener la capacidad de verse como intermediadores, como actores sociales y políticos que tienen todavía mucho que aprender.

Para fomentar la interculturalidad, resulta imprescindible una mirada crítica hacia los textos educativos, que por lo general son portadores de la visión del mundo dominante y homogeneizante. Los libros de ciencias naturales, por ejemplo, conceptualizan el entorno natural como un recurso, algo que no ocurre en las culturas andinas. Una piedra, el río, un árbol o las montañas son seres vivos con los cuales se interactúa de manera respetuosa. Es esencial, entonces, enfocar ambos conceptos; de ese modo, los alumnos y los docentes aprenden a relativizar maneras de comprender el mundo que se venden como absolutas.

La educación biocéntrica: pedagogía para la vida (Chile)

La educación biocéntrica fue incentivada por el chileno Rolando Toro Araneda, propuesto para el Premio Nobel de la Paz y creador de la Biodanza hace cuarenta años. Hizo un llamamiento para que volvamos a estar más próximos a la naturaleza, integrando los aspectos fragmentados y uniéndonos con los demás y el universo. Así nació la educación biocéntrica, que tiene a la biodanza como mediadora y sustentadora.

Cecilia Vera, directora de la Escuela de Biodanza, situada en Viña del Mar (Chile), comenta:

> La biodanza combina la música, el movimiento, el ritmo, el arte y la ternura. Presenta numerosas ventajas:

- Disminuye y previene el nivel de estrés.
- Fortalece la energía vital.
- Ayuda a superar la depresión.
- Cultiva la afectividad.
- Estimula la autoestima.
- Facilita la expresión de las emociones.
- Desarrolla habilidades para la vida.
- Embellece el estilo de vida.
- Desenvuelve la creatividad.

Para los niños es una ayuda inestimable. La biodanza es muy útil sobre todo para aquellos niños y jóvenes con trastorno de déficit de atención e hiperactividad. Les proporciona concentración, relajación y autoestima. Aprenden a «aceptar» y a manejar su cuerpo, y estar cómodos con él.

No hablamos solo de llevar la sesión de biodanza a la escuela, sino de un cambio de enfoque para todo el sistema educativo en su conjunto. Es necesario socializar el saber. No se trata solo del conocimiento intelectual, sino de aprender también a través de las emociones, sentimientos, intuiciones y vivencias. La transformación de la realidad individual y social requiere el pleno desarrollo de los potenciales humanos mediante la estimulación de factores positivos, especialmente la creatividad y la afectividad, que posee elementos de conciencia, valores y compromiso, y cuyo origen es el vínculo.

La educación biocéntrica ayuda a crear en cada espacio un mundo de armonía, fraternidad y solidaridad, en una práctica pedagógica que valora las dimensiones del espíritu y del afecto, cultivando la inteligencia afectiva y una reeducación para la vida. Mediante la biodanza, participa en un nuevo modo de vivir a partir de intensas vivencias inducidas por la música, el movimiento y el encuentro grupal. La vivencia es evidencia, por lo que el alumno activa sus propios recursos internos, ampliando la conciencia.

En este nuevo milenio surgen nuevas esperanzas, y la educación biocéntrica, con su fuerza amorosa, puede contribuir a la transformación del planeta mediante el amor y una nueva ética basada en los principios de la vida.

Educación para la paz. Unipaz (Brasil)

Unipaz, la Universidad Internacional de la Paz, en Brasil, apunta a la paz y a la expansión de la conciencia.

Pierre Weil es doctor en psicología por la Universidad de París, educador y escritor de más de cincuenta libros publicados en varios idiomas, fundador de la Universidad Holística Internacional UNIPAZ, ganador del Premio *Unesco* de Educación para la Paz 2000 y propuesto para el Premio Nobel de la Paz 2003. Sus seminarios, que integran el programa «El arte de vivir la vida», fueron declarados por la Asamblea General de las Naciones Unidas como métodos educativos para la paz e integrados en programas de la ONU y de la UNESCO.

El fundador y director de Unipaz comparte con nosotros:

> Todos soñamos con una existencia plena de felicidad, paz y armonía. Pese a que esta paz se encuentra a nuestro alcance todo el tiempo, pocos somos los que sabemos realmente vivir en paz, pues ignoramos dónde o cómo encontrarla.
>
> Muchos son los que la procuran en los compañeros, en el marido o la esposa, en los honores de un título de doctor o de alto ejecutivo, en un partido político o en una ideología de Japón o del Himalaya. Pero acaban sin encontrar lo que buscaban y continúan infelices, discutiendo y peleando con todo el mundo, buscando refugio en el exceso de actividad y en el vacío del trabajo, acabando estresados y enfermos. Hoy, gracias al encuentro transdisciplinar de las ciencias y las grandes tradiciones espirituales de la humanidad, surgen nuevos métodos y estudios que nos muestran las grandes áreas en que podemos actuar para encontrar la paz que perdimos.
>
> Mientras tanto, existe un factor prácticamente ignorado: la ausencia de educación para la paz en el mundo. Pocos son los padres y educadores contemporáneos que todavía poseen estos conocimientos y que están en condiciones de transmitirlos a sus hijos o alumnos.

El año pasado, en una reunión promovida por la UNESCO en el Bureau Internacional de Educación, los ministros de Educación de todo el mundo votaron, por unanimidad, una recomendación para que se introduzca la educación para la paz en todos los centros educativos. La UNESCO, desde sus comienzos, declara: «Las guerras nacen en el espíritu de los hombres; es, entonces, en el espíritu de los hombres donde deben levantarse los estandartes para la paz». Estamos hablando de un proceso educativo no solo de niños y adolescentes, sino también de adultos, pues estos últimos deberían poder dar el ejemplo.

¿Qué es Unipaz?

Es una red internacional, constituida por treinta núcleos y campus avanzados de la Universidad Internacional de la Paz, cuyas sedes principales se encuentran en ocho países de Asia, América y Europa. La red tiene por finalidad contribuir al despertar de una nueva conciencia, concordante con el nuevo paradigma emergente, cuyas bases parten de una visión holística de la existencia.

Su misión es proporcionar a personas y grupos condiciones para encontrar caminos que les permitan, a través del despertar de la conciencia y del espíritu de paz, experimentar el amor, la sabiduría y la ética. Sus objetivos son:

- Despertar una nueva conciencia para el tercer milenio.
- Despertar la paz en todos los niveles: en el individuo y en su relación con los demás y con la naturaleza.
- Contribuir a restablecer la armonía y proteger la vida en el planeta.
- Incentivar la educación de los seres humanos en la conciencia de la condición holística.

La formación holística básica es el programa principal de Unipaz, y consta de veintidós seminarios mensuales.

Los módulo de los talleres son: «el arte de vivir en paz», «el arte de vivir consciente», «el arte de vivir en plenitud», «el arte de vivir en armonía», «el arte de vivir la crisis o el conflicto», «el arte de vivir la naturaleza» y «el arte de vivir el pasaje y la vida continúa».

A modo de conclusión, Pierre Weil comparte con nosotros la *Fábula del Colibrí:*

> Había una vez un incendio en el bosque. Todos los animales huían desesperados. Solo un colibrí hacía el camino contrario. Con el pico, tomaba agua de un lago cercano y la arrojaba al fuego.
> Un tatú, intrigado por su proceder, le preguntó:
> —Colibrí, ¿en realidad crees que puedes apagar el incendio?
> El colibrí le respondió:
> —Estoy seguro de no poder apagar el incendio solo, pero yo hago mi parte.

La escuela Nizhoni

Novedoso es también el enfoque humanístico y transpersonal de Chris Griscom (1989), de Nuevo México, con la creación de la escuela NIZHONI, para una conciencia global.

Algunas de sus ideas más destacadas, y que ha llevado a cabo con éxito en su escuela, son las siguientes:

> Necesitamos un sistema educativo nuevo, un enfoque global que oriente a cada individuo a darse cuenta de que está viviendo en una comunidad global en la que caben todos los talentos. La educación ha de reflejar lo que tenemos en común los humanos, que somos una gran familia. Nuestros hijos y alumnos deben verse como una parte del holograma global que puede tener acceso al potencial humano, no solo desde una perspectiva multinacional y multirracial, sino también desde una visión multidimensional que acelera la evolución humana.

Enfatiza la magnificencia del repertorio humano, que va más allá de las experiencias físicas y las actividades intelectuales. En el mundo de hoy, nos dice:

> La más vibrante y conmovedora de todas las exploraciones, la búsqueda del alma, queda enterrada bajo los escombros de nuestras tentativas mentales de tomar lo divino por una disciplina religiosa dogmática, tanto que nuestra naturaleza espiritual llega a ser un tópico de historia o filosofía, más que el proceso de una experiencia que sirve de puente hacia un conocimiento ilimitado, un propósito firme y un amor incondicional.

Sugiere que les preguntemos a los jóvenes más a menudo, que contemos más con ellos y que elaboremos técnicas que los ayuden a comunicarse más entre ellos y sobre todo con los adultos: es su propuesta de tecnología cósmica, que nos permitiría integrar datos sutiles y facilitaría la expansión de nuestra conciencia así como comprobar que «la educación puede volver a ser una experiencia con más sentido para los jóvenes que buscan propósitos para su vida».

Los jóvenes del mundo entero sufren porque sienten que no tienen nada que dar y porque la gente rechaza lo que ellos podrían ofrecer. Eso los convierte en individuos pasivos, sin iniciativas ni perspectivas. Todo ello mata su frescura y su potencial.

La educación holística en el Schumacher College

La visión holística de la educación es una visión global, de conjunto, en la que se educa a las personas de manera integral potenciando el pleno desarrollo de las capacidades. Esta visión holística implica también que se interrelacionen las distintas áreas de expresión con las de conocimiento, consiguiendo una cultura que respete el medio ambiente, trabaje para mejorarlo y procure el desarrollo integral del individuo como ser activo en la sociedad.

El Schumacher College (www.schumachercollege.gn.ape.org) da tanta importancia a las clases como a todas las tareas rutinarias y diarias que deben desempeñar los alumnos: cocinar, limpiar, lavar, etc.

La jornada comienza con una meditación. Se comparten la quietud y el silencio. El compromiso de colaborar en las tareas comunes lleva a los alumnos a trabajar en pequeños grupos en la limpieza, la cocina y otras áreas. Entre las diez de la mañana y la una se desarrollan las clases teóricas. Las tardes se dedican a paseos, juegos, talleres de artesanía, tiempo libre para lecturas, reuniones de tutoría con los docentes y descanso personal. Después de cenar, pueden realizar exposiciones sobre sus trabajos o sobre temas interesantes. Los jueves tiene lugar «una charla docente» abierta a todas las personas que viven en los alrededores del centro.

En los sistemas educativos ordinarios el conocimiento significa y es poder. A través de él controlamos la naturaleza y a los demás. En el Schumacher College el conocimiento no se pone al servicio del poder, sino «del servicio». El conocimiento nos hace humildes, nos enseña a conocernos a nosotros mismos y a la naturaleza, a cuidarnos y a cuidar a los demás. Se pasa del egoísmo al amor, del control a la entrega y del poder del dominio al poder del servicio.

El modelo educativo de la pentacidad

Este modelo educativo se está desarrollando en numerosos centros españoles, sobre todo en el País Vasco y en Andalucía, que pertenecen a la Federación de Cooperativas Andaluzas de Enseñanza (Salas y Serrano, 1998).

Su propuesta es la construcción por parte de los centros de «su propio modelo educativo», teniendo como eje central «el desarrollo integral de la persona». Para la construcción de ese modelo, se dota a los profesionales de las herramientas que les permitan definirlo de manera coherente y armónica, de forma que puedan comprender el paso del eje conceptual al eje actitudinal, en el que «ser persona se va construyendo a lo largo de toda la vida». Cada ámbito viene definido por su mapa conceptual, su definición operativa, las pautas de actuación docente y sus implicaciones en el eje actitudinal.

Para educar a los alumnos, se basan en la pentacidad: «Llamamos PENTACIDAD a los cinco ámbitos que consideramos tiene la persona para desarrollarse en su integridad, es decir: mente, cuerpo, emocionalidad, identidad y social (Salas y Serrano, 1998 (2): 29).

La puesta en práctica de este modelo por parte del centro educativo le lleva a replantearse y revisar todos los objetivos educativos, las programaciones de aula, el tratamiento de la diversidad, la orientación y autoorientación, la metodología y los materiales empleados. Se fomenta el aprendizaje autónomo mediante los contratos de trabajo.

Tiene como novedad la incorporación del desarrollo humano a la educación y una organización y gestión del centro educativo basado en la dirección compartida, la cooperación, el respeto mutuo, la autorresponsabilidad y la corresponsabilidad.

El desarrollo de este modelo le otorga mucha importancia al «desarrollo de la identidad personal mediante la acción tutorial», para lo que ha elaborado y desarrollado un material muy rico y variado:

- Aprender a convivir (autorregulación).
- El aprendizaje autónomo.
- Aprendemos a resolver conflictos.
- Los cambios y la adaptación.
- El trabajo en grupo: la cooperación.
- El respeto.
- Aprendemos a tener amigas y amigos.
- La confianza.
- ¿Sabemos de qué nos reímos?
- ¿Cómo adquirimos los sentimientos?
- ¿Quién soy?
- El conocimiento, la sabiduría y la conciencia.
- Elaboración de mi propio proyecto de vida.

Este modelo hace nuevas aportaciones a una participación social responsable, en la que cada persona, asumiendo su poder y ejerciendo su autoridad, tiene capacidad para transformar la sociedad, superando las discriminaciones de todo tipo. El material que hemos utilizado y que presentamos en nuestros libros recoge conocimientos, unos reconocidos por el poder científico (psicología, pedagogía, sociología, antropología, epistemología...) y otros legitimados por la sabiduría personal de todas aquellas ciencias hoy todavía no reconocidas (chamanismo, parapsicología, metafísica...), que favorecen el desarrollo de la identidad, el crecimiento integral y el ejercicio de la autoridad personal (Salas y Serrano, 1998(1): 16-17).

16

Transformando la realidad de nuestras instituciones educativas y de nuestras aulas

¿QUÉ DICEN LOS PROFESORES Y LOS EXPERTOS?

Durante una serie de entrevistas en el colegio Andrés Bello, situado en El Alto (Bolivia) en el año 2005, la profesora de niños de cuatro, cinco y seis años, en su mayoría aymara, relata:

> Los niños son más vivos, más inquietos y más despiertos. Están como sobreestimulados. Por ejemplo, antes necesitábamos un mes para que se ambientaran cuando llegaban a la escuela. Ahora no hace falta. En un día o dos, los niños están adaptados y socializan entre ellos. En cuanto al aprendizaje, hay que mantenerlos con más actividades. Están en constante movimiento. ¡Y eso es lo que me cuesta más, tenerlos constantemente ocupados! Necesito actualización permanente, más capacitación... y también más espacio, para que se desahoguen.

La directora del mismo colegio comenta:

> ¿Los niños de hoy? Son más precoces, más rápidos y más expresivos. Diez años antes, eran más cohibidos y sumisos. Ahora expresan lo que sienten. Recitan, cantan y hablan sin temor. Por lo tanto, apuntamos a una educación muy activa. Por ejemplo, hicimos un simulacro de elecciones, donde los niños tenían sus candidatos y ellos mismos lo organizaron todo. Tenemos días especiales de la cultura, festivales de danza, salidas fuera de las aulas, concursos de ajedrez –incluso a nivel nacional–, declamación, coros, olimpiadas del saber en equipos y clases de informática. Los más pequeños saben ya manejar el ordenador bastante bien. Tenemos un sistema de evaluaciones permanente, que nos ayuda mucho a que los niños no sufran un estrés innecesario, ni angustias. Es importante que el niño esté ocupado en lo que le gusta. La educación es para una mejor sociedad. De verdad, necesitamos mucha capacitación para nosotros los docentes, actualizarnos constantemente para poder estar a la par de los chicos.

De la guardería María Auxiliadora, de la misma población, una educadora nos habla del cariño de los niños:

> ¿Los niños de ahora? Son muy distraídos y traviesos, pero a la vez muy cariñosos. Te dicen que te quieren, te hacen regalos y cariños... De verdad, muy tiernos. Pero requieren mucha paciencia.

Otra educadora de la misma guardería señala:

> En los niños de cuatro años, observo que son más abiertos, más extrovertido y más inteligentes. No son tan tímidos como antes. Ahora dicen las cosas, son más maduros y lo observan todo. Pero tienen la parte emocional muy sensible y se desequilibran si hay problemas o violencia en casa. Como profesoras, tenemos que buscar otras estrategias, pues necesitan mucha atención.

Delia Oppizzi, educadora argentina del Centro Cultural-Educativo Ruso-Boliviano de La Paz (Bolivia), en el año 2005, comparte sus vivencias:

> De mi experiencia diaria con los pequeños, veo que los niños de ahora son mucho más curiosos que antes, quieren investigarlo todo. Todo lo preguntan. Nuestras repuestas no «alcanzan». En los más pequeños, las diferencias que veo son:
>
> - Su lenguaje es más desarrollado.
> - Algunos trabajos los realizan de manera diferente y original.
> - Son perspicaces en su razonamiento. Por ejemplo, tenemos el caso de una niña de tres años que nos plantea adivinanzas muy difíciles de contestar.
> - Su inteligencia práctica: ¡las mismas explicaciones que ellos te dan me dejan muda!
> - Sus historias fuera de lo común con cosas demasiado fantásticas que nos asombran.

Yelena Lekontseva, directora del mismo establecimiento, ha notado muchos cambios en tan solo cinco años. Nos comenta:

> Muchas cosas han cambiado desde más o menos el año 2000. El niño de ahora puede captar más, es más maduro que el niño anterior. ¡Y hablo de hace tan solo cinco años! Lo que observo en los niños pequeños es que pueden tranquilamente aprender dos o tres idiomas, manejar sin ningún problema el ordenador (en nuestra guardería empiezan a los tres años) e incluso llevar a cabo tareas de las que no son capaces sus padres. También me sorprende su nivel de madurez: tienen respuestas sobre asuntos prácticos que nos asombran.
> A nivel pedagógico, nuestro método está basado en la enseñanza avanzada de Vigostky. No nos basamos en una educación repetitiva, en la que se almacena información que uno no utiliza y luego

olvida. No es la información lo que es importante, sino saber cómo extraerla y utilizarla. Por ejemplo, el profesor enseña una sola vez una determinada pauta, luego el niño trabaja solo. Incluso tuvimos dos casos de niños que aprendieron a leer casi sin ayuda. Lo mismo sucede con la escritura. Teníamos un sistema establecido para un año de trabajo... y los niños lo hicieron todo en dos meses.

No podemos decir que son flojos. Les gusta trabajar. La principal actividad en la guardería es el juego enfocado en el aprendizaje. Todo es un pretexto para aprender: cantar, bailar, jugar, etc., y les encanta, justamente por el gozo del proceso de aprender. Y no hablo solo del aprendizaje intelectual, sino también del aprendizaje social. A veces los niños tienen un nivel de agresividad bastante alto, probablemente por sus problemas familiares y también porque quieren atraer la atención del profesor, de su madre o de los otros niños para compensar una carencia afectiva. En ese caso, se les enseña las normas de un buen convivir, a base de juegos; de ese modo aprenden a compartir y a aceptar a los demás. También trabajamos los conflictos con dibujos, teatro y títeres. Cuando hay algo específico que deseamos trabajar con un niño, replicamos la situación mediante un juego o con títeres, y el mismo niño se da cuenta y comenta la situación, porque lo «vive» y lo «siente» como una experiencia de vida.

También es importante trabajar con música clásica y poder tocar instrumentos los más pronto posible (en Japón empiezan a tocar un instrumento musical a los dos años). Es excelente para el desarrollo intelectual, emocional y de la atención. Aprovechamos los recreos, los momentos de manualidades y las meriendas para ponerles un fondo de música clásica. Los tranquiliza bastante. Cuando están inquietos, hacemos un juego que llamamos el «juego de la tranquilidad», cuya base es la música clásica.

Una profesora de un instituto de Madrid nos señala que los adolescentes de hoy son «más rebeldes, más activos. Por lo general, la indisciplina viene de la desmotivación. Ser profesor es ahora más difícil que hace veinte años».

Y el jefe de estudios puntualiza:

> No son malos alumnos. Al revés, son muy listos y muy despiertos, mejores de lo que fuimos nosotros. Pero necesitan profesores motivados, con vocación y estimulados. Antes los profesores entraban con el respeto puesto. Ahora nos lo tenemos que ganar día a día y curso a curso.

Por su parte, otro profesor comenta:

> Es cierto que ahora los alumnos son más indisciplinados y es porque en su casa nunca se les ha dicho no. Por eso, yo pongo las reglas muy claras desde el primer día.

Rosario Ortega, catedrática de Psicología de la Educación en la Universidad de Córdoba (España), relata:

> No hay ningún informe que demuestre que ahora haya más indisciplina, pero sí hay estudios y encuestas que indican que ahora en las clases hay ciertos niveles de conflictividad que antes no se daban.
> El profesor actual no solo tiene que entender de literatura o de matemáticas, sino también ser capaz de entusiasmar; para ser profesor debe ser un adulto mínimamente interesante.
> Los chicos y chicas, además, están en plena revolución hormonal, es cuando empiezan a mirar al exterior y hay que darles una autoridad democrática; para estas generaciones que han nacido en la democracia, ya no valen las normas anteriores, no quieren que su maestro sea del siglo XIX, sino del XXI, y para eso hace falta una gran formación psicopedagógica y muchos profesores carecen de ella (20-1-2006).

Dicha experta opina que la actual generación de alumnos es «más revoltosa y difícil de llevar, pero también son más preguntones, más activos, más desinhibidos y más echados para adelante. Con menos miedo a equivocarse y con una propensión a presentarse voluntarios para todo. En esto se diferencian de sus padres o hermanos mayores de hace veinte años».

En una encuesta llevada a cabo en toda España durante el año 2005 por el Centro de Innovación Educativa (CIE-Fuhem), el 80% de los profesores opinaba que la causa de la indisciplina en las aulas había que buscarla en alumnos especialmente conflictivos. Son los alumnos «revientaclases», el terror de cualquier profesor bienintencionado. Los alumnos opinaban lo mismo y en el mismo porcentaje.

¿La escuela que olvidó su oficio?

En el pasado reciente e incluso actualmente en bastantes escuelas, aún se concibe la enseñanza como el traspaso de conocimientos de cabeza a cabeza y el aprendizaje como una capacidad retentiva o memorística por parte del alumno. Esta visión todavía forma parte de las concepciones y creencias de muchos docentes.

Detrás de esta concepción de la enseñanza, existe una manera de relacionarse con los alumnos basada en mantener el orden y la autoridad para que se pueda dar ese traspaso de conocimientos sin interferencias. Se hace necesario mantener el orden y la disciplina (no importa cómo) para poder controlar el aprendizaje, a través de expresiones como: «No te muevas de tu sitio», «No hables con tu compañero», «Atiende», etc.

Es imprescindible transformar la escuela de la saliva, la tiza, la pizarra y los apuntes en un verdadero taller de trabajo. Específicamente se debe cambiar:

- La relación de tipo frontal entre los estudiantes y el profesor.
- El rol pasivo del alumno en la construcción de la formación.
- El rol autoritario y de gestor de todas las decisiones del docente.

- El conocimiento visto como algo ajeno al sujeto que aprende.
- La falta de compromiso profesional de los docentes.

Sin embargo, no se logrará un cambio profundo sin una revisión de la formación del futuro profesorado. Es imprescindible replantearse la «MISIÓN DEL EDUCADOR». El desafío es indagar cómo integrar el saber en el proceso de aprendizaje. La cuestión central gira en torno a QUÉ SE ENSEÑA Y QUÉ SE DEBE ENSEÑAR O QUÉ VALE LA PENA ENSEÑAR.

Este cambio requiere la actualización e innovación permanente del profesional docente, que deberá convertirse en el líder capaz de aceptar el desafío del cambio y de hacer un aporte creativo en la construcción y en el desarrollo de la gestión institucional y curricular. Los desafíos exigen a las instituciones la reconversión de una organización educativa sólida, pero flexible y ágil a la vez, basada en la división racional de tareas y en una necesaria polivalencia de las personas.

En no pocas escuelas predomina la rutina, el cansancio, el aburrimiento. Cuando el maestro se ausenta de la clase, al instante se percibe una sensación de liberación, que se traduce inmediatamente en jolgorio e indisciplina. Esto pone de manifiesto una carencia de motivación, una ausencia de compromiso y un fracaso del sistema de enseñanza.

Hay una clara falta de conexión entre la realidad social y el aprendizaje que se ofrece en la escuela. Esta es excesivamente teórica y abstracta, y se halla desconectada de la realidad.

La escuela de hoy está experimentando una serie de transformaciones con el intento de ofrecer la educación ideal. Urge y es necesario un cambio radical en PENSAMIENTO Y ACTITUDES por parte de los maestros, alumnos, padres de familia y toda la sociedad en su conjunto.

En este sentido se debe desechar la escuela discursiva y dogmática, para optar por una más activa, democrática, abierta y creativa, una escuela donde haya acogida, amor, respeto y una actitud de escucha que permita al alumno un desarrollo autónomo e integral.

La misión de la nueva escuela debe abarcar, además de los conocimientos, la construcción permanente de los valores éticos. En otras palabras, debe ofrecer una educación integral que abarque todas las potencialidades y facetas de la personalidad de los niños y jóvenes.

La formación de los nuevos educadores y terapeutas

La Escuela Nueva, mi amigo, es una creación espiritual y solo la pueden hacer hombres y mujeres nuevos, verdaderamente asistidos de una voluntad rotunda de hacer otra cosa. El que la logra es el que la lleva dentro.

Gabriela Mistral

El arte de la transformación educativa

En el cambio educativo que hemos propuesto a lo largo de este libro existen una serie de transformaciones ineludibles que se deben realizar en los sistemas educativos. Hacemos ahora especial hincapié en las que hacen referencia al profesorado, pero que también se pueden aplicar a los educadores, terapeutas y padres.

Cambio en el enfoque de las relaciones humanas

Rogers señaló tres condiciones fundamentales para el éxito de toda relación humana, ya se dé entre terapeuta y cliente, entre padre e hijo o entre profesor y alumno.

Autenticidad. El padre, el maestro o el terapeuta ha de mostrarse tal como es, expresando con transparencia sus propios sentimientos, sin pretender desempeñar ningún papel.

Aceptación incondicional. Se ha de aceptar al otro tal como es, valorándolo como persona única e irrepetible, sin intentar amoldarlo a los propios criterios.

Empatía. Hay que esforzarse en vivir la situación y los sentimientos de la otra persona, introducirse en su alma y su piel hasta lograr intuir los significados de las situaciones o hechos que ella no ve.

Paso de docente, transmisor o instructor a educador

La nueva educación no demanda principalmente «transmisores del saber», sino educadores. Ser educador, entre otras exigencias, plantea las siguientes:

- La preocupación por una educación que apueste por una formación integral de la persona, incluso en sus aspectos espirituales.
- La consideración de todas las materias académicas como instrumentos al servicio de la formación de individuos libres y autónomos.
- La asunción de cuotas de responsabilidad sobre la mejora del centro educativo donde desarrolla su labor y de su desempeño didáctico en su aula.
- La impregnación de una finalidad educativa en todo lo que conforma el sistema educativo: organización, actividades, disciplina, gestión y relaciones humanas.
- El conocimiento fundado, completo y exhaustivo de todos y cada uno de sus alumnos y familias y de la forma de tratarlos.
- La disposición positiva de colaborar y trabajar en equipo y lograr que las familias y el entorno hagan lo mismo con el centro educativo.
- Una gran predisposición para la «vincularidad» que le permita ejercer una buena acción mediadora entre el alumno y su aprendizaje.
- Experiencia a la hora de preparar «campos pedagógicos», donde se armonice lo físico, lo emocional, los intereses de los alumnos y el descubrimiento o afianzamiento de valores culturales y sociales.

Los saberes y la formación del profesorado

No es nuestro objetivo hablar de manera exhaustiva de la formación de los profesores, sino dar algunas pinceladas sobre las exigencias de esa formación en relación con los niños del tercer milenio. De entrada, llaman la atención algunas constataciones. Por ejemplo:

- El escaso conocimiento, por no decir ignorancia, de la psicología de los niños y adolescentes actuales. Los tratados de psicología evolutiva, infantil o juvenil están casi todos obsoletos y hablan de un tipo de sujetos genéricos que no existen en la realidad. No se puede hablar de niños estándar. Cambian también las relaciones familiares y sociales, y los alumnos evolucionan a una velocidad que, a veces, da vértigo. El profesorado no sigue ese ritmo. Permanece estancado en la rutina, igual que el primer día que empezó su labor docente.
- La cortedad de miras con que se enfoca la manera de ser de los alumnos, cuando, en general, se trata de personas cuyas posibilidades son ilimitadas pero que no se despiertan ni se incentivan lo suficiente –tal vez por miedo– . ¡Cuántas alas de futuro cortadas por las escasas o nulas expectativas de los profesores sobre algunos de sus alumnos!
- El concepto de persona tan romo, limitado y antinatural que existe. Los políticos y administradores se acuerdan de los aspectos físicos, mentales y productivos de los alumnos, pero se olvidan de los afectivos, emocionales, trascendentes y espirituales. Realmente pensamos que en muchas ocasiones «la educación está planificada por ciegos, con objetivos miopes e irrelevantes, llevada a cabo por profesionales cortos de vista y recibida por seres dotados de excelsa claridad».

No es extraño, pues, que se hable de un «nuevo profesionalismo docente» que, a nuestro modo de ver, va a ser inevitable. Cuanto antes lo emprendamos, mejor.

Roberto Carneiro, en su libro *Escuela y sociedad en el siglo XXI,* nos sugiere una serie de papeles en los que deberá ser bien formado el docente o el educador:

- La construcción identitaria en una matriz sólida de valores.
- La gestión de capital cultural emergente.
- La orientación de trabajo en grupo.
- El aprendizaje cooperativo y horizontal.
- El aprendizaje asistido y tutorial.
- El incentivo a la libre y plena manifestación de las múltiples inteligencias.
- El aprendizaje por investigación y descubrimiento personal.
- El desarrollo de culturas de aprendizaje personales y grupales.
- La formación de ambientes de aprendizaje.
- La apertura a asociaciones ampliadas de educación y aprendizaje.
- La creación de capital social y de espíritu de comunidad.
- El fomento de la innovación institucional y pedagógica.
- La utilización natural de tecnologías en el enriquecimiento de los contextos de aprendizaje.

El gran reto de todo educador: sin cambio personal no hay cambio escolar ni social

> Quiero expresar mi profunda convicción de que sin cambio personal, la educación integral y la calidad de los centros educativos tienen una alta probabilidad de ser un mero enunciado, vacío de contenido. Los profesores y profesoras no solo hemos de cambiar de metodologías o usar ordenadores. Hemos de trabajar sobre nosotros mismos, y cierto es que ya está ocurriendo. Tal vez el esfuerzo es aún insuficiente ya que, en general, responde a iniciativas personales. Sin embargo, existen personas y espacios de trabajo cuya idoneidad es suficientemente palmaria como para intentarlo como cuerpo profesional en el contexto institucional. Creo que una comunidad educativa cimentada en personas desarrolladas plenamente, con capacidad de amar, es un apasionante desafío para la formación del profesorado. Aunque sea descabellado escribirlo (Sarasola, 2006).

Se han puesto muchos esfuerzos en disminuir la ratio de alumnos por profesor. Se están gastando cantidades ingentes de dinero en recursos, en mejorar las infraestructuras y en dotaciones de los centros. Se introduce la interculturalidad, el plurilingüismo, la cultura de la paz y la no violencia. Se toman medidas para lograr la mayor equidad posible y para conseguir la mejor convivencia en las aulas. Se hacen reformas y contrarreformas. Proliferan las certificaciones y los sellos de calidad educativa que la mayoría de las veces no son más que un barniz, con mucha parafernalia y sofisticación por parte de los promotores. Sin embargo, los instrumentos para la calidad pueden servir para ciertas mejoras, pero no para el cambio en profundidad de las personas y, en consecuencia, de las instituciones educativas, como estamos viendo.

Todos esos loables esfuerzos se están revelando poco eficaces, o al menos no responden a las expectativas depositadas en ellos. No se aprecian cambios significativos ni en el aprendizaje ni en la conducta de los alumnos. ¿Por qué? Porque lo verdaderamente importante es que exista una cultura en las instituciones que dé permanencia al cambio y una constante actitud de mejora que haga posible ese cambio sostenible y evolutivo.

Esa formación integral –física, emocional, mental y espiritual o trascendental– no la posee la inmensa mayoría del profesorado, que no tiene desarrolladas muchas capacidades emocionales, incluida la capacidad de amar, que es la competencia fundamental. Nadie da lo que no tiene. UNA PERSONA NO FORMADA ÍNTEGRAMENTE NO PUEDE DAR FORMACIÓN O EDUCACIÓN INTEGRAL. UNA PERSONA INCOMPLETA NO PUEDE FORMAR SERES COMPLETOS. ES IMPOSIBLE. NO HAY MEJOR SISTEMA DE CALIDAD QUE ATENDER A LA FORMACIÓN INTEGRAL DE LAS PERSONAS, EN ESTE CASO DE LOS MAESTROS, PROFESORES Y EDUCADORES.

¿Está recibiendo el profesorado esa formación? ¿Sería capaz de asumirla y aceptarla? ¿Está suficientemente concienciado de ello? ¿Tiene asumido que para formar «personas íntegras» hay que ser antes una «persona íntegra»? ¿Ven siquiera esa necesidad? ¿Son capaces de concienciarse de la nobleza y elevación espiritual que entraña el acto de educar?

La formación que suministran las universidades sirve para muy poco. Es necesario otro tipo de formación, que solo pueden ofrecer personas con formación integral, y en estos momentos son aún muy pocas y no están precisamente en las universidades, sino en todos los estamentos de la sociedad y la mayoría de ellas al margen de las instituciones educativas. Son ellas las que están favoreciendo el cambio social al propiciar el cambio personal. Su formación como personas íntegras ha sido en la mayor parte de los casos una formación autodirigida y autofinanciada. Muchas de ellas son maestros, profesores y terapeutas que están llevando aislada, quijotesca y amorosamente el peso de muchas iniciativas, reformas, innovaciones y mejoras sin apenas apoyo y con mucha desconfianza y recelo por parte de sus mismos compañeros y de la sociedad. Vaya para ellos nuestro respeto, apoyo, admiración y reconocimiento.

PARTE 5

HERRAMIENTAS PRÁCTICAS PARA PADRES Y DOCENTES

17

Para que florezca el Ser

Por ello, si realmente quieres trascender lo mundano debes aprender a pensar y soñar lo imposible.

DEEPAK CHOPRA,
Sincrodestino (2004)

LAS ARMONIZACIONES

En la educación alternativa y activa no hay un método que sea mejor que el otro, siempre que la pedagogía esté en consonancia con los requerimientos de los niños y jóvenes. Se aconseja que los docentes utilicen lo mejor de cada uno y lo adapten a la realidad de su entorno y de su tiempo. Lo más importante es que se sienta cómodo y que disfrute su vocación.

Para lograr una educación integral del tercer milenio, es importante incorporar sistemáticamente las llamadas «herramientas biointeligentes»: la músico-enseñanza, las «armonizaciones», la biodanza, los mandalas y las técnicas de «enraizamiento» para la concentración y la estabilidad, así como todas las artes, como proceso y fin. El yoga y las artes marciales resultan ser valiosos aliados también. Igualmente, los «diálogos de saber», la ética, los valores y la noción de servicio forman parte intrínseca de la formación del Ser.

Llamamos «diálogos de saber» a círculos filosóficos/metafísicos donde se intercambian saberes teóricos y prácticos sobre temas alternativos que el currículo «oficial» no abarca. Incluye conocimientos de los pueblos indígenas, temas de la organización alternativa de la vida, ciencias o ramas emergentes alternativas y todos los asuntos complementarios que los niños y jóvenes de hoy desean aprender para su crecimiento holístico integral.

El conjunto de todo lo enunciado, más lo que vamos a descubrir en el «pasado» y en el «futuro», constituye las herramientas de lo que podríamos llamar las premisas de la educación del Ser.

La nueva educación de los tiempos actuales es revolucionaria porque se trata de una transformación interior, aún más poderosa que la revolución exterior. Consiste en procesos de aprendizaje que apuntan al redescubrimiento del Ser holístico, sabio y espiritual. Es aprehender, de fuera hacia dentro y de dentro hacia fuera, en una dinámica constante de interacciones.

No se trata de enseñar al alumno, sino colocarlo en una situación de aprendizaje, proceso similar a la mayéutica de Platón y de Sócrates, quien afirmaba que él no era el padre de la criatura en las mentes de sus alumnos, sino el partero de las ideas o el que las ayudaba a nacer. Con esto desaparecía la figura del educador ritual, que únicamente exige memorización, y aparecía el compañero de ruta que demanda del alumno razonamientos y responsabilidades en su aprendizaje personal, en sus ideas, en sus conductas y en su particular escala de valores.

A continuación presentamos una amplia serie de herramientas prácticas, lúdicas y creativas que se pueden llevar a cabo sin coste (o casi sin coste) en el aula, en el hogar, en la comunidad o con ocasión de actividades de todo tipo realizadas con los niños y jóvenes.

Introduciremos primero la importancia de las armonizaciones y del desarrollo integral de los estudiantes. Luego veremos ejemplos concretos de modelos educativos ya realizados en diversos países del mundo que dan buenos resultados con los chicos de hoy. Finalmente presentaremos una larga lista de herramientas llamadas «biointeligentes», que ayudan de manera eficaz al equilibrio integral energético-emocional-espiritual de los alumnos, respetando los biorritmos y las decisiones de cada uno de aprender, crecer y sanar. Dichas herramientas son altamente recomendadas, tanto para los niños y jóvenes como para los adultos que forman la comunidad educativa.

Partimos del principio de que el supuesto educador debe estar «bien» para poder cumplir con su vocación y profesión.

La armonización interna

Conócete a ti mismo.
SÓCRATES

Como hemos visto, el primer deber del padre o del docente es «estar bien consigo mismo». Esto significa que podemos fluir, estar en paz y relajados. Una buena dosis de sentido del humor ayuda también. Es importante desligarse, desprenderse, no dejar que las cosas se enquisten dentro de uno, expresar los sentimientos con naturalidad en el momento en que se desencadenan, permitirse reír y llorar, liberar, perdonar y amar sin resentimientos, es decir, mantener constantemente una liberación e higiene interior.

Si se ha producido un «roce» con un niño o un joven, pasado el incidente y recuperada la tranquilidad, hay que armonizar la situación pidiendo inmediatamente perdón y reiterar el amor incondicional que se siente por él con buen humor, alegría y humildad.

La reconciliación debe ser inmediata; de otro modo, el niño o el joven seguirá sufriendo, especialmente si pasa toda la noche herido con el problema sin resolver. Si no se soluciona cuanto antes, los malentendidos crecen y la situación se vuelve más difícil de subsanar. Para recuperar la tranquilidad, es necesario ¡respirar! La mente no puede calmar la mente; ¡una buena respiración, sí! No se debe actuar NUNCA si uno se encuentra en un estado de ira, furia o agitación extrema. Es imprescindible calmarse primero. El daño físico, emocional, psicológico y espiritual que se puede causar en estas condiciones es tremendo.

Es posible conseguir también una buena armonía personal con ejercicios de musicoterapia, meditación, mandalas, respiración adecuada y relajación. Es importante que al menos una vez a la semana los padres y los docentes puedan practicar algo de su gusto que los realinee energéticamente: tai chi, yoga, reiki, baile, capoeira, ejercicios de respiración, etc.

La armonización grupal

Consiste en crear un ambiente agradable en el grupo y cuidar las relaciones emocionales, estableciendo un diálogo continuo basado en la confianza y el respeto mutuo, de manera que podamos expresarnos libremente y arreglar los conflictos y los malentendidos. Para lograrlo, hay varios ejercicios que se pueden realizar tanto en el aula como en el: actividades en grupo, *minka* o *minga* (trabajo comunitario de ayuda mutua, de origen quechua y aymara), juegos de sociedad, hacer música juntos o bailar juntos.

En las aulas es aconsejable organizar un consejo de paz, asambleas y consejos de clase compuestos por los mismos alumnos. En ellos se analizarán las situaciones que se hayan producido, se escucharán las razones alegadas y se intentará que todo se resuelva entre ellos mismos. Cuando entre compañeros se manejan los conflictos, aprenden que hay maneras de llegar a acuerdos sin necesidad de la violencia. Siempre que sea posible, los conflictos se resolverán entre iguales.

También pueden ser útiles los «círculos de las emociones» en grupos más pequeños, donde se liberen y armonicen emocionalmente los alumnos y profesores. Consiste en sentarse todos en círculo y tener intercambios libres en los que cada uno se exprese en confianza. Pueden hablar de ellos mismos, de situaciones de la vida, de la familia, de la comunidad, del día a día, de sus aspiraciones, etc.

La psicóloga Yhajaira Paz-Castillo, de Venezuela, advierte:

> Se sorprenderá de los temas que propongan sus alumnos y de los consejos que pueden darse entre ellos, por ejemplo, frente a la muerte de un familiar, el nacimiento de un hermanito o una mudanza. De

esta manera, pierden el temor a demostrar sentimientos y a opinar. Marque un tiempo y respételo; si aún no han terminado el tema, sugiera continuar al siguiente día: esta actividad se disfruta tanto que si no se establece el límite, no querrán terminarla.
Si usted desea y espera respeto de sus alumnos, ofrézcalo primero usted. Estimule a sus alumnos a establecer junto con usted las «reglas de juego» del aula, desde el comienzo. Cuando son copartícipes de un plan de disciplina y trabajo, estarán más dispuestos a respetarlo. Establezca, de común acuerdo, cuáles serán las consecuencias de no respetar las reglas de juego.
Prepárese para dar explicaciones a las múltiples preguntas que surgirán en el aula. Pero no tema las preguntas, enséñeles que no siempre tenemos todas las respuestas pero que entre todos podemos investigar y encontrarlas (Fundación Índigo, 2004: 111-112).

La armonización externa

Consiste en mantener una higiene física diaria de los centros escolares, incluidas las aulas, cuidando sobre todo las esquinas y moviendo los muebles y los objetos. Se debe limpiar todo, como dice el Feng Shui, tirar lo que no sirve o está roto o dañado, arreglar y pintar. Solo cuando hayamos eliminado lo que estorba y el lugar esté limpio y ordenado, podremos servirnos de:

- Perfumes, esencias e inciensos suaves. Los mismos alumnos los pueden fabricar con los recursos de la escuela.
- Velas e inciensos, que incluso pueden confeccionarse en los talleres de manualidades del colegio, siempre teniendo precauciones con las velas.
- Trabajos con los colores, la luz, el volumen y las texturas.
- Piedras y cristales.
- Plantas y flores frescas.

Se puede dejar que los niños pequeños tengan un rincón «mágico» para colocar sus tesoros: hojas, piedras, palos, conchas, plumas (desinfectadas), caracolas, etc. Es conveniente tener mascotas (al menos peces) y plantitas en el aula o en algún lugar del centro y que jueguen con juguetes y objetos fabricados con materiales naturales y no con plásticos o productos sintéticos.

Es necesario prestar especial atención a que los lugares donde están los recién nacidos se encuentren muy limpios y libres de todo objeto viejo, inútil o ruidoso (televisiones, radios, teléfonos móviles, etc.). El sol debe dar en estos recintos y en las aulas escolares.

Sandra Aisenberg recomienda, en cuanto a la armonía del ambiente, lo siguiente:

> Como sus mentes absorben más información que la nuestra, los niños son sensibles a cualquier energía asociada a la confusión y al desorden. Es necesario mantener las cosas organizadas y en armonía a su alrededor; esto les permitirá procesar y recibir la información de manera más fácil y clara. Por ello prefieren los ambientes en los cuales se despliega una amplia gama de colores armónicos, y si posible, haremos que estén acompañados de piedras y cristales.
> Su habitación, que es el ambiente en el cual descansan, debería tener una energía tranquila y estable y estar pintada de un color claro, evitando las imágenes fuertes.
> Hemos visto algunos casos en que los niños se sintieron enojados o confusos al haberse alterado el orden que ellos mismos habían impartido a sus objetos, juguetes o muebles. Incluso a veces pueden parecer obsesivos. Aconsejamos proporcionarles un espacio en el cual puedan generar su propio orden específico y respetarlo, ya que ellos generan una energía que les permite encontrar allí su propia identidad y estabilidad emocional (Aisenberg, 2004: 113).

Un ejemplo de pedagogía que se centra en el Ser: la educación Waldorf

La pedagogía Waldorf está basada en la antroposofía expuesta por Rudolf Steiner (1861-1925), que apunta a dar conciencia de la esencia del ser humano en la ciencia espiritual antroposófica, como resume Steiner, «un camino de cognición, que pretende conducir lo espiritual en el ser humano a lo espiritual en el universo». Esta definición contiene tres afirmaciones centrales:

- Existe una entidad espiritual en todo ser humano.
- También el mundo visible a nuestro alrededor contiene algo que actúa de forma invisible, y esto es lo que hay que descubrir y explorar.
- La antroposofía no es un sistema de creencias, sino la incitación a transitar un camino de cognición, que es al mismo tiempo un camino de autodesarrollo, un camino que activa la propia fuerza espiritual en el ser humano.

La antroposofía se define como una incitación a transitar ese camino de investigación en los diferentes ámbitos de la vida. En la pedagogía la indagación se centra en el progresivo desarrollo del ser humano hasta alcanzar la autodeterminación libre: «Nuestra misión como educadores radica ante todo en promover al ser oculto que está en cada individuo, apto para la autodeterminación libre, cuidando de que pueda desarrollarse saludablemente».

En las escuelas Waldorf, el arte cumple un papel especial como medio educativo. La actividad artística exige fantasía y creatividad y desarrolla la sensibilidad por las cualidades. Por un lado se traduce siempre en un medio sensorial (colores, formas, tonos, sonidos, etc.); por otro, como expresión de una voluntad plasmadora creativa que trasciende la manifestación puramente sensorial. A la vez ocupa un lugar intermedio entre el juego infantil y el trabajo humano.

La principal característica que hace única a la educación Waldorf es el hecho de tener establecidas metas concretas en la enseñanza para «desarrollar individuos capaces por sí mismos de dar significado a sus vidas». Apunta a educar la totalidad del niño, «cabeza, corazón y manos». El plan de estudios es tan extenso como el tiempo lo permita, equilibrando lo académico con lo artístico y lo práctico.

Los maestros Waldorf se dedican a crear un genuino amor por aprender en sus alumnos. Desarrollan el gusto por aprender en los estudiantes, dejando de lado la competitividad, las pruebas y las calificaciones.

Algunos rasgos distintivos del método Waldorf son los siguientes:

- No hay enseñanza intelectual en la etapa preescolar. Lo académico se deja de lado en los primeros años del desarrollo del niño.
- Durante la educación primaria el estudiante mantiene la misma maestra, que acompaña al grupo durante los seis años.
- Hay actividades centrales en los colegios Waldorf: arte, música, huerta y lenguas extranjeras, por nombrar algunas. En los primeros años, todo se introduce a través de medios artísticos, porque los niños responden mejor a este medio que a una árida lectura o a una enseñanza repetitiva.
- Todos los niños, con independencia de su sexo, aprenden a tejer.
- No hay libros de texto en los primeros cuatro años. Todos los alumnos tienen su «propio libro de lecciones», es decir, sus cuadernos, que van llenando a lo largo del curso. Esto significa que ellos mismos crean su «libro de texto», que recopila sus experiencias y lo que van aprendiendo. En los años superiores usan libros para complementar sus lecciones.
- Aprender en un colegio Waldorf no es una actividad competitiva; el docente escribe una detallada evaluación del niño, sin que figure en ella las notas.
- El uso por parte de los niños de los medios electrónicos, particularmente la televisión, es desalentado en los colegios Waldorf.
- Las diferentes materias –historia, lenguaje, ciencia o matemáticas– se tratan durante «épocas» que comprenden de tres a cinco semanas, durante las cuales el grupo trabaja en períodos de dos o tres horas diarias.

- La introducción de manualidades –tejido, crochet, costura, punto de cruz, telar, carpintería, fabricación de juguetes y trabajos en lana– y de actividades físicas –gimnasia, natación , juegos en grupo y euritmia, es decir, moverse de forma bella y armoniosa–. Por medio del movimiento todo contenido anímico puede expresarse. La meta es relacionar íntimamente el sentimiento personal con el entorno. El movimiento se convierte en puente entre el alma y el mundo exterior. La euritmia fue creada por Rudolf Steiner en 1911 como arte con raíces en la antroposofía (www.casasteiner.com.ar/euritmia.htm).

Jorgelina Ríos Azamayo, psicóloga y pedagoga del método Waldorf, nos cuenta sus experiencias:

> Es bueno ver que los padres de ahora son más permisivos, y eso nos ayuda mucho con nuestra tarea de educadores. Ya pueden discernir entre la travesura y la maldad. Permiten que el niño se ensucie, suba a los árboles, haga cosas por «cuenta propia» y tenga iniciativas.
> En cuanto a los niños, noto que se adaptan muy rápidamente. Son superemocionales. Las hormigas, por ejemplo, les causan mucha ternura. Sienten el dolor ajeno. Son muy curiosos. Expresan sus sentimientos. Tienen pensamientos creativos y no hay necesidad de hacerles memorizar. Son muy independientes. Hay que explicarles el porqué de todo. Hay que explicarles las normas y las reglas. Si te aceptan el «porqué», ningún problema. ¡Si no, no nada que hacer! Y cuando han dicho no, ¡nada les hace cambiar de opinión!
> Como normas educativas, aconsejo lo siguiente:
>
> - Hablar con ellos de manera clara, sincera, sencilla, sin enredos.
> - Demostrarles que nosotros también somos un ser humano, igual que ellos, con derechos y obligaciones.
> - Expresar sinceramente las propias emociones.
> - Si algo nos molesta, decírselo. Nosotros también tenemos nuestros límites.

- Saber poner límites, reglas y normas congruentes, realistas, y con firmeza, pero con el tono de voz normal, sin gritar.
- Dejarlos ser, es decir, ser más flexibles en decisiones que no les afecten (en otras palabras, que no alteran su seguridad física, moral y emocional), como vestirse como quieran o hacer las cosas a su gusto. En estas actividades desarrollan su creatividad y motricidad. Es muy importante saber cuándo ser firme y cuándo ser permisivo. Hay momentos en que hay que ser firme, y momentos en que hay que ser permisivo.
- Escucharlos. Es sumamente importante. A veces te dan buenos «consejos de vida».
- Respetar su edad. Por ejemplo a los dos o tres años, se trabaja lo afectivo, los valores, lo lúdico, la libertad y la autoestima. No es la edad de aprender a leer ni escribir.

A los padres les recomiendo que sean menos papás y más seres humanos. ¡Que se relajen! ¡Que disfruten de sus hijos!
A los docentes, les ruego que sueñen, que empiecen a soñar de nuevo y crean nuevamente en lo que creyeron cuando empezaron la carrera.

Hablamos de una educación flexible, completa, donde se funde lo divino y lo humano, la educación de los nuevos tiempos.

18

Aliadas indispensables de la educación y la salud del nuevo milenio: las herramientas biointeligentes

¿QUÉ SON LAS HERRAMIENTAS BIOINTELIGENTES?

Más in-formación...
formación interna desde el corazón...
más creatividad en expresión plena en cada niño...
más paz en la humanidad... más pulso.... cristales... pulsan....
cristales... hermosos rayos del sol central... pulsan... pulsan... pulsan...
construyen... construyen... construyen...
somos la Humanidad en Marcha.

MARÍA FERNANDA DOMATO

Las herramientas biointeligentes son prácticas pedagógicas y terapéuticas de desarrollo integral, alternativas y complementarias, naturales, flexibles e incluyentes que involucran al alumno o paciente. Se pueden utilizar tanto en la educación como en la salud. Por eso, como hemos visto anteriormente, se habla, por ejemplo, tanto de música-enseñanza como de musicoterapia, de arte-enseñanza como de arteterapia, y así sucesivamente. Requieren de poco material y son accesibles a todos.

Las herramientas biointeligentes son técnicas que nos interesan especialmente en el campo pedagógico del tercer milenio porque:

- Estimulan las inteligencias múltiples.
- Conectan y armonizan los dos hemisferios cerebrales.
- Desarrollan la inteligencia emocional.
- Abren y activan centros energéticos, armonizan y nivelan los campos electromagnéticos y desbloquean los canales energéticos del cuerpo humano, físico y sutil.
- Nos conectan a las fuerzas telúricas/cósmicas y otras fuentes de energía y de conocimiento.
- Reactivan la memoria celular y los códigos genéticos latentes.
- Reconectan al estudiante o al paciente con «su esencia», recuperando su sabiduría natural ancestral.
- Se basan en procesos de autoenseñanza y autosanación.

Por lo tanto, son herramientas de enseñanza y de salud integral, enfocadas hacia la expansión de la conciencia humana. Estimulan de manera natural e integral el desarrollo personal.

¿Cómo funcionan?

Las herramientas biointeligentes empezaron a ser estudiadas científicamente a partir del año 1993 con los trabajos de la doctora Francesca Roseti, de Inglaterra. Hoy en día, la biología molecular las valida poniendo ante nuestros ojos un mundo fascinante constituido por mecanismos microscópicos que funcionan con una precisión asombrosa. Los estudios más recientes llevan a los biólogos a hablar de un funcionamiento inteligente de las moléculas y de las células (doctores Lorenz, Fischer, John Upledger, Zvi Karni).

Rupert Sheldrake (1990) menciona también la existencia de campos «morfónicos» o «morfogénicos» (*Morphic fields* en inglés), campos sutiles o redes invisibles que determinan la organización de todo sistema –como un sistema solar, una galaxia...– y de cada especie. La tesis del doctor Sheldrake, en su teoría de la vida, afirma que las fuerzas biológicas se unen y sostienen en un «campo subyacente» o «estructura invisible» que las células y órganos siguen de tal manera que pueden diferenciarse y especializarse para crear una forma de vida particular. Según el autor, cada superación de una determinada especie no solo está estructurada por este campo morfogénico, sino que lo modifica para toda la especie.

Eso significa que la naturaleza utiliza medios de información, codificación, interpretación y transmisión enormemente sutiles. Los avances de la biología molecular así lo manifiestan.

Los quistes emocionales

Una de las especialidades de las herramientas biointeligentes es poder trabajar directamente con el cerebro emocional y liberar los denominados «quistes emocionales» (que se pueden remontar a tiempos muy lejanos). El doctor John Upledger y el biofísico Zvi Karni descubrieron que el cuerpo a menudo retiene (en lugar de eliminar) fuerzas físicas, después de un accidente, daño o trauma emocional. A consecuencia de ello, se crea lo que se ha llamado un «quiste energético».

El cerebro emocional o límbico se activa con sensaciones como el miedo, la tristeza o la alegría. Este cerebro recibe información de diferentes partes del cuerpo y responde de manera apropiada controlando el equilibrio fisiológico. Está conectado con el corazón por el sistema simpático y parasimpático, formando lo que se denomina el «pequeño cerebro del corazón», que constituye una red semiautónoma en la cual el corazón y el cerebro se encuentran interconectados y se influyen mutuamente a cada instante.

El psiquiatra David Servan-Schreiber demostró la relación entre las emociones, la actividad cardiaca y el cerebro:

> En los estados de estrés, ansiedad, depresión o ira, la variabilidad del ritmo cardiaco entre dos latidos se vuelve irregular o «caótica». En los estados de bienestar, compasión o gratitud, esta variable se vuelve «coherente», es decir, la aceleración y deceleración del ritmo cardiaco es regula» (Servan-Schreiber, 2003: 57).

Cada vez que estamos en un estado de «caos» cardiaco, tenemos verdaderas pérdidas de energía vital. Eso nos hace llegar al agotamiento total, la pérdida de claridad, la enfermedad. Las herramientas biointeligentes nos reenseñan esta calma interior y «coherencia» de vivir en armonía (ídem: 61).

El autor explica cuatro funciones del cerebro emocional, en las cuales intervienen directamente las herramientas bio-inteligentes:

- Los desórdenes emocionales son consecuencias del mal funcionamiento del cerebro emocional. En efecto, dicho cerebro almacena la memoria de eventos dolorosos que se quedan en el subconsciente del paciente y se manifiestan como un comportamiento patológico.
- Es necesario disolver esta cicatriz del dolor y reprogramar el cerebro emocional para responder en función del presente y no del pasado.
- El cerebro emocional responde poco al lenguaje y al razonamiento y mejor al cuerpo, es decir, a estímulos netamente físicos. Por lo tanto, resulta más eficaz contar con métodos terapéuticos corporales.
- El cerebro emocional posee mecanismos naturales de autosanación.

Las herramientas biointeligentes se basan en el doble axioma:

- **Que las células son inteligentes y que la energía dirigida con intención pura y sostenida hace un trabajo adecuado y pertinente,** ¡aunque el terapeuta o docente haya cometido algunos errores técnicamente!
- **Que el proceso atañe a uno mismo, es decir, se trata de autoprocesos, de autoenseñanzas y de autosanaciones.** Por lo tanto, el docente o el terapeuta no hace el trabajo por el estudiante o el paciente, sino que simplemente los ayuda,

colocándolos en un entorno específico con «detonadores» apropiados para despertar su propia facultad de asimilar un conocimiento o iniciar un proceso de autosanación.

Estas técnicas trabajan en muchos niveles a la vez (físico, emocional, psíquico, social y espiritual) y estimulan la parte artística y la creatividad. Producen un inmenso bienestar y favorecen una salud equilibrada. Refuerzan una vida afectiva sana y equilibran la parte emocional, permitiendo fluidez y gozo en los procesos de todo tipo de aprendizaje.

Como herramientas específicas, mencionamos a continuación algunas, cuyas aportaciones a la enseñanza y la salud son muy valiosas. En el sistema educativo se pueden y deben utilizar las siguientes herramientas biointeligentes:

- Músico-enseñanza, cantos y sonidosofía.
- Baile, rondas, danzas tradicionales y expresión corporal.
- Arte-enseñanza y mandalas.
- Símbolos, códigos y dibujos ancestrales.
- El biocuento, los mitos y las leyendas.
- Técnicas de armonización para niños y jóvenes y herramientas para adquirir iones negativos antiestrés.
- Técnicas de «enraizamiento» que proveen estabilidad.
- Técnicas de relajación y respiración.
- Trabajos con los cinco sentidos exteriores.
- Trabajos con los cinco sentidos interiores y la intuición (hemisferio derecho).
- Brain Gym (gimnasia cerebral): ejercicios que estimulan el manejo sincronizado de los dos hemisferios cerebrales.
- Cocinar.
- Contacto con la naturaleza, salidas al campo.
- Deportes y artes marciales.
- Trabajar la tierra o hacer labores en el jardín, tener plantas y mascotas y asegurar el contacto diario con la naturaleza.

En el campo de la salud, son muy útiles:

- Todas las técnicas de masajes. Masajes para niños y bebés.
- Shiatsu.
- Acupuntura.
- Terapia cráneosacral.
- Terapia floral.
- Aromaterapia.
- Fitoterapia.
- Gemoterapia.
- Reiki.
- Arte-terapia y mandalas.
- Técnicas para que los niños se estabilicen y adquieran contacto con la Tierra.
- Biomovimiento, danza y expresión corporal.
- Armonizaciones, relajación y respiración.
- Visualizaciones.
- Músico-terapia.
- Ceremonias, temascal.
- Liberación somato-emocional (LSE), un proceso terapéutico que ayuda a liberar a la mente y al cuerpo de los efectos residuales de los traumas pasados asociados a reacciones negativas.

Algunas técnicas biointeligentes para el aula y el hogar

Las herramientas biointeligentes funcionan muy bien tanto para los niños y adolescentes como para los adultos. Incluso se pueden organizar talleres intergeneracionales donde trabajen todos juntos. Con personas de la tercera edad, se deben aplicar las técnicas muy lenta y suavemente, respetando su deseo de trabajar y su biorritmo.

Mandalas y arte-terapia

Los mandalas son un sistema de estructuras geométricas ensambladas que crean un conjunto de estímulos y representaciones de colores y formas que actúan en el observador como concentrador y generador de energía, brindando inspiración. Despiertan a niveles de conciencia superior, puertas de conexión con el más allá. Descubrir sus códigos es encontrar las llaves que nos reconectan con la luz superior que habita en nosotros. Se pueden colorear, completar o inventar. Al dibujar desde el centro hacia el exterior podemos abrir el corazón y expandirnos. Al dibujar desde el exterior hacia el centro, nos concentramos y evitamos la dispersión. Es muy importante dejar que el niño o el adulto pinten como quieran, sin intervenir, sin inducir nada, y que sigan su corazón. Se puede poner una música suave de fondo o trabajar en total silencio. También es posible hacerlos en grupo.

Otro modo de trabajar con un mandala es con una intención, pensando en el amor, en la paz o en aquello que nos interese. Las mujeres embarazadas pueden pensar en el bebé que va a nacer.

Es posible acabar el ejercicio con una pequeña meditación, concentrándonos en el centro del mandala sin pestañear y perdiéndonos en el dibujo.

Las rondas y danzas circulares son mandalas vivientes y nos pueden conectar con mucha fuerza a nuestro interior, ayudándonos de manera muy eficaz a conocernos mejor, al mismo tiempo que creamos una energía de grupo armónica, placentera y solidaria.

Arte plástica y el taller de cerámica en el Idejo

La creación llega a través de la diversión y el placer, ordenando formas y colores. Trabajamos el barro con nuestra primera herramienta: nuestras manos. Los materiales plásticos como el barro o la arcilla se relacionan enseguida con el sentimiento del tacto y el gusto por el modelado. La cerámica es altamente educativa y equilibrante, con gran importancia porque presenta inmediatez en la ejecución del modelado y del decorado.

El niño estima lo natural y lo rústico, lo primitivo, lo imperfecto y lo ingenuo. No debemos transmitirle nuestras malformaciones estéticas ni nuestros prejuicios, como la regularidad, la simetría y el perfeccionismo. La expresión plástica, como es la cerámica, facilita el desenvolvimiento de su motricidad y desarrollo espiritual. El trabajo con barro permite a los niños conectarse con su creatividad, con la potencialidad de los materiales de la naturaleza, y ejercitar su espíritu lúdico.

En vez de proponer modelos fijos y estereotipados, se trabaja a través de consignas (volumen, ahuecado, diferentes formas, figuras) que el niño modificará de acuerdo con su personalidad concreta, con sus aspectos positivos y negativos. La pieza así ejecutada es respetada, ya que es reflejo dinámico de su estado emocional y su evolución psicológica.

Es sumamente importante que el niño participe en tareas colectivas; así podrá integrarse con los demás y desarrollará normalmente su personalidad al aprender cuáles son las relaciones positivas que puede establecer con sus compañeros. Educando los sentimientos superiores del niño y desarrollando sus instintos de trabajo a través de la enseñanza artística, obtendremos un adulto sano, creativo, profundo, fuerte y generoso, capaz de hacer y de amar (Patricia Maciulaiti, www.idejo.edu.uy).

Los códigos ancestrales

Los códigos ancestrales, así como los lugares sagrados, funcionan de manera similar a los mandalas. Transmiten el conjunto de conocimientos histórico-culturales-espirituales de un pueblo además de compartir mensajes importantes para el presente y futuro de la humanidad. Dan acceso al subconsciente y a la información universal vibracional.

Es importante que los niños y jóvenes del tercer milenio tengan acceso a los códigos ancestrales, tanto los grabados de manera visual –por ejemplo, los glifos mayas– como los cantos, sonidos, mitos y bailes ancestrales. Pueden ser andinos, europeos, mesoamericanos, norteamericanos, amazónicos, inuit, maori, etc. Se pueden incorporar también símbolos y diseños africanos, asiáticos o de Oriente Medio, tanto del presente como del pasado remoto.

Los códigos ancestrales despiertan la memoria celular, tanto la individual como la colectiva, por lo que se trata de un diálogo directo con las células y el subconsciente, operando con el «principio de detonador», a través de sonidos, lugares, colores y símbolos específicos. Curiosamente, tiene la doble función de despertar tanto el pasado como el futuro. En efecto, reconecta con el pasado, despierta la sabiduría ancestral, refuerza la conexión con nuestras raíces y los diferentes tiempos/espacios, y nos ayuda a saber quiénes somos, así como quiénes seremos, al despertar los códigos de los tiempos por venir, del futuro. Wolfgang Kellert indica: «Son códigos que mueven conceptos, manejan energías, definen procesos y conectan con el universo y la divinidad, es la expansión de la conciencia» (Kellert, 2000: 13).

Técnicas de «enraizamiento»

De todas las técnicas, estas son las más importantes para la entrada en el nuevo milenio. Permiten quedarse «enraizados», centrados, pausados y equilibrados en cualquier situación.

Son técnicas específicas para que los niños y jóvenes (y también los adultos, especialmente las mujeres embarazadas) se estabilicen y adquieran «contacto con la Tierra». No es recomendable intentar meditar o hacer ejercicios «espirituales», si no existe un trabajo de enraizamiento previo.

Es importante abrirnos a la «energía Tierra» (chakra número uno). A veces a los niños simplemente no les gusta estar aquí, en este planeta, y tienen dificultades para establecerse en su cuerpo físico. Esto se puede traducir, por ejemplo, en una mala relación con la comida, una falta de coordinación locomotriz o problemas de adaptación con el entorno físico.

Es sumamente importante que trabajen la parte física y echen «raíces» para poder mantener un equilibrio corporal y mental. Ello les permite recibir plenamente la energía del corazón y del espíritu, poder canalizar dicha energía sin dañarse y utilizarla para su bien, el de los demás y el del medio ambiente. Así fluye la conexión, la armonía y el equilibrio interior y exterior. En caso contrario, son niños que se dejan llevar fácilmente por las influencias externas e incluso pueden abrirse en su aura brechas energéticas que atraigan energías no deseables.

Para eso hay una serie de ejercicios que todos los docentes y padres deberían saber y practicar con sus alumnos o hijos. Algunos de ellos son los siguientes:

- «Despertar los pies», es decir, masajes y ejercicios con los pies.
- Caminar descalzo sobre la hierba y diferentes texturas del suelo.
- Caminar o bailar «como los elefantes o los caballos», pisando bien la tierra, sintiendo el peso del cuerpo sobre los pies, en ritmo y conexión con la superficie terrestre.
- Revolcarse en la tierra, jugar con la arena y la arcilla.
- Hacer deportes que no sean competitivos y que mantengan los pies en el suelo: artes marciales, danza, capoeira, caminatas, paseos, etc.
- Técnica de la zanahoria: visualizar que los pies se anclan como zanahorias en la tierra.
- Cultivar un jardín, sembrar plantas o tener mascotas.
- Bailar y cantar con sonidos graves y rítmicos (tipo danzas africanas).

Es interesante también trabajar en este sentido con las percusiones y los ritmos. Puede ser con cualquier cosa si no se dispone de instrumentos: cajas, ollas, bidones o con las manos sobre los muslos.

Todo trabajo físico conecta a la tierra. El contacto con la naturaleza debería ser diario.

Combatir el estrés con los iones negativos

Una parte del estrés humano está provocado por un exceso de iones positivos, que alteran en gran medida el estado anímico e incrementan el mal humor, la agitación y el malestar en general. Cuanto más sensible sea la persona, más fácilmente se perturbará con el exceso de iones positivos.

Encontramos iones positivos de forma natural en los elementos radioactivos, la atmósfera durante las horas anteriores a una tormenta, la luna llena y los vientos procedentes de zonas secas. Las fuentes artificiales de iones positivos son: la radioactividad artificial, la contaminación atmosférica, el aire acondicionado, las fibras sintéticas, y las pantallas de ordenador, DVD y televisión (tubo de rayos catódicos).

En cambio, un lugar cargado de iones negativos aporta innumerables beneficios:

- Despeja la mente y provee un rejuvenecimiento físico y mental.
- Facilita la relajación.
- Provee alivio en enfermedades respiratorias, regula la tensión arterial y mejora el aparato digestivo.
- Aumenta la capacidad de reacción visual.
- Hace bajar el nivel de lípidos y de colesterol.
- Disminuye la agresividad y la ansiedad.
- Posee efectos analgésicos.
- Reduce las alergias.
- Permite recuperar la memoria.
- Limpia el aire de bacterias, humo, polen y polvo.

Encontramos los iones negativos en el aire puro de las montañas y las costas, en las plantas verdes y en la formación de pequeñas gotas de agua sometida a una fuerte agitación (lluvia, olas del mar o cascadas).

Para descargar los iones positivos y cargarse de negativos, se aconseja también caminar descalzo sobre la tierra, abrazar el tronco de un árbol o tomar una ducha.

La expresión corporal para modificar las jerarquías de inteligencias

Esta sección abarca una infinidad de actividades: los bailes tradicionales y folklóricos, las danzas del vientre, las circulares y toda clase de improvisaciones libres, espontáneas e intuitivas; las danzas que giran en espiral, las sagradas, y todo trabajo de liberación corporal y emocional a través del ritmo.

Cualquier tipo de danza ayuda a armonizar los hemisferios cerebrales, a equilibrar el cuerpo y a alimenta el alma y el espíritu. Todas las danzas sagradas son muy poderosas en este sentido. Por ejemplo, las de la Mexicanidad son particularmente interesantes y poderosas para «despertar» una conciencia holística ancestral.

Además, toda danza grupal crea un sentimiento de unión y amistad entre los participantes. Por un lado, permiten descargarnos de todas las tensiones y traumas emocionales a nivel celular, y por otro, reconectarnos con el ritmo de la vida y del universo. Facilitan que los niños y adultos conozcan mejor su cuerpo y se encuentren en armonía con él. Permiten que fluya la energía, lo que implica una mejor salud física y psíquica.

Danzas circulares en el Idejo

Viajamos por el mundo y por el tiempo.
Hacia fuera y hacia dentro.
El círculo es vehículo, nos desplazamos, nos transformamos.
Tomados de la mano, en ronda, danzamos.

Ann Burton nos relata:

> Bailando juntos nos curamos y curamos a nuestro planeta y descubrimos que es posible hacer lo mismo en nuestras vidas de todos los días... Danzando en estos círculos, podemos mejorar y enriquecer nuestras vidas, física, mental, emocional y espiritualmente, lo que complace a todos los que entramos en contacto; y aprendemos a comunicarnos de un modo más profundo y con mayor sentido que, en última instancia, es la única manera de mejorar y enriquecer el mundo entero.

Por su parte, Lena Strani, docente y focalizadora de las danzas circulares del Idejo, nos dice:

> Las danzas circulares llegaron al Idejo hace más de diez años y aquí encontraron un lugar donde anidar, crecer y desarrollarse. En este tiempo, compartiendo y ampliando nuestro círculo con niños, adolescentes y adultos de todas las edades, hemos danzado en escuelas,

> parques, calles y plazas, formando parte de esta red en expansión que nos invita a reconectarnos con lo simple, esencial y arquetípico y acceder a otras formas de comunicación más profundas y verdaderas.
> Danzando en círculo, «somos» uno y todos, alineándonos con el cielo y la tierra, dejando fluir nuestra energía cordial (que pasa por nuestro corazón) y conectándonos con lo humano más allá de todas las diferencias e ilusiones de separación. Nos contactamos con danzas tradicionales que provienen de culturas lejanas y también con coreografías modernas, celebrando la riqueza de la diversidad.

La expresión corporal en el Idejo

Arianna Fasanello comparte con nosotros otras prácticas de este singular centro educativo:

> En nuestro taller, el juego es el instrumento privilegiado para integrarnos. Jugar y divertirnos abre caminos de comunicación, libera nuestra imaginación y crecemos al crear juntos. Los seres humanos somos potencialmente capaces de comunicarnos a través de diversos lenguajes: literario, plástico, corporal y musical. Se trata entonces de redescubrir dichas posibilidades y trabajarlas como modo de enriquecer nuestra comunicación. Jugando juntos, cooperando y construyendo, nos relacionamos y nos vemos como personas y como grupo.
> El trabajo de conciencia corporal está siempre presente en nuestra búsqueda de una noción clara del propio cuerpo. Experimentar la diferencia de percepción entre un músculo en tensión y en relajación, o descubrir un objeto a través de un sonido o del olfato, son formas de conocer y aprender con todas nuestras capacidades. De esta manera las nociones y conceptos que hacemos conscientes, como el trabajo con planos, ejes y niveles para el uso adecuado del espacio, contribuyen a enriquecer el proceso y el «producto expresivo». Este tipo de abordaje supone comprender que los aportes

cognitivos enmarcados en una actividad expresiva favorecen los mecanismos de aprendizaje en otras áreas.

Os cuento una experiencia. En la sala, en la oscuridad, jugamos con linternas a construir ángulos sobre las paredes o el suelo. Los haces de luz nos guían para formar un triángulo con los compañeros. Desplazándonos, podemos formar triángulos equiláteros, isósceles o escalenos, construir cualquier figura geométrica y trabajar con volúmenes.

Este tipo de trabajo nos permite además valorar los distintos tipos de inteligencia que pueden manifestarse. Así, por ejemplo, un compañero que es «lento» en la resolución de los problemas matemáticos puede mostrar en el taller fabulosas capacidades para trabajar en equipo o para hacernos reír en una historia corporal. Descubriendo estas potencialidades se modifican las «jerarquías de inteligencias».

Y desde la sensibilidad... creando con nuestro cuerpo una danza, convirtiéndonos tal vez en el viento o la luna o en una semilla que crece, reflejamos nuestro mundo interno, compartiendo así la magia de transformarnos en nuestra obra.

Hacemos entonces expresión corporal para divertirnos, para desarrollar otras capacidades, para construirnos y construir, porque podemos crecer en nuestras formas de comunicarnos y, como dijo un alumno: ¡Porque sí!

Prácticas de relajación y visualización

Hay miles de ejercicios, entre los que pueden escogerse los más adecuados según la disponibilidad de tiempo y la inspiración del momento. A continuación ofrecemos solo unos ejemplos:

Relajación. Muy útil para los que se sienten tensos. Hay que acostarse con la espalda en el suelo y respirar naturalmente con el abdomen. Contamos uno e inspiramos; dos y, reteniendo el aire, tensamos los dedos del pie; tres y espiramos soltando la tensión. Y así sucesivamente con cada parte del cuerpo. Es necesario trabajar especialmente los hombros y la nuca, donde se acumulan más las tensiones. La natación, el yoga, el Chi Kung y el Tai chi pueden ayudar mucho a la relajación.

Visualización. Se procede a una meditación guiada por la voz, con o sin fondo musical. La persona que guía, visualiza y se deja llevar por la energía del niño o por la energía colectiva en caso de trabajo grupal. Con niños resulta más cómodo acostarlos en el suelo y pedirles que cierren los ojos. No hay que preocuparse si se agitan o parecen no concentrarse. Después de la meditación guiada, se sientan en el suelo en círculo y cada uno comparte su experiencia.

Ejercicios de respiración. Por ejemplo, de pie, respiramos mientras abrimos los brazos. Con los brazos estirados, mientras retenemos el aire, estiramos los dedos de las manos. Soltamos el aire bajando los brazos y relajándonos. Es muy positivo bostezar durante el ejercicio. Otro ejercicio muy fácil de realizar es la «respiración caminando»: cuatro pasos inspirando, cuatro pasos espirando. Poco a poco, ir aumentando el número de pasos. Algunos llegan a doce o más inspirando y a doce o más espirando.

Hay una infinidad de ejercicios de este tipo. Lo mejor es probar, practicar y utilizar lo que mejor funcione para uno mismo y para su grupo de niños.

Con los más pequeños se recomienda hacer primero ejercicios dinámicos, como bailar, dar volteretas o imitar animales (saltar como la rana, reptar como la serpiente, correr como el tigre, etc.) para que canalicen bien la energía. La relajación comenzará cuando empiecen a sentirse cansados.

El cuento, el trabajo con metáforas

El cuento es un instrumento maravilloso para trabajar con la imaginación, es decir, directamente con el hemisferio derecho. Permite expresar emociones de una manera interpersonal, en el sentido de que nos identificamos fácilmente con la historia y los personajes, sin necesidad de forzar la expresión de emociones ocultas.

El cuento es una fuente inagotable de metáforas y simbología. Los mitos y las leyendas despiertan la sabiduría ancestral y proveen la conexión con nuestras raíces. Estos son algunos «trucos» para preparar un cuento:

- Arregla con cuidado el rincón donde se desarrollarán los cuentos –con telas bonitas, velas, hojas, frutas, cáscaras de mandarina, flores, esencias que huelan bien, etc.–. Deja que los niños participen en la decoración.
- Nárralo tú mismo (es mejor utilizar la voz propia que una grabación) dejándote llevar por tu propia imaginación y sin expectativas.
- «Ve» lo que cuentas. Como todos los niños de ahora tienen algo de telepatía, van a «ver» el cuento que tú estás visualizando con el hemisferio derecho.
- Es importante utilizar todos los sentidos: descríbeles cómo huele en el cuento, qué se ve, qué texturas incorpora, qué se oye y qué se saborea en él.
- Haz uso del poder simbólico de los cuentos. Por ejemplo, Robin Hood es el justiciero y la verdad; el dragón y el dinosaurio, el potencial interior no canalizado; el lobo, el subconsciente y los nudos interiores; las casas y los castillos, nuestro interior; las hadas, seres de luz y de ayuda; el jardín, el corazón, los sentimientos, las emociones y el niño interior; las brujas y madrastras, nuestros miedos y bloqueos; la ropa, la energía y el aura; los abuelos, los sabios, guías y maestros; y las cuevas, la entrada a la psique.

Masajes para niños y jóvenes

Los niños y los jóvenes necesitan, para desarrollar la confianza en sí mismos y una buena relación con su cuerpo, el contacto físico y las caricias de sus padres. Dejando de lado los tabúes de la sociedad, se deberían realizar diariamente masajes a los niños, especialmente a los bebés y a los más pequeños, insistiendo en los pies. Se puede utilizar aceite de almendra. Hay muchas técnicas de masaje, pero lo más importante es establecer la confianza en el contacto físico, masajeando según nuestra intuición y dejándonos guiar por la persona que lo recibe. Puede ser un momento de intimidad, conexión, ternura y amor.

Musicoterapia, canto, sonidosofía, músico-ensamble

La música-enseñanza y la musicoterapia son la armonización de los diferentes cuerpos a través de la música. Los ritmos actúan sobre el equilibrio físico, las melodías trabajan la esfera emocional y la armonía ayuda a la parte espiritual.

Consisten en escuchar música, practicarla y cantar, así como trabajar con sonidos «puros». Las virtudes que esto nos ofrece son infinitas: relaja, pacifica, armoniza, conecta los dos hemisferios cerebrales, incentiva la imaginación, interioriza, sana y eleva el alma.

Existen técnicas de terapia vibracional, como el masaje con el *didjeridoo,* que trabaja, entre otros, a nivel osteopático, desbloqueando energía acumulada en los huesos. El *didjeridoo* es un instrumento australiano que tiene unos cuarenta mil años de existencia. Se construye con una rama de eucalipto roída en su interior por las termitas. *Didjeridoo* quiere decir «conexión con el espíritu». Emite el sonido de la Madre Tierra.

También son muy poderosos los cuencos tibetanos, que emiten una vibración en ondas alfa que permiten trabajar a nivel profundo tanto la parte física como la emocional y energética, del mismo modo que los cuencos de cuarzo y de cristal.

Trabajar con la propia voz es muy importante. Desbloquea el chakra de la garganta, y por lo tanto ayuda a las personas a decir lo que tienen que decir, a vencer su timidez y a fortalecer su autoestima.

Uno de los múltiples trabajos con la voz puede consistir en cantar el sonido de cada chakra, para armonizarlo y activarlo. Otra técnica con la voz,que es muy fácil utilizar con los niños, consiste en cantar las vocales (A, E, I, O, U). Así emitimos naturalmente sonidos armónicos que despiertan la autosanación.

Hay muchas otras técnicas de musicoterapia en todas las culturas y con todo tipo de música. El trabajo con la voz y en especial el canto es muy poderoso y sanador. Los indígenas Huaorani, de la Amazonia ecuatoriana, cantan sus emociones (su tristeza, sus resentimientos y sus alegrías).

Ejemplo de clases de sonidosofía en el Idejo

Dina Ricco nos cuenta cómo se utiliza la música en el Idejo en aras de la enseñanza:

> La música, indudablemente, toca lo más profundo de nuestro ser, y la llamada sonidosofía es una forma de escuchar la música consciente y libremente, dejando que llegue hasta donde cada uno lo permita, o hasta donde el placer de la escucha sea posible. Es una herramienta más para lograr concentración, para equilibrarse, para calmarse, para trabajar distendido y con la mente abierta.
> La música clásica es la ideal para esta tarea, y al escuchar en silencio y con los ojos cerrados intentamos «dibujar» la melodía, en la mente y en el aire. En la práctica:
>
> - Se escucha un fragmento, elegido especialmente, de una obra musical.
> - Se pone atención a la melodía, los instrumentos y la forma de los sonidos.
> - Se dibuja el sentimiento en caso de que estemos trabajando los sentimientos.
> - Se presenta la partitura.
> - Se practica.
> - Se disfruta todo el tiempo.
>
> La escucha se realiza cuando el trabajo de clase vuelve a comenzar, después de los recreos más largos, o cuando se necesita para

armonizar el momento. Es una forma diferente de meditación en la cual la concentración llega sola en medio del placer. Al practicar sonidosofía, además de los dibujos en el aire (exploración melorrítmica), se pueden introducir variantes, como tararear, cantar hacia fuera y mentalmente o agregar palmas en el momento justo.

El «Taller de Ensamble» del Idejo

Se trata de un espacio donde los jóvenes pueden experimentar lo que es hacer música en grupo, con muchos instrumentos y aprendiendo los distintos aspectos que constituyen la presentación de un espectáculo musical. También es un espacio de perfeccionamiento, ya que quienes integran este taller dedican muchas horas al año después de clase para preparar los temas. Fundamentalmente es un espacio donde los jóvenes pueden disfrutar de la música desde dentro.

En los distintos talleres de instrumentos que se realizan en el colegio desde el cuarto curso (guitarra, percusión y teclado), se fue haciendo evidente que nuestros alumnos aprendían más rápido de lo esperado, algunos de ellos logrando un nivel muy alto en muy poco tiempo.

El «Taller de Ensamble» surgió casi naturalmente como una necesidad de poder brindar a nuestros estudiantes un espacio donde seguir profundizando en el aprendizaje musical y donde pudieran encontrarse con un reto acorde con sus capacidades. Está abierto a los alumnos del colegio, aunque también participan exalumnos. Coordinan este taller los profesores de los distintos talleres de instrumentos.

Esta propuesta, que se ha venido realizando desde hace ya varios años, consta de espacios de música desde preescolar. Se desarrollan diferentes actividades en los distintos niveles, buscando objetivos que se correspondan con la edad del estudiante, abordando la música desde lo lúdico, lo teórico y lo práctico y transitando de espacios de escucha a espacios de creación. Se incluyen clases teóricas, talleres de murga, asistencia a conciertos o visitas de músicos al colegio. Todo esto facilita un contacto amplio y diverso, lo que permite lograr una comprensión cada vez más profunda del fenómeno musical.

Brain Gym o gimnasia cerebral

La especialista en *Brain Gym* Patricia Sahade, de Argentina, nos comenta:

> Brain Gym es una técnica creada por el doctor Paul Dennison basada en la íntima relación existente entre el desarrollo del cerebro y el movimiento corporal. El doctor Dennison ha tenido la habilidad de encontrar la manera de resolver bloqueos en temas como lateralidad, concentración, organización o comprensión, a través de la utilización de movimientos corporales muy simples.
> En realidad los ejercicios que propone son tan sencillos que los resultados que se logran muchas veces parecen mágicos. El trabajo está enfocado hacia la liberación de bloqueos energéticos que puedan estar impidiendo que las capacidades innatas se manifiesten. Lo que logra en definitiva es que aquellas tareas para las que se requería esfuerzo excesivo puedan realizarse con facilidad y fluidez.

Por lo general, cuando se piensa en dificultades de aprendizaje, aparece la idea de que existe algún problema en la conexión entre los hemisferios cerebrales. Efectivamente, esta situación, que afecta a la comunicación entre la parte lógica y la parte intuitiva de la corteza cerebral, es de enorme importancia tanto en el aprendizaje escolar como en la vida en general. Todo tipo de dislexia tiene que ver con esto.

Sin embargo, estos no son los únicos bloqueos que se deben tener en cuenta. Es muy frecuente que existan bloqueos entre otras áreas del cerebro. Por ejemplo, puede estar bloqueada la comunicación entre la corteza cerebral (constituida por los dos hemisferios) y la parte que se ocupa de la supervivencia. Esto ocurre habitualmente en situaciones de estrés. Una persona estresada no puede aprender porque no tiene acceso a los lóbulos frontales de su corteza cerebral.

Por otro lado, también puede estar bloqueada la comunicación entre la corteza cerebral y la parte del cerebro que procesa las emociones. Cuando alguien está inmerso en una emoción intensa, tampoco puede fluir a sus lóbulos frontales y en consecuencia no puede rendir en un examen.

Los ejercicios que ofrece Brain Gym pueden volver a encauzar la energía bloqueada, proporcionando un alivio muchas veces inmediato. Los niños sufren habitualmente por dificultades de adaptación al medio y por su alto grado de sensibilidad. Por este motivo son propensos a generar bloqueos energéticos en sus sistemas mente-cuerpo.

Es muy importante que puedan realizar una actividad física sistemática para permitir que su organismo se vaya reequilibrando. Algunos casos puntuales pueden requerir de la ayuda de un facilitador de Brain Gym, pero aun en esos casos trabajar con un bloqueo en particular requiere solo unas pocas sesiones.

El movimiento ancla el pensamiento

Esta idea indica que para «fijar» un pensamiento debe haber movimiento. Hay quienes refieren que piensan mejor corriendo, nadando, afeitándose o incluso masticando algo.

Observamos que muchos de los niños con un alto nivel de inteligencia presentan problemas de aprendizaje y un bajo rendimiento académico. Los factores que pueden introducir bloqueos que interfieren en el aprendizaje o que lo inhiben son múltiples. Generalmente tienen que ver con el estrés producido por motivos diversos, como las expectativas parentales y sociales, la falta de creatividad en las actividades escolares, la competencia impuesta, el sentimiento de no ser respetado o valorado y la falta de movimiento y de fijación visual (consecuencia del exceso de televisión), así como ciertos factores nutricionales como demasiados carbohidratos y azúcares.

Un ejemplo de ejercicio de Brain Gym

Permanecer en la siguiente posición durante un minuto aproximadamente: los pies cruzados, los antebrazos cruzados y los dedos de las manos entrelazados. Mientras tanto, los ojos recorren diferentes posiciones , mientras la punta de la lengua está colocada en el paladar. Cambiar luego el cruce de pies y antebrazos y permanecer así durante otro minuto.

Este es un ejercicio excelente para lograr la concentración. Centra las emociones, aumenta la atención, disminuye la hipersensibilidad y mejora el autocontrol y la conciencia de los límites. Es ideal para centrarse y concentrarse antes de iniciar alguna actividad y también cuando uno está alterado emocionalmente.

Cocinar es practicar alquimia

Cocinar constituye una manera estupenda de reforzar la conexión del niño con los elementos de la Tierra. Permite desarrollar el gusto, el olfato y el tacto. Lo familiariza con el proceso de elaboración de un alimento y lo involucra más en la realidad cotidiana. Es importante dar las clases de cocina a ambos sexos (ayuda a disminuir el machismo) e incentivar que los mismos alumnos ayuden a cocinar.

Cocinar cultiva la fantasía y la imaginación para inventar y combinar platos, además de trabajar las matemáticas (proporciones, fracciones, multiplicaciones y divisiones) y las medidas (litros, kilos, etc.). Es interesante que sepan cocinar platos de otras culturas, para abrirlos a sabores diferentes, a la geografía y a otras realidades sociales. Además, ¡les encanta! Si se cocina, por ejemplo, comida china, se puede comer con palillos, poner música china, buscar el país en un atlas, ver una película china, realizar danzas chinas con la ropa típica, etc. ¡Todo eso a raíz de un plato!

Contacto con la naturaleza

Para los niños y jóvenes se recomienda un contacto diario o lo más frecuente posible con la naturaleza. Esto los equilibra, los llena de sana energía y asegura un buen sueño por la noche.

Se puede organizar una infinidad de actividades extraescolares, como:

- Ir a las cascadas, lagos, bosques, montañas, etc.
- Organizar picnics.
- Dibujar las flores, el bosque o el paisaje.
- Abrazar árboles.
- Llevar a cabo trabajos colectivos de limpieza del bosque.
- Prestar atención a todos los sonidos.
- Jugar con la tierra.
- Cantar y bailar.
- Visitar lugares sagrados, zonas arqueológicas y patrimonios culturales.
- Hacer rituales (dibujar un círculo y cantar y bailar dentro, saludar al sol y hacer ofrendas a la Tierra).
- Construir tipis y cabañas.
- Hacer fogatas (siempre respetando las normas de seguridad).
- Estar en silencio.
- Sentir el sol y el viento en la piel. Conectarse con el sol a través de un «cordón etéreo» que sale del ombligo.
- Ir a ver las estrellas de noche.
- Ir en canoa, en barco, en una balsa o nadar.

Para los que viven en apartamentos:

- Cultivar plantas en macetas.
- Tener mascotas fáciles de criar: un hámster, peces, etc.
- Tener una colección de palos, hojas secas o piedras.
- Colocar cuadros bonitos de la naturaleza en las paredes.
- Colgar un cuadro inspirador y tranquilo frente a la cama.

La importancia del agua

El contacto con el agua es importante. En la bañera se puede echar una cucharada de sal y esencias florales relajantes al agua del baño. Siempre que sea posible, hay que visitar lagos, ríos, el mar, etc.

El doctor Masaru Emoto, en su libro *Mensajes del agua*, demostró que el agua responde a la intención humana. El investigador japonés afirma:

La voz, los pensamientos y las emociones humanas pueden alterar la estructura molecular del agua. El agua es el cargador universal de información y no solo de información sino también de sentimiento y conciencia, reaccionando a cualquier mensaje. Toda la información que alberga la estructura se hace visible cuando se fotografía una gota de agua en estado de congelación.

Hay varias maneras de «cargar» el agua con «vibraciones» más altas y más saludables para la salud de las personas. Entre otras, citamos las siguientes:

- Podemos hacer un elixir para beber, poniendo cristales limpios en agua mineral o de manantial (la del grifo, al estar tratada, no se carga bien) y dejar que se «cargue» toda la noche con la piedra adecuada según lo que se desee: cuarzo, amatista, cuarzo rosado, calcita, etc.
- Se puede echar pétalos de rosas en el agua (una rosa que no esté contaminada con pesticidas) y elaborar «agua de rosas» para beber.
- Se puede cargar mental y espiritualmente, con intenciones positivas y amor.
- Se puede cargar colocando una foto bonita o una palabra específica escrita debajo del recipiente de agua (debe ser un recipiente de vidrio bien transparente).
- Se puede sacralizar haciendo una meditación, recitando una plegaria o unos mantras o cargándola de reiki.

Se puede beber esta agua, cocinar con ella, darla a las mascotas, regar las plantas, echarla a los ríos o en la bañera, y añadir varias cucharadas a todos los líquidos que utilicemos (té, caldos, zumos, etc), porque pasa sus propiedades a los demás cuerpos líquidos con los que entra en contacto.

La meditación, un camino hacia sí mismo y hacia el otro

Con unos minutos diarios de armonización y centramiento, «habitamos» mejor nuestro cuerpo, adquirimos un tono muscular más distendido, mejoramos el sistema inmunitario al bajar el nivel de estrés, frenamos nuestra mente y descubrimos el valor del silencio, aumentamos la sensibilidad y desarrollamos la intuición, mejoramos la memoria y la concentración, aprendemos a estar en el presente, nos conectamos con nuestra fuerza y poderes personales, controlamos nuestra ansiedad y hacemos surgir cualidades más altruistas como la compasión, el servicio, la solidaridad, etc.

¿Por qué incorporar la meditación en un centro de enseñanza?

- Contribuye al bienestar y el buen fluir de los grupos, armonizando las energías dispersas y fortaleciendo una «energía grupal».
- Pone a todos los integrantes del grupo en una «misma sintonía» para comenzar la actividad.
- Baja el nivel de ansiedad y mejora la disponibilidad de todos.
- Provee un ambiente distendido y cómodo.
- Permite fluir con menos violencia y mayor aceptación de las situaciones en conflicto.
- Surgen fuerzas colectivas que promueven acciones más solidarias.
- Se confía en el «poder sanador» que se manifiesta en los grupos. Al desarrollar una frecuencia vibratoria similar, las dificultades se pueden enfrentar e incluso resolver con mayor confianza.

Encontrar nuestro centro con el Yoga

La palabra «yoga» proviene de la raíz sánscrita *Yuj*, que significa unión, vínculo y reintegración. De ahí surge uno de los objetivos principales de esta práctica: realizar una buena integración entre cuerpo, mente y espíritu, además de lograr la unión entre la conciencia individual y la conciencia cósmica.

Partiendo especialmente de ese valor de «integración», se eligió incorporar el yoga a la propuesta del Idejo. Dada la ausencia de modelos de «yoga institucional», desde el comienzo el centro ha buscado instructores con mucha creatividad y flexibilidad para hacerlo atractivo y adaptado al niño occidental, poco acostumbrado a espacios de silencio e introspección. A pesar de que trabajamos con una gama amplia de edades (entre los tres y los dieciséis años), podemos establecer un esquema común en todas nuestras clases de yoga:

La búsqueda del «centramiento». El primer objetivo es lograr que los chicos capten que se trata de un espacio donde se «frena» el ajetreo. Comenzar las clases de yoga implica para ellos «cambiar de sintonía», y se utilizan consignas tales como: «Tratamos de ubicarnos en otro ritmo» o «Este es el salón del silencio». La forma de centrarse varía según las edades y el momento. Puede ser a través de ejercicios de respiración profunda consciente, con automasajes o con una atención especial al silencio. En todo momento las consignas conducen a mejorar la «atención al presente» y la concentración.

Las propuestas corporales. Aunque las *asanas* o posturas corporales son importantes, no exigimos una perfección que provoque rechazo. Aquí lo más importante es la calidad del ejercicio y la percepción de su cuerpo que cada uno va logrando. Con los más pequeños, las posturas forman parte de juegos o cuentos. Se insiste bastante en los ejercicios de flexibilidad para que desarrollen una conciencia corporal de sus posibilidades de movimiento, tensión y relajación.

Respiración. Gran parte de nuestras molestias físicas y de nuestros trastornos mentales y emocionales tienen que ver con nuestra respiración. Cuando es profunda, alimenta y limpia nuestro sistema. El aire impregnado de *prana* (energía vital) va estableciendo la comunicación entre el exterior y el interior, sintonizando al hombre con el ritmo del universo. La respiración profunda y consciente constituye un gran aporte del yoga al cuidado de la salud: alimenta y purifica el cuerpo, fortalece las autodefensas frente a las enfermedades, calma las emociones, relaja y sosiega los nervios, y estabiliza y serena la mente.

Masajes. Se procura que la práctica del yoga no encuentre su única finalidad en «estar bien con uno mismo», sino que también aporte una rica armonía grupal donde los afectos circulen más libremente. Por eso se ha incorporado a la clase de yoga una valiosa herramienta: los masajes, empleando especialmente la digitopuntura. Cuando dos personas se conectan a través de un intercambio de masajes, aprenden a dar y a recibir, a prestar y obtener apoyo, a producir bienestar y aceptar el bienestar que ofrece el otro.

Relajación. Se puede decir que es la parte más importante de la clase. En realidad todo lo demás es una preparación para ello. Con frecuencia las enfermedades corporales se deben a la intranquilidad de la mente. Muchas dolencias tienen su origen en estados mentales, resultantes de conflictos emocionales como el miedo, la ira, la envidia, etc.

Edith Martinera asegura:

> Yo no puedo controlar la velocidad, el vértigo de la época en que vivo; pero sí puedo utilizar recursos para aliviar la tensión que todo esto produce en mí. Solo así podré dar mejores respuestas a mi situación personal y a la del entorno en que vivo.

Kárate, el camino de la mano vacía

El kárate es, ante todo, un arte. Quien lo practica y lo entiende como tal, sabe que su lema principal es la no violencia, aunque parezca una contradicción.

El objetivo de esta disciplina es perfeccionar el carácter de quien lo practica, alcanzar un dominio corporal y mental, sin olvidar que es una excelente opción cuando la vida o el honor están en peligro, pero siempre teniendo en cuenta de que si se llega al extremo de verse obligado a utilizarlo, es porque no fuimos lo suficientemente sabios para evitar que el enfrentamiento se generara.

La práctica del kárate fortalece el cuerpo y eleva el espíritu, buscando un equilibrio entre los aspectos que definen al hombre como ser integral.

En el aspecto biológico, es ideal para lograr una excelente aptitud atlética, desarrollando fuerza, ligereza, flexibilidad, resistencia, coordinación y resistencia. Quienes practican este arte tienden a un correcto desarrollo del aparato cardiovascular, aumentan su capacidad pulmonar y disminuyen la frecuencia cardiaca y el riesgo de enfermedades del corazón.

En el aspecto psicológico, por medio del autoconocimiento, se busca desarrollar la confianza, ya que brinda a quien lo practica seguridad en sí mismo, así como una mayor claridad para descubrir sus limitaciones y virtudes.

En el aspecto social, como resultado del equilibrio entre lo psicológico, morfológico, fisiológico y funcional, el karateka es un ser capaz de controlar su vida y sus relaciones con los demás, lo que hace que resuelva determinadas situaciones de forma efectiva con un marcado espíritu de lucha y superación personal.

El cuerpo emocional y la terapia floral

Vale recordar los excelentes resultados obtenidos con la terapia floral, aplicada a pequeños y mayores, precisamente porque trabaja, en esencia, sobre los estados emocionales, psíquicos y espirituales, modalidades caracterológicas y enfermedades físicas. A cada persona le corresponde una flor o un conjunto de flores según su estado. Se toman cuatro gotas, de cuatro a ocho veces al día, una manera muy fácil de administrar a los niños.

Hoy en día hay varias escuelas de terapia floral, como la de Bach, la de Bush (australiana) o la de California. Muchos terapeutas también han desarrollado esencias de flores locales con excelentes resultados.

Las flores de California están indicadas para las dolencias de origen emocional, psíquico, parapsíquico y espiritual. Son excelentes para los niños y jóvenes del tercer milenio y trabajan en profundidad en los niveles más sutiles del individuo.

El poder de la relajación para mejorar y propiciar conductas asertivas

Se trata de una iniciativa desarrollada en el colegio público Francisco de Goya, de Málaga (España), desde hace unos cinco años.

Detectadas las carencias de infraestructura del Centro, la fuerte contaminación acústica, las malas posturas de los alumnos al escribir, el estrés manifestado en profesores y alumnos, la agresividad entre los estudiantes, la conflictividad en las relaciones entre iguales, las agresiones dialécticas, las reiteradas faltas de respeto, la intolerancia, la impulsividad y la falta de control emocional –propias no solo del alumnado de este centro, sino de la mayoría de los alumnos de hoy día–, el maestro Domingo Ferrero y posteriormente todo el centro se plantean establecer pautas de acción encaminadas a mejorar las relaciones interpersonales, que sustituyan la conducta agresiva por una conducta asertiva que potencie y desarrolle la convivencia, el respeto, la tolerancia y la empatía entre los alumnos, además de posibilitar la generalización de esa conducta hacia las propias vivencias tanto intra como extraescolares.

Se puso en marcha en el centro un proyecto de modificación de conducta mediante la relajación. Al profesorado se lo formó en los conocimientos y habilidades necesarios para poder poner en práctica el proyecto:

- Adquisición de conocimientos sobre la relación mente-cuerpo.
- Adquisición de conocimientos sobre:
    - Relajación.
    - Relajación progresiva (Jacobson).
    - Entrenamiento autógeno (Schultz).
    - Sofrología (Caicedo).
    - Respuesta de relajación (H. Benson).

- Realización práctica de actividades de relajación.
- Adquisición de conocimientos sobre relaciones interpersonales.

Los objetivos que se están consiguiendo en el alumnado son, entre otros, que:

- Los estudiantes aprendan a eliminar tensiones físicas
- Se potencien los procesos de atención y concentración, así como la ejecución de mensajes verbales y no verbales precisos.
- Se desarrolle la capacidad de escucha y silencio, así como la toma de conciencia de las propias sensaciones corporales.
- Los alumnos observen las propias emociones y sentimientos y tomen conciencia de ellos.
- Se facilite la respuesta de relajación por parte de los alumnos mediante la realización de una actividad lúdica.
- Se potencie el desarrollo de la imaginación y la visualización.
- El alumnado tome conciencia de quiénes son como individuos (su cuerpo, sus emociones, etc.) y como personas sociales.
- Aprendan a armonizarse consigo mismos y con el entorno.
- Encuentren fácil la resolución positiva de los conflictos.

El profesorado ha elaborado interesantes materiales curriculares tratando de converger la relajación con las actitudes, los ejes transversales de la educación, la educación en valores, las conductas sociales y las distintas áreas del currículo.

Se está llevando a cabo en sesiones de diez minutos al comenzar las clases todos los días con un éxito muy notorio, lo que ha despertado un interés enorme hacia esta técnica y ha contribuido a que los padres del centro hayan solicitado poder practicarlo en horario extraescolar.

PARTE 6

COMPROMISO MUNDIAL EN FAVOR DE LA EDUCACIÓN DE LAS NUEVAS GENERACIONES DE NIÑOS Y JÓVENES

19

Instaurando una nueva educación para una nueva civilización

La Nueva Civilización será la más libre, pacífica, evolucionada y creadora de todas.

¿De qué valdría disponer de la más precisa y completa información sobre los niños y los jóvenes del nuevo milenio, si los padres, los educadores y los líderes sociales responsables de facilitar su desarrollo e integración en el nuevo mundo no estuvieran preparados, no fueran lo suficientemente evolucionados o no tuvieran el interés y la determinación de estarlo para ofrecerles el amor, la calidad y la excelencia en la educación que ellos demandan y necesitan?

Se está creando un nuevo mundo mientras se desintegra el actual y ya no hay más tiempo para discursos, teorías, investigaciones, informes y recomendaciones que nadie aplica. Es el momento de plasmar ¡ahora! todo lo que sabemos e intuimos acerca de la nueva Educación y de la nueva civilización, en una acción sabia e inteligente, precursora y creadora, porque lo tenemos todo para hacerlo con la calidad y la excelencia requeridas.

La nueva educación acuariana está naciendo, y su desarrollo y posterior consolidación a nivel mundial son tan inevitables como irreversibles. Por tal razón, nada ni nadie podrá impedir que esas almas altamente evolucionadas que están llegando cumplan con el sublime propósito por el cual se están manifestando en este plano: dar vida a la nueva civilización, que será la más libre, pacífica, evolucionada y creadora de todas cuantas hayan existido.

Las nuevas escuelas, institutos y universidades se están creando cada vez a mayor velocidad y con una gama cada vez más amplia y diversa de métodos educativos y de tecnologías de la comunicación, que terminarán desplazando completamente a las que no hayan experimentado la transmutación requerida.

Estos centros estarán dirigidos por y para grupos pequeños, y quizá nunca lleguen a tener las dimensiones y características de las «megainstituciones» del pasado y del presente. Todos los precursores, inevitablemente, serán individuos y grupos evolutivos libres e interdependientes y muy comprometidos con la mejora del ser humano. Los gobiernos de la mayoría de las naciones, por razones obvias, serán los últimos en asumir e impulsar la práctica de tales métodos, sistemas y tecnologías. Y no lo harán tanto por voluntad propia como en respuesta a la presión ejercida por líderes creadores en todo el mundo.

Internet y todas las tecnologías de la comunicación asociadas a él ejercerán un papel decisivo en la universalización del cambio en la educación, al extremo de que ya existen naciones que a partir del año 2007 han basado la educación en los tres niveles, así como la educación para educadores, en este medio.

En el polo opuesto, se ubican decenas de gobiernos totalitarios y cientos de políticos con visiones egocéntricas y retrógradas en varios países en desarrollo, que constituyen una amenaza de exclusión definitiva para millones de seres, que se verían impedidos para ingresar en el mundo digital, con sus ominosas consecuencias.

Para compensar esta realidad, el Proyecto Internacional del Media Lab del MIT «Un niño, un ordenador» ya comienza a implementarse en las primeras siete naciones que lo aprobaron, con lo cual, si la elaboración de programas es lo suficientemente rápida, diversa y expansiva, en muy poco tiempo y contando con la ampliación a otras naciones, cientos de millones de niños de todo el mundo estarán evolucionando en tiempo real, desde ciudades, pueblos, montañas y regiones tradicionalmente aisladas, ya que la conexión inalámbrica a Internet les permitirá estar educados e integrados en el mundo digital, tal y como su principal impulsor, Nicholas Negroponte, soñó, difundió y logró que se plasmara en la realidad.

La mayoría abrumadora de estos padres, abuelos y maestros actuales no está preparada para entender las causas profundas del fenómeno global que constituye la llegada de estos niños y las exigencias educativas que ello supone. Como tampoco lo están para relacionarse constructivamente con ellos, por lo cual también resulta imperativa la creación de escuelas e institutos de última generación para la educación intensiva y extensiva de padres y educadores de todo el mundo.

La Creatividad Total –fruto de la sinergia entre Creatividad, Innovación y Creación– será el principal factor de diferenciación entre las prácticas individuales y grupales de la antigua y la nueva civilización, hasta el extremo de que llegará a convertirse en la prioridad de la inversión de tiempo y de dinero.

El liderazgo creador, ese liderazgo grupal que siempre han practicado y practicarán los auténticos precursores, ejercerá un rol decisivo en el impulso inicial, así como en el desarrollo y consolidación posteriores. La inteligencia y la sabiduría del espíritu aplicadas a la vida diaria completan esta trilogía de temas clave en los que educar y entrenar a padres y educadores promete la formación de una sinergia de un poder creador y constructivo ilimitado.

La nueva educación es y será una educación para la vida

Esto quiere decir que antes que profesionales y técnicos, formará a mujeres y hombres conscientes de la entidad que representan, del ser que expresan y del Todo que los contiene e integra. Esto los facultará para convertirse en ciudadanos cultos y responsables, con un sentido de la libertad y de contribución individual y grupal en un mundo en constante transmutación, hacia niveles de vida con exigencias, amenazas, oportunidades y resultados superiores a todo lo conocido.

El nuevo mundo de unidad, orden y belleza que estos niños han venido a crear junto a los adultos más evolucionados de la civilización anterior, ya está en marcha y se irá manifestando de forma cada vez más amplia, cualificada y diversa, mientras se desintegra el actual.

Los nuevos líderes y educadores no invertirán sus energías y su tiempo en discusiones estériles con los defensores del statu quo o con los llamados «expertos» que todo lo saben sobre el pasado, pero que son incapaces de intuir o de poner en marcha una idea constructiva e innovadora. Esa poderosa minoría de individuos creará nuevas escuelas para facilitar y potenciar aún más la expansión de la conciencia, el refinamiento de su pensamiento y la poderosa energía en acción que liberan los niños y jóvenes actuales. Y esto se hará no solo con el propósito de que se conviertan en personalidades integradas o en ciudadanos responsables, sino para que, además, estén en condiciones de materializar acciones evolutivas que permitan la creación simultánea de la nueva economía para la vida, de las nuevas empresas creadoras y de las nuevas comunidades.

La convergencia energética entre los viejos y los actuales tiempos genera un período caracterizado por transmutaciones, amenazas y oportunidades que conllevan destrucción y creación a gran escala, porque estas poderosas nuevas energías activan tanto a las fuerzas involutivas que se aferran al pasado como a quienes trabajan por la instauración de lo nuevo y superior.

Este es el mejor momento para decirles ¡sí! a la transmutación, al cambio y a la mejora, ¡sí! a la vida. Para aprehender los fenómenos que conllevan estos cambios de era (que generan hechos que resultan imposibles de comprender y de aceptar para quienes están centrados en la mente concreta), es preciso integrar ambos hemisferios cerebrales y abrir la mente superior y el espíritu a nuevas formas de conocimiento, como la intuición.

Seguidamente te ofrecemos una síntesis comparativa de lo que generó la era anterior y de lo que generará la actual, sabiendo que el paso de una a otra es lento, progresivo y de larga duración:

- De una educación sectaria, competidora y separatista, pasaremos a una nueva educación abierta, integradora y creadora de unidad en la diversidad.
- Del predominio de la autoridad basada en el cargo, accederemos al ejercicio del servicio por calidad humana y excelencia de contribución en las actividades públicas y privadas.
- De la confusión, el miedo y la prescindencia, avanzaremos hacia la claridad, la determinación, el coraje y la efectividad en la acción individual y colectiva.
- De la cristalización de ideales y de formas, pasaremos a gozar de la evolución superior.
- De la ignorancia, llegaremos al conocimiento, y de ahí a la sabiduría.
- De la irresponsabilidad colectiva, saltaremos a la autorresponsabilidad y a la responsabilidad grupal por y para la vida.
- La confrontación y la agresividad serán sustituidas por la colaboración y la inofensividad inteligente y compasiva.
- Del totalitarismo y de la imposición de dogmas, pasaremos a la libre elección y expresión de la justicia y la verdad.
- La competencia agresiva y depredadora será reemplazada por la colaboración inteligente y la integración solidaria.
- De un enfoque machista y excluyente, iremos a una participación mixta e incluyente.
- Del «yo», pasaremos al nosotros en la acción local –familia, escuela o universidad, empresas, instituciones, comunidad o nación– con conciencia de totalidad y en servicio a la evolución del Todo.
- De una organización social cerrada y excluyente, pasaremos a otra abierta e inclusiva.
- En lugar de una centralización política, económica y social que excluye y margina, lograremos una descentralización inclusiva e integradora.

- De una visión materialista, basada en la competencia agresiva y depredadora, pasaremos a otra espiritual, solidaria, participativa y creadora.
- Olvidaremos el liderazgo individualista, corrupto y depredador, y le daremos la bienvenida al liderazgo creador que estimula la creación individual y la coordinación grupal basada en la libertad, la integridad, las relaciones creadoras y constructivas, la efectividad y la unidad de propósito y de acción grupal a favor del bien común.
- Del predominio de la mente inferior y concreta, llegaremos al predominio de la mente superior, nexo con el alma.
- De exigir derechos, pasaremos a cumplir nuestras responsabilidades individuales, grupales, comunitarias y mundiales.
- Dejaremos a un lado la democracia representativa, corrupta y cerrada, y abrazaremos una democracia abierta, mixta y directa.
- De la corrupción y la traición sistemáticas en el gobierno de los asuntos públicos y mundiales, nos elevaremos a la probidad y el logro de una prosperidad compartida y felicidad para los pueblos.
- En lugar de a la mentira y la hipocresía institucionalizadas, daremos prioridad a la verdad y la transparencia en los asuntos de interés público y mundial.
- Del derroche irresponsable, pasaremos a la austeridad digna en el manejo de los recursos públicos y privados.
- Antes que la explotación inmisericorde, preferiremos el servicio altruista.
- De una visión miope y autocentrada, pasaremos a una visión holística e integradora.
- Olvidándonos de la destrucción de naciones enteras mediante la especulación, la extorsión y el robo, lograremos la construcción de una nueva economía para la vida, basada en la equidad, la cooperación y la prosperidad compartida.

- De la independencia de criterios y de acciones en individuos, grupos y naciones, pasaremos a la interdependencia creadora y responsable.
- De la tensión y la intranquilidad constantes, nos elevaremos a un estadio en el que la tensión propia del desarrollo evolutivo convivirá con la armonía que es la esencia de la verdadera paz.
- De la confrontación, la separatividad y la división entre las naciones, pasaremos a construir la unidad planetaria, basada en la convivencia pacífica, la integración y la cooperación sabia e inteligente.
- En lugar de acaparar para una minoría codiciosa y agresiva, compartiremos los recursos del mundo según el propósito divino, con equidad y sin exclusiones.

Si te estás preguntando cómo podrían cumplirse tantas transmutaciones y creaciones, cuando la evidencia muestra precisamente que se está yendo en la dirección opuesta, el resumen que te ofrecemos a continuación te permitirá comprender mejor las razones profundas de lo que fue y de lo que vendrá.

Las familias verdaderamente comprometidas con el futuro están y estarán integradas por padres plenamente conscientes de la maravilla de seres que han engendrado o adoptado, y gozosamente dispuestos a contribuir a que esas almas experimenten la máxima plenitud de vida posible, desde el instante mismo de su incorporación al núcleo familiar hasta el momento en que sean libres y estén preparados para ser ciudadanos responsables.

Las bases de la nueva democracia abierta y mixta y del liderazgo creador todavía no se enseñan en las escuelas, pero están naciendo en estas auténticas familias, para extenderse luego a todas las áreas sociales. A diferencia de los centros educativos actuales, en los que aún rige el modelo separatista y competidor, las auténticas escuelas, institutos y universidades trabajarán alineados con las familias para integrar a los niños, adolescentes y jóvenes en el nuevo mundo que se está construyendo desde sus propios hogares.

Damos prioridad absoluta a la familia en el análisis de los temas más importantes en el presente y en el futuro para los niños, los adolescentes y los jóvenes de las nuevas generaciones porque en el seno familiar se crean o se destruyen las mejores posibilidades evolutivas para esos seres.

La deserción parcial o total de los miembros principales en millones de familias y el escaso tiempo disponible para hacerse cargo de los hijos, además de la pobreza que afecta a más de la tercera parte de la humanidad, condicionan de modo dramático la educación y el amor que una enorme cantidad de niños, adolescentes y jóvenes deberían recibir en sus hogares, dejándolos en inferioridad de condiciones para enfrentar las exigencias educativas, sociales y laborales.

Esas realidades inciden en que la familia no cumpla con el insustituible rol de primera y última educadora que es y que debe ser en al menos dos o tres de cada cuatro hogares de todo el mundo. Obviamente, esa situación de partida para millones y millones de niños no constituye el mejor precedente para que la educación formal complemente la tarea de dotarlos de las mejores condiciones para desenvolverse dignamente y con capacidad para ser creativos, innovadores y creadores en la vida.

La educación formal es importante para cualquier ser humano, pero la formación en valores, principios y convivencia a través de relaciones constructivas, aprendidas mediante el ejemplo y la experiencia compartida en un ambiente marcado por el amor y el respeto, es absolutamente trascendente, y ningún otro ámbito organizacional o social podrá proveer de las oportunidades y particularidades que son inherentes a la familia.

Lo que resulta fundamental para la economía cuenta con centenares de oportunidades educativas, pero lo que resulta trascendente para la vida no dispone de opciones valiosas y accesibles para su ejercicio en la práctica diaria. Aquello que finalmente redundará en la felicidad y en el futuro de todos los niños, adolescentes y jóvenes del mundo queda de ese modo librado a la buena fortuna, al sentido común y a las eventuales buenas experiencias realizadas por algunos padres y educadores.

Existe una oportunidad histórica para los auténticos líderes de crear esas redes de escuelas, institutos y hasta universidades especializadas en educación y entrenamiento para padres y educadores.

Si los niños son concebidos o adoptados consciente y amorosamente, si nacen y se desarrollan atendidos consciente y amorosamente también y se los educa en libertad y con responsabilidad como individuos integrados e integradores en diferentes organizaciones, grupos sociales, comunales y nacionales... y si se sienten parte de un todo mayor del cual salen y hacia el cual van, y por cuya evolución también se sienten responsables, ¿cómo no vamos a avanzar, a dar vida durante este siglo XXI al nuevo mundo de unidad, orden y belleza?

20

Compromiso con una educación universal y para la vida

Nos parece prudente comenzar aclarando qué entendemos por «educación universal» y qué entendemos por «educación para la vida».

Obviamente, sabemos que la educación en Etiopía es diferente a la que se ofrece en Canadá, y que la que se imparte en Bangladesh no es la misma que la que se prodiga en Corea del Sur, así como la de Bolivia es distinta a la de Francia, por razones culturales, políticas, económicas, religiosas y militares, entre otras. Pero existe algo vinculado a la esencia del ser humano y a la esencia del universo físico cósmico que no cambia ni cambiará y que debería facilitarse a todos los individuos y grupos en su condición de personas. A eso es a lo que llamamos «educación universal». A algo que debería proporcionarse en Oriente y en Occidente a todo ser humano y en todo el mundo.

Muchos padres y educadores aún no han alcanzado el nivel evolutivo de las almas de sus hijos y alumnos. ¿De qué manera podrían estar a la altura del desafío para poder inspirar y facilitar su propia evolución y la evolución grupal de esos niños?

Nuestro futuro como humanidad depende de que conozcamos, comprendamos y respetemos las leyes universales que gobiernan toda la vida del universo. En lugar del inmenso dolor acumulado por la ignorancia, disfrutaríamos el gozo inmenso producido por la inteligencia y la sabiduría del Espíritu. En lugar del miedo a la muerte, tendríamos la comprensión de la continuidad de la vida. En lugar de las luchas feroces, de la competencia suicida y de la violencia física y psicológica en las que transcurren millones de vidas, gozaríamos de la cooperación, la integración, el compartir, la justicia y la equidad en nuestras relaciones personales, grupales, sociales y mundiales.

En lugar de la angustia y la depresión como males mundiales, nos regocijaríamos en la alegría y la armonía reflejándose en nuestros rostros. En lugar de la astucia, el cinismo, la hipocresía y la corrupción instaurados en la gestión de los negocios y de los gobiernos, nos beneficiaríamos de la inteligencia, la verdad, la integridad y la transparencia generando formas y calidad de vida superiores a las jamás conocidas.

En lugar de estar entrampados en la búsqueda desenfrenada de la «felicidad» perecedera que proporciona la materia, gozaríamos de la libertad y de la belleza sublimes e imperecederas que proporciona el Espíritu.

En síntesis, los auténticos precursores son gente de hechos, no de palabras, y los hechos que necesita concretar la humanidad para trascender el separatismo, el caos y la fealdad en los que está envuelta requieren de un plan específico para orientar y canalizar su pensamiento creador y su acción transmutadora hacia la construcción de la unidad, el orden y la belleza.

La vieja educación enfatizó el «yo», la exclusividad y la competencia, y generó egoísmo, nacionalismo, exclusión y guerras al por mayor. La nueva educación estará basada en la libertad, la inclusividad, la colaboración, la integración, la universalidad, la creatividad total y el valor de la vida, del individuo y del grupo en armonía con el Todo.

Como en ninguna otra época en la historia conocida, el ser humano tiene hoy a su alcance todos los recursos tecnológicos y económicos, el soporte humano y técnico y las oportunidades y necesidades para crear un sistema de educación universal que se convierta en la base de la nueva civilización acuariana.

Se globalizó la economía. Se globalizó la comunicación... La educación debe universalizarse. Pero como se trata del mayor proyecto de universalización y el más trascendente también, no debe estar sujeto a directrices ideológicas, políticas, financieras, religiosas, militares ni de ningún otro tipo.

Se trata de diseñar un sistema de educación válido para todos los niños y jóvenes del mundo, y de reeducación para todos los profesionales y adultos del planeta.

Los diferentes tipos de educación existentes ofrecen distintas posibilidades y por ende condicionan la vida de múltiples maneras.

El primer atentado contra la manifestación de la humanidad una –próxima realización colectiva del genero humano– y causa inicial de posteriores conflictos, se produce cuando dos niños reciben información y formación diferentes en calidad y cantidad de contenido, y más aún cuando uno la recibe y el otro no. De ahí nacen también las diferencias que en un futuro se convertirán en realidades opuestas y probablemente enfrentadas.

Pero no se trata de eliminar la diversidad humana, sino de potenciarla –dando lugar a un sistema universal que se nutra del aporte de todos los corazones sensibles, de todas las inteligencias creadoras y de todos los espíritus nobles y libres, que por centenares de millones pueblan el planeta–, para unificarla en el óptimo nivel posible, y para ello se debe ofrecer a todos los niños y jóvenes del mundo, sin excepciones y sin exclusiones, una educación de calidad.

Las razones nacionales, ideológicas y religiosas, entre otras, fueron y son una importante barrera a la universalidad de la educación. Pero una humanidad que se integrará basándose en la diversidad, que avanzará hacia una convivencia sin guerras, entre otras características de la humanidad una, debe trascender todas las barreras idiomáticas, políticas, económicas y sociales y ser capaz de concebir los conocimientos, los métodos y el sistema de actualización con los que la educación universal hará una extraordinaria contribución a su proceso evolutivo.

Se trata de definir el núcleo de conocimientos imprescindibles para todos los seres humanos, en sus diferentes etapas de estudio. Obviamente, cada nación, atendiendo a sus propios objetivos, a su situación global, a su proceso evolutivo, agregará los conocimientos y los temas que considere adecuados, pero la base, en todo el mundo, debería ser la misma. Desde luego, los educadores tendrían que ser los primeros en recibir una educación y un entrenamiento que los capaciten para impartir la nueva educación universal.

¿Quiénes deberían participar de la elaboración de esa opción tan trascendente para el futuro de la humanidad? Todos los involucrados, directa e indirectamente en ello, es decir, educadores, estudiantes, padres, científicos, psicólogos, sociólogos y todo ser humano interesado en la evolución de la humanidad hacia un nuevo orden social, sin excluidos.

María Montessori decía:

> Sabemos cómo encontrar perlas en el interior de las ostras, oro en las montañas y carbón en las entrañas de la tierra, pero no somos conscientes de los gérmenes espirituales, las nebulosas creativas, que el niño esconde en su interior cuando entra en este mundo para renovar la humanidad.

En «Learning: the Treasure Wighin», el informe para la UNESCO de la Comisión Internacional sobre la Educación para el siglo XXI, en su página 19, se señala:

> La gente tiene hoy la sensación confusa de estar debatiéndose entre una globalización cuyas manifestaciones puede ver y a veces tiene que soportar, y su búsqueda de sus raíces, sus puntos de referencia y la sensación de pertenecer. La educación tiene que enfrentarse a este problema ahora más que nunca, mientras una sociedad mundial se esfuerza dolorosamente por nacer: la educación está en el

centro del desarrollo, tanto personal como comunitario; su misión es permitirnos a todos, sin excepción, desarrollar al máximo todos nuestros talentos y hacernos conscientes de nuestro potencial creativo, incluyendo la responsabilidad respecto a nuestras propias vidas y el logro de nuestros objetivos personales.

Si así lo decides, tu participación en las actividades de la nueva educación –formando grupos creativos con familiares, amigos y colegas, para aportar ideas innovadoras–, así como en grupos de acción social interesados en impulsar el alumbramiento y el desarrollo de la educación universal y tu trabajo activo con los grupos de precursores de la nueva civilización acuariana seguramente contribuirán a ampliar la base y a aumentar la altura y la profundidad de las ideas que sustentarán la transmutación.

La formación de redes de estudiantes, de docentes, de científicos y profesionales, y de padres, con integrantes de diversas naciones, empleando las facilidades creadas por Internet, también acelerará el período de transición entre la idea y su implementación, y aportará no solo creatividad, sino también garantías de una diversidad y de una profesionalidad jamás alcanzadas por ningún otro programa conocido.

A la vez, existe una sensación generalizada, más allá de los sectores sociales y de las naciones, de que la educación requiere un cambio sin precedentes y que semejante requerimiento excede con creces a lo que puedan aportar las «autoridades competentes» y los «expertos» en la materia. La contribución que tú puedes ofrecer a la creación de un sistema de educación universal es más que valiosa, es imprescindible.

Con la esperanza de ayudar a ampliar la base conceptual con la que algunos lectores puedan iniciar su trabajo sobre esta propuesta, compartiremos dos visiones poderosas sobre qué es la educación:

Educación. La educación se basa en la evolución del espíritu y consiste en elevar la conciencia del hombre, es decir, proveer medios y estímulos para madurar sus cuerpos de expresión y prepararlo para que se polarice en niveles más altos. Considera su ser globalmente y el universo en el que está inserto; por lo tanto, la pautan las leyes evolutivas tal como se presentan en cada plano de existencia.

En este contexto, el educador colabora en la integración de esos cuerpos de expresión entre sí y con los núcleos de la conciencia; para lograrlo, se orienta por medio de su percepción intuitiva de la realidad y utiliza la experiencia de otros, apenas como complemento. Conduce al educando a la fuente interna de conocimiento y sabiduría, de donde él recogerá lo necesario en cada momento.

Su tarea esencial es irradiar la energía que impulse al ser en formación a dar los pasos evolutivos, estimulándolo así a tomar la dirección correcta. El educador procede de esta manera espontáneamente, por haber vivido y superado estas fases. Actualmente no es posible brindar esta educación de forma generalizada, pero sus bases ya fueron lanzadas por aquellos que, en diferentes épocas, se adhirieron a los patrones de conducta más elevados para la humanidad (José Trigueirinho).

La Nueva Educación. La educación moderna ha sido esencialmente competidora, nacionalista y por lo tanto separatista. Ha entrenado al niño para que considere los valores materiales y también su propia nación como de mayor importancia, lo cual ha nutrido el orgullo y fomentado la creencia de que él, su grupo y su nación son infinitamente superiores a cualquier otra persona o pueblo. Se le ha enseñado, en consecuencia, a ser unilateral, con un concepto erróneo de los valores globales y una actitud hacia la vida caracterizada por el prejuicio y la parcialidad.

El término medio del conocimiento mundial es elevado, pero por lo general está influenciado por prejuicios nacionales o religiosos, con lo cual se logra que el hombre sea un ciudadano de su propio país, pero no un ser humano con relaciones de vayan más allá de sus fronteras. No se acentúa la ciudadanía mundial.

En el campo educativo es esencial la unidad en la acción. Sin lugar a dudas, debería regir una uniformidad de objetivos en los sistemas de educación de las naciones, aunque no sea posible la uniformidad de métodos y técnicas. Diferencias de idioma, de trasfondo y de cultura siempre han existido y seguirán existiendo, y constituyen el bello tapiz del vivir humano en el transcurso de la épocas. Sin embargo, mucho de lo que hasta hoy ha militado contra las correctas relaciones humanas debe ser eliminado.
En la enseñanza de la historia, ¿hay que volver a los antiguos y erróneos métodos, con los que cada nación se glorifica frecuentemente a expensas de las demás, los hechos se alteran sistemáticamente y las diversas guerras, a través de las épocas, son el eje alrededor del cual gira la historia, que es la historia de la agresión, del triunfo de una civilización materialista y egoísta, del espíritu nacionalista y por tanto separatista que ha engendrado odios raciales y estimulado orgullos nacionales?
La avaricia, la ambición, la crueldad y el orgullo son la tónica de nuestra enseñanza de la historia y la geografía. Estas guerras, agresiones y expolios que han caracterizado a las naciones constituyen, sin excepción, hechos que no pueden ser negados. Sin embargo, podrían señalarse las lecciones que esos males trajeron –que culminaron en 1914 y 1945 en las dos guerras mundiales–, y las antiguas causas de los prejuicios y aversiones pueden poner hoy de relieve su futilidad.

¿No sería posible basar la teoría de nuestra historia en las grandes y nobles ideas que han condicionado las acciones y han hecho de ellas lo que son y acentuar el espíritu creador que las ha caracterizado?

¿No podríamos presentar de una forma más efectiva las grandes épocas culturales que enriquecieron al mundo entero y dieron a la humanidad su literatura, su arte y su visión?

El mundo mismo es un gran crisol en el cual se está forjando la humanidad una, que necesita un cambio drástico en nuestros métodos de presentar la historia y la geografía. La ciencia ha sido siempre universal. Las grandes obras del arte y la literatura han pertenecido siempre al mundo. Sobre estos hechos deberá construirse la educación de todos los niños del mundo, sobre nuestras similitudes, realizaciones creadoras, ideales espirituales y puntos de contacto. Si no se realiza esto, nunca se curarán las heridas de las naciones ni se derribarán las barreras que han existido durante siglos.

Los educadores que afrontan la actual oportunidad mundial deberán preocuparse por sentar bases sólidas para la civilización futura, procurar que sea general y universal en su alcance, verdadera en su presentación y constructiva en sus acercamientos. Deberán insistir en la importancia de los grandes momentos de la historia humana, en los que brilló la divinidad del hombre y se revelaron nuevas corrientes de pensamiento, nuevos proyectos humanos, cambiando para siempre el curso de la humanidad.

Dos conceptos principales deben enseñárseles a los niños de todos los países: el valor del individuo y la realidad de la humanidad una. Ambos están muy estrechamente relacionados, y esta realidad debe acentuarse. Cuando estos dos principios se enseñen y comprendan debidamente, conducirán al individuo a que posea una cultura más amplia y a que reconozca que tiene una responsabilidad como parte integrante de la humanidad.

Debemos realizar tres tipos de esfuerzo educativo para civilizar a nuestros niños y jóvenes:

- Entrenar y dirigir correctamente sus instintos.
- Inculcarles la verdadera cultura, enseñándoles a emplear correctamente su intelecto.
- Desarrollar su intuición.

Cuando se logren estos tres puntos, tendremos un ser humano civilizado, culto y espiritualmente despierto. El hombre será entonces instintivamente correcto, intelectualmente sensato e intuitivamente consciente. Su alma, su mente y su cerebro actuarán de la manera adecuada e interrelacionados, logrando así la coordinación y el correcto alineamiento. En palabras de Alice Ann Bailey:

> Uno de los objetivos más inmediatos de la educación debe consistir en la eliminación del espíritu de competencia, que debe ser sustituido por una conciencia colaboradora.

Mientras no tengamos un sistema de educación universal que incluya a todos los niños del mundo, sin excepciones, el nuevo orden social continuará como asignatura pendiente y la humanidad no accederá a los niveles de desarrollo y bienestar que le corresponden por derecho y que forman parte del plan evolutivo universal.

Trabajar por la educación universal es trabajar por la abolición de la peor de las esclavitudes, porque en ella están incluidas todas las demás formas de dominio y de explotación humana.

21

Está emergiendo un nuevo liderazgo: el Liderazgo Creador

¿QUIÉNES SON ESOS LÍDERES CREADORES?

Son hombres y mujeres aparentemente comunes y corrientes, pero con una visión, unos valores y principios y una capacidad para la acción creadora y constructiva extraordinarios. Los líderes creadores son personas que han comprendido que en este momento marcado por el caos y unas amenazas sin precedentes, existen dos opciones de vida excluyentes:

- Una de ellas es mantenerse pasivos durante el mayor tiempo posible en la etapa de máxima degeneración de la actual civilización, asumiendo que esta se destruirá irremediablemente y aguardando a ver qué ocurre.
- La otra consiste en dedicar todos sus talentos y energía a la construcción de la nueva economía para la vida, del nuevo orden social sin excluidos y de la nueva civilización, asumiendo que se desarrollarán y se consolidarán en los próximos años y

décadas, en la medida en que más y más individuos de todo el mundo manifiesten abiertamente la luz o la inteligencia espiritual, el amor y la sabiduría, la voluntad del bien y el poder creador en sus vidas.

Entre los centenares de atributos identificados en los demás y en ellos mismos, en su experiencia durante varias décadas en diferentes actividades, empresas, grupos de trabajo, comunidades y naciones, compartiremos contigo los siguientes:

- Trabajan para generar cambios radicales y para crear lo nuevo e inusitado, pero no para restaurar equilibrios ni para mitigar males. Y no por insensibilidad frente a lo que ocurre, sino por comprensión de que la energía dedicada a la creación de lo nuevo y superior es la mejor manera de trabajar por la evolución misma, que trascenderá lo que existe de desagradable, mientras que lo opuesto (aunque emocional o coyunturalmente pueda ser más aceptable) solo perpetúa la realidad existente y por consiguiente dificulta la innovación y la evolución hacia formas superiores de vida.
- Evolucionan individualmente, pero su irradiación la expresan en grupos mixtos, multidisciplinarios, abiertos y participativos. El camino hacia la inteligencia y la sabiduría del espíritu que cada uno de ellos está transitando, por ser el camino de evolución superior que lleva hacia el infinito, debe recorrerse internamente, en soledad, pero manifestado externamente en el grupo, que será el vehículo de expresión de todo lo que ocurra. Exactamente lo opuesto a la era anterior, en la cual la gente intentaba realizar de forma grupal su trabajo evolutivo, pero actuaba desde el individualismo.
- No están subordinados a intereses políticos, ideológicos, religiosos, financieros, militares o de otro tipo. Sus talentos, su energía, su tiempo, su libertad de acción responsable y su creatividad están orientados hacia una labor grupal basada en los

factores clave del liderazgo creador: integridad, diversidad global, impersonalidad, relaciones creadoras y constructivas, sincronicidad subjetiva y objetiva, unidad de propósito y de acción orientada hacia el bien común y efectividad.

- No reclutan a seguidores de ningún tipo. Estimulan la manifestación de la individualidad de cada ser, en su máxima expresión constructiva posible. Justamente la acción opuesta a la desarrollada por los líderes tradicionales.
- Trabajan para crear lo nuevo y superior y viven para servir. Han trascendido toda expresión de egocentrismo y toda búsqueda de figuración individual. Han entregado su personalidad a la guía del alma. Han pasado del «yo» al «nosotros» para servir a la evolución del Todo.
- Son pacientes y perseverantes en el cumplimiento de sus propósitos de orden superior. Están focalizados en la acción orientada hacia resultados constructivos que no son de «ellos», sino compartidos con los de aquellos a quienes sirven, aunque no siempre vibren en su misma sintonía.
- Se enfrentan a retos que otros eluden y están donde otros desaparecen. Asimismo, se ocultan cuando otros luchan por estar y exhibirse.
- Toman decisiones que otros evitan. Esto tiene una razón subjetiva muy poderosa: viven en el mundo de las causas; por lo tanto, sus decisiones no están basadas en el mundo de los efectos que paraliza o condiciona a la mayoría, sino en el mundo del futuro, del que son creadores y constructores.
- Prefieren su claridad interior a las luces de los expertos.
- Aman la libertad en todas sus manifestaciones. Pero no la falsa libertad, sino la libertad del Espíritu, la que no puede ser confinada en lugar alguno, ni condicionada por factores externos del tipo que sean.
- Aman y defienden la vida en todas sus expresiones.
- Viven y trabajan con alegría porque han trascendido la búsqueda de la felicidad, basada en la gratificación de los instintos y de

los sentidos, algo característico de quienes aún están centrados en la personalidad.

- Generan confianza plena, porque cumplen con todos sus compromisos y porque rechazan toda expresión de falsedad e hipocresía, así como la mentira y la corrupción.
- Se conducen con flexibilidad para fluir con los acontecimientos, excepto cuando están en juego los valores y los principios universales.
- Aman y promueven el orden, la unidad y la belleza, porque corresponden a los arquetipos de evolución superior que habrá de manifestar la nueva civilización.
- Abordan sus tareas con entusiasmo, entrega y dedicación.
- Utilizan ambos hemisferios cerebrales, con un claro predominio del derecho, lo cual explica su vocación creadora, su intuición y su capacidad para la práctica de actividades de orden superior, como la intuición y la telepatía, entre otras.
- Son íntegros e insobornables.
- Poseen capacidades destacadas para la comunicación y el diálogo.
- Ofrecen y demandan responsabilidad, transparencia y disponibilidad.
- Practican la impersonalidad, la inofensividad y la inclusividad.
- Fomentan las relaciones basadas en la cooperación y la equidad.
- Equilibran sabiamente la compasión con el desapego y el coraje con el afecto y la gratitud.
- Han trascendido los temores y las dudas, porque han convertido la esperanza en fe, la fe en certeza y esta en inmutabilidad.
- No hablan, actúan. A cada intención le sigue una realidad, o más. Prefieren que los frutos de su trabajo tengan preeminencia absoluta sobre cualquier declaración de buenas intenciones.
- Son tan sensibles como auténticos y transparentes en la expresión de las emociones, porque han trascendido la polarización en el cuerpo emocional y en la mente concreta.

- Equilibran la organización con la espontaneidad y el carácter con la humildad, pero no la de los obsecuentes, sino la de los gigantes de Espíritu.
- La alegría y el sentido del humor, productos de una poderosa vida interior y de la sabiduría que da la vida, siempre los acompañan.
- Cumplen invariablemente sus compromisos y finalizan todo lo que emprenden.
- Disfrutan de una inalterable armonía interior, que a su vez genera una paz espiritual constante. Ambas se encuentran en la esencia misma de la única paz posible entre los hombres.
- Aman el silencio y crean espacios para gozar del poder constructivo de la soledad.
- Han aprehendido el valor supremo de la síntesis.
- Jamás conciben maldad alguna hacia los demás, en busca de ventajas personales o grupales.
- Poseen el poder de la iniciativa, la voluntad y la determinación.
- Mantienen posiciones claras, especialmente en casos que favorecen la duda, la especulación y la ambigüedad.
- Rechazan todo tipo de privilegios.
- Para ellos el tiempo es vida, por lo que su valoración de esta y sus actitudes están en concordancia con el valor que le asignan como máxima expresión de la Divinidad en acción.
- Su personalidad está subordinada a su alma, y ambas al Espíritu.
- Están consagrados al servicio superior, en busca del mayor bien para el mayor número de personas en todo el mundo.

¿Qué esperan y qué exigen los precursores del nuevo liderazgo creador de las personas y de los grupos con los cuales trabajan?

La síntesis que sigue es fruto del diálogo directo y de innumerables sesiones de trabajo «mano a mano» con centenares de hombres y mujeres que actúan como auténticos líderes creadores.

Si tú tienes el privilegio de trabajar o convivir con ellos, la siguiente lista puede resultarte de gran utilidad. En el caso de que seas tú el precursor, podrás considerarlo como un estímulo adicional a los ya utilizados para el desarrollo de tus colaboradores.

Necesitamos hombres y mujeres que...

Lo que los precursores del nuevo liderazgo creador nos han dicho a lo largo de los años es verdaderamente atemporal y está cada vez más vigente. Necesitamos hombres y mujeres que:

- Se acepten a sí mismos y a las demás personas tal y como son.
- Emprendan actos que respondan siempre a su más elevado mandato interior y no a lo que los demás piensen que deberían ser (incluyéndonos a nosotros mismos).
- Amen y respeten la vida en todas sus formas, rechacen toda forma de violencia –por ser la causa principal del sufrimiento colectivo a lo largo de la historia–, y que sean tanto pacíficos como pacificadores.
- Se desarrollen de modo permanente, sintiendo que el «mejor conocimiento» es el que aún no han adquirido mediante la experimentación.
- Rechacen la idea de tener seguidores, pero que formen nuevos líderes con cultura grupal.
- Estén siempre dispuestos a ayudar a los demás, pero sin «exhibir» que lo han hecho.
- Profesen una actitud mental constructiva, de forma permanente.
- Amen y conozcan profundamente el valor de lo que hacen, y crean en ello.
- Sean autosuficientes, sin dejar de recurrir a quienes les pueden ayudar a hacerlo mejor.
- Posean un renovado espíritu de aventura creadora.
- Sean autodidactas y valoren el conocimiento interno como una fuente segura de poder realizador que utilizarán para el bien colectivo.
- Sean auténticos, honestos y transparentes.

- Mantengan el aplomo en los momentos difíciles, especialmente cuando los demás pierdan la calma.
- Se impongan una autodisciplina que esté por encima de las reglas y leyes convencionales.
- Posean una gran armonía entre sentimiento, pensamiento y acción, fruto de la libertad y del equilibrio con los que viven.
- Sean analíticos y precisos.
- Sean autocríticos.
- Rechacen la burocracia y trabajen con un estilo emprendedor, innovador y creador que asegure el éxito y la prosperidad a los individuos, las familias, las empresas y las naciones.
- Sus energías estén concentradas siempre en procurar el mayor bien para el mayor número posible de personas.
- Consideren los beneficios como un premio y una prueba de la eficacia con que actúan, y canalicen esos resultados para generar y distribuir riqueza en abundancia y con equidad.
- Den prioridad constante al desarrollo de las cualidades personales y las habilidades profesionales clave, de ellos mismos y de sus colaboradores.
- Se encarguen de construir la historia, en lugar de criticarla.
- Sepan mantener constancia en el propósito y en la dirección escogidos, alterándolos excepcionalmente en respuesta al sentido común y a razones de orden superior.
- Crean en su propio pensamiento superior e intuición.
- Fomenten el poder de contribución de sus equipos y empresas como condición imprescindible para promover el desarrollo integral de los individuos que los componen y así brindar un servicio de calidad superior.
- Posean coraje.
- Infundan y demanden confiabilidad plena a todas las personas con las que se relacionen.
- Mejoren la calidad de vida de los ambientes de trabajo en los que actúan.
- Posean una poderosa confianza en sí mismos.

- Sepan compartir con espíritu de justicia y equidad.
- Enfoquen todos los actos de su vida con un claro sentido de contribución.
- Posean profundos conocimientos especializados en todo lo que hagan, sin perder la perspectiva general del sector y del mundo.
- Sepan comprender a los demás y hacerse comprender por ellos.
- Posean la capacidad de concentración en las tareas y objetivos clave.
- Entiendan que jamás podrán gobernar ni dirigir a otros, si no son capaces de gobernarse y dirigirse a sí mismos.
- Sus comunicaciones sean francas, abiertas, directas y, sobre todo, efectivas.
- Sean compasivos y caritativos.
- Cumplan cabalmente los compromisos asumidos.
- Posean una extraordinaria capacidad para organizar y realizar.
- Sean maestros en tomar decisiones efectivas.
- Posean e infundan entusiasmo a todos sus colaboradores.
- Sean inmunes al egocentrismo y al egoísmo.
- Posean un gran control sobre sus emociones, aunque no tengan ninguna inhibición a la hora de exteriorizar sus sentimientos.
- Amen la excelencia sin fanatismos y sean intransigentes con la mediocridad.
- Dominen el pensamiento estratégico y la capacidad de realización simple y efectiva.
- Eduquen. Que sean maestros antes que jefes.
- No le teman a la experimentación y asuman los riesgos inherentes a ella.
- Faciliten los procesos signados por las transformaciones, las transmutaciones y las creaciones a todo nivel. Que logren que las cosas ocurran.

Una distancia enorme separa a los líderes creadores de las personas corrientes y muy especialmente de los líderes tradicionales. El poder grupal para transmutar, innovar y crear que estos individuos aportan es inmenso. Los resultados trascienden sus propias áreas de actividad, impulsando a la vez a otros individuos y grupos, lo que a largo plazo incidirá en el cambio global de la propia humanidad.

Recordando la fábula: «Tortugas y liebres»

La libre y la tortuga siempre discutían sobre quién era más rápida y decidieron emprender una carrera para comprobarlo. Elegida la ruta, comenzaron la competición.

La liebre arrancó a toda velocidad y corrió velozmente durante un tiempo. Viendo que llevaba mucha ventaja, se sentó bajo un árbol para recuperar fuerzas y luego proseguir la ruta. Pero pronto se durmió.

La tortuga andaba con paso lento pero sin pararse, hasta que adelantó a la liebre, que aún dormía, y finalmente ganó la carrera.

Moraleja: *los lentos y estables ganan la carrera.*

Pero la historia sigue. La liebre, después de la derrota que sufrió, examinó su conducta, reconoció su error y comprendió que había perdido por confiada y presuntuosa.

Y desafió a la tortuga a una nueva carrera. En esta ocasión corrió bien de principio a fin y ganó fácilmente la carrera.

Moraleja: *los rápidos y tenaces vencen a los lentos y estables.*

Pero la historia no termina aquí. La tortuga se dio cuenta de que a la liebre no le podría ganar nunca en velocidad y que ella perdería siempre. Así, desafió a la liebre y le propuso correr por una ruta diferente. La liebre aceptó y corrió a toda velocidad, pero se encontró de repente con un río muy ancho.

Como no sabía nadar, después de una larga reflexión intentó bordear el río. Mientras tanto, la tortuga siguió su camino, atravesó el río y terminó en primer lugar.

Moraleja: *quienes identifican su ventaja competitiva (saber nadar) y cambian el entorno para aprovecharla llegan primero.*

Tampoco aquí termina la historia. El tiempo iba pasando y tantas competiciones hicieron que al final terminaran siendo muy buenas amigas. Quisieron echar una última carrera, pero esta vez corriendo en equipo.

En la primera parte del trayecto, la liebre cargó con la tortuga y llegaron muy pronto al río. Para atravesarlo, la tortuga cargó con la liebre sobre su caparazón. Pasado el río, la liebre cargó nuevamente con la tortuga y llegaron en un tiempo récord. Ambas sintieron una satisfacción aún mayor que con sus triunfos individuales.

Moraleja: *ser brillante individualmente y tener múltiples cualidades es maravilloso, pero si no trabajamos con otras personas y no potenciamos recíprocamente las habilidades de cada uno, no seremos ni eficaces ni efectivos.*

Cuando dejamos de competir contra un rival y competimos contra situaciones para superarlas, obtenemos siempre mejores resultados.

Querido lector, llegamos al final del recorrido. Sin embargo, eso no significa que finalicen aquí nuestras reflexiones y propuestas, sino que comienzan, porque ahora serán complementadas por las tuyas y las de otros lectores. Agradecemos tu compañía por este recorrido y te deseamos la mejor buena fortuna en todo cuanto emprendas, para tu propio bien, para el bien de los seres que amas y te aman y, en un sentido más amplio, para el mayor bien del mayor número de personas en todo el mundo. Que así sea.

PARTE 7

ANEXO

Qué es Pedagooogía 3000 ®

Pedagooogía 3000® es una sinergia pedagógica creada en 2001 por Noemi Paymal, junto a un equipo multidisciplinario que reúne a la fecha (2013) más de veintidós países. Fue iniciada con el fin de priorizar al niño de hoy y de mañana, con sus cambios, sus necesidades específicas y su nueva manera de aprender y de ser así, como para atender las necesidades reales de nuestra Planeta y de nuestra sociedad. Nuestro campo de acción es la educación y la expansión de conciencia. Pedagooogía 3000 promueve, por lo tanto, la investigación científica aplicada y la cocreación constante de herramientas pedagógicas integrales que faciliten la reconexión y el desarrollo armonioso integral-afectivo de los bebés, niños, jóvenes, padres y docentes. Es flexible y se basa en los nuevos paradigmas del tercer milenio. Se adapta fácilmente a cualquier entorno social, cultural, económico y ecológico.

Pedagooogía 3000® es una pedagogía en expansión que va evolucionando a medida que entramos en el tercer milenio. Más que una nueva teoría o un nuevo procedimiento pedagógico o cualquier modelo fijo de aprendizaje, es un constante *deseo de entender y atender* las necesidades de los estudiantes y de los profesores (todos aprendemos de todos) del nuevo milenio, teniendo en cuenta que los niños de hoy son desde luego bastante diferentes a las generaciones anteriores y seguirán cambiando, según parece, rápidamente, tanto a nivel físico como emocional, psicológico, intuitivo y cognitivo. En otras palabras,

Pedagooogía 3000 es una *actitud* que se traduce en un *entendimiento-acción* en constante *movimiento y crecimiento*.

Incluyente por naturaleza, este proyecto propone reunir y potencializar lo mejor de las metodologías, procedimientos y técnicas pedagógicas pasadas, incluyendo las ancestrales, las actuales y las que se hallan en formación.

¿Quiénes somos?

Somos un equipo solidario multidisciplinar internacional que, en sinergia, fomenta el desarrollo integral del *ser* humano reorientando la educación en sus diferentes niveles a través de los nuevos paradigmas del tercer milenio.

¿A qué apuntamos?

Nuestro objetivo es ayudar a la cocreación de una nueva humanidad que viva con conciencia, libertad, alegría y armonía, promoviendo y aplicando a escala mundial una educación holística diseñada en función de las necesidades y características de los niños y jóvenes de hoy. Concibiendo la educación como un proceso *reconectivo* integral que eleve el nivel de conciencia, fomentamos la mejora sustancial del sistema educativo en general, el desarrollo personal y grupal, así como el bienestar del ser humano y de la nueva sociedad que emerge.

La base académica y las experiencias de Pedagooogia 3000 crecieron rápidamente a través de Internet y de cientos de eventos realizados desde 2002 en más de treinta países. Por lo tanto, era necesario crear un organismo que fuese de todos y para todos y que se encargarse de la difusión de estos nuevos (y no tan nuevos) conceptos y praxis. Esta es la razón por la cual se creó en 2008 EMANE, el enlace mundial para una nueva educación, para el intercambio, promoción y difusión permanente de estrategias e implementaciones pedagógicas holísticas.

Qué es emAne, enlace mundial para una nueva educación

El proyecto emAne es un enlace mundial que nos ayuda a cocrear juntos una educación innovadora, creativa e integradora que:

- Permite el desarrollo integral del ser humano.
- Cuide el planeta.
- Impulse la construcción conjunta de una sociedad solidaria.
- En general, que facilite la expansión, desarrollo y evolución de la conciencia en todas sus dimensiones.

Globalmente, emAne se traduce por:

- Enlace mundial parA una nueva educación, en español.
- *Worldwide Link for A New Education,* en inglés-
- *Enlace mundial parA uma nova educação,* en portugués.
- *Réseau mondiAl pour une nouvelle education,* en francés.

La nueva educación que construye *sinérgicamente* emAne se basa en los nuevos paradigmas de la pedagogía holística de este milenio. Nuestra red está formada por un colectivo «re-unido» para transformar y cocrear una educación integral a fin de satisfacer las necesidades reales, actuales y futuras, de los niños, los adolescentes, la sociedad en general y el planeta en su conjunto, abarcando todos los sectores: geopolítico, social, cultural, científico, tecnológico, ecológico, de salud integral, la cultura de paz, el desarrollo personal, etc.

Mediante emAne lanzamos el 8 de agosto del 2008 un manifiesto, «Manifiesto Educación 3000», que podéis firmar en la página seb www.emane.info. Está actualmente traducido a dieciséis idiomas.

La visión de emAne

Ser un colectivo de enlaces para el intercambio, promoción y difusión permanente de estrategias e implementaciones pedagógicas holísticas que contribuyan al desarrollo integral del Ser, de la sociedad y del planeta.

Misión de emAne

Cocrear una educación integral con libertad, alegría, respeto, cariño, sabiduría y armonía, como proceso de aprendizaje cooperativo *reconectivo*, cuyo propósito es estimular una manera integral de educar-nos para el crecimiento con conciencia del Ser. La educación que promovemos:

- Está basada en las necesidades actuales y futuras de los niños y jóvenes de hoy.
- Está enfocada en los nuevos paradigmas éticos del tercer milenio.
- Atiende las necesidades reales del planeta y de la sociedad actual para dar paso a la nueva humanidad.
- Alienta todo proceso educativo holístico en todas sus dimensiones.

Objetivos de emAne

- Desarrollar, promover y difundir procesos de investigación multidisciplinaria en las diferentes áreas que conforman la educación integral.
- Promover el desarrollo integral de niños, jóvenes y adultos en todas sus etapas evolutivas.
- Compartir, promover y difundir experiencias educativas innovadoras.
- Poner en acción iniciativas creativas en pro de la educación integral, apoyándonos *sinergéticamente*.
- Generar y promover espacios físicos y virtuales de intercambio, actualización e innovación holística.

Preguntas frecuentes sobre emAne

¿Cómo ser parte de emAne?

Para ser parte de emAne solo es necesario:

- Aceptar y firmar el «Manifiesto Educación 3000» que se encuentra en la página web www.emane.info.
- Conocer el Código de Ética de emAne y adherirse a él.
- Desarrollar acciones concretas a favor de la nueva educación para así expandir, enriquecer y fortalecer la red.

¿Cuál es la finalidad de emAne?

Tiene como objetivo fundamental cocrear una red que impulse una educación innovadora, creativa e integradora para la expansión, desarrollo y evolución de la conciencia en todas sus dimensiones.

¿Quiénes somos?

Somos una red de voluntarios de diferentes países con el propósito de lograr una fuerza *sinergética* y solidaria que permita la cocreación de una nueva conciencia mundial que provoque notables cambios en el campo de la educación integral y del desarrollo integral del Ser. Estamos abiertos a colaborar con todos los sectores, sean públicos o privados, individuales o colectivos, que compartan los mismos objetivos y Código de Ética de emAne.

¿Cómo estamos creciendo?

Orgánica y espontáneamente, de manera fractal. Somos un enlace horizontal y biológico, que funciona como un tejido dinámico de conexiones e intercambios.

¿Cómo nos organizamos?

De una manera práctica, flexible y transdisciplinaria, que invita a la autoconvocación, la responsabilidad y la solidaridad.

¿Cómo nos financiamos?

Funcionamos con recursos propios y donaciones de personas de buen corazón. A medio y largo plazo planteamos una financiación regular mixta, constituida por una combinación de autofinanciación y donaciones.

¿Cómo se pueden capacitar los adultos?

A través de la Academia Pedagooogia 3000, estamos implementando un sistema consistente en:

- Capacitación presencial.
- Capacitación a distancia con tutor.
- Capacitación virtual de manera gratuita por Internet con un sistema de autocapacitación permanente.

También incentivamos la autoformación de grupos de estudios que se reúnan y trabajen por temas (según el libro, los minilibros y los cuadernos pedagógicos de Pedagoogía 3000), así como que organicen salidas educativas itinerantes de experiencias y ayuda mutua. Igualmente, es posible unirse a grupos ya existentes de apoyo e intercambio virtuales (por ejemplo, a través de Facebook). Otra manera de capacitarse es consultar un punto focal fractal (PFF) físico o virtual

–o crearlo–, donde se puede encontrar material de apoyo, así como acompañamiento solidario y orientación (más adelante se ofrece la definición de un PFF).

¿Qué es la Campaña Mundial «Educación 3000»?

«La Educación del Futuro aquí y ahora», que incluye toda clase de actividades de difusión masiva sobre la necesidad urgente de una nueva educación, como por ejemplo:

- Campaña de radio y televisión.
- Documental y película de difusión masiva.
- Vídeos cortos impactantes para subir a *YouTube.*
- Escuelas de los 7 pétalos puertas abiertas.
- Apertura de puntos focales fractales.
- Exposiciones itinerantes participativas de la educación del futuro y caravanas educativas.
- Campañas en los ministerios de Educación.
- Campañas de firma del «Manifiesto Educación 3000».
- Giras con eventos internacionales (conferencias, talleres, capacitación, ruedas de prensa...).

¿Qué son los puntos focales fractales o PFF?

Un punto focal fractal emAne/Pedagooogia 3000 es un lugar de información físico o virtual dotado de material multimedia sobre la educación holística dirigido a padres, profesores, terapeutas, jóvenes y todos aquellos en general que aboguen por una nueva educación. Posee el material virtual y físico de Pedagooogia 3000, emAne y EducoOopedia, entre otros, y está al día de los recursos pedagógicos de su zona, por lo que puede acompañar regularmente a la gente con información actualizada.

¿Qué es EducoOopedia?

EducoOopedia es un servicio de emAne y de Pedagooogia 3000 que se encuentra en la página web www.educooopedia.com. Se trata de una enorme plataforma digital gratuita donde se pueden encontrar toda clase de herramientas pedagógicas holísticas para el tercer milenio. Cada uno ha de adaptarlas según su entorno ecológico, cultural, socio-político y económico, así como flexibilizarlas de acuerdo a la edad de los estudiantes. Es similar a un «supermercado» de información educativa para el nuevo milenio, en el cual cada uno puede colocar sus herramientas pedagógicas y servirse de lo que necesite. Esta vasta compilación de información es nuestra colaboración para el patrimonio de la humanidad. Facilita la compilación local y mundial de herramientas, recursos, experiencias, ideas y *links*.

¿Qué es el «Manifiesto Educación 3000» de emAne?

El «Manifiesto Educación 3000» de emAne, enlace mundial para una nueva educación, es un documento a favor de una nueva educación a nivel mundial. Fue redactado conjuntamente por padres y educadores de varios países para impulsar una nueva educación y desarrollar una mayor conciencia en el planeta Tierra. Si es de tu agrado y deseas unirte, te invitamos a firmarlo y difundirlo. Puedes firmarlo electrónicamente en www.emane.info.

¿Qué es la Escuela de los 7 pétalos?

El concepto de la Escuela de los 7 Pétalos, desarrollado por Pedagooogia 3000, ofrece una referencia sencilla de cómo se puede aplicar una pedagogía holística o integral bajo cualquier ámbito: jardín de infancia, primaria, secundaria, universidad, empresas, cárceles, parques municipales, centro de adultos, etc. Se organiza en siete pétalos, es decir, en siete áreas que se deben considerar para un desarrollo armonioso y pleno del ser humano y de la sociedad en general.

Los siete pétalos o ámbitos de crecimiento son:

- Desarrollo físico y acción.
- Desarrollo cognitivo articulado.
- Desarrollo social y multicultural.
- Arquitectura, geometría universal y artes.

- Ecología.
- Desarrollo productivo.
- Desarrollo personal.

Cada pétalo permite desarrollar, respectivamente, la voluntad y la autoestima, la sabiduría, la empatía y la cohesión social multicultural, la belleza, la salud y la ecología, la sostenibilidad económica planetaria y la autorrealización personal, permitiendo así el desarrollo de un ser humano pleno, sabio y feliz, así como una sociedad protagonista que promueve una cultura de la paz y un planeta sustentable y bien cuidado.

Bibliografía

ABYA-YALA (2004). *En Busca de la Tierra sin Mal,* memoria del IV Encuentro-Taller Ecuménico Latinoamericano de Teología India. Ed. Abya Yala. Ecuador.

AISENBERG, SANDRA y MELAMUD, EDUARDO (2004). *Niños Indigo*. Kier. Buenos Aires.

ALBÓ, XAVIER (1988). *Raíces de América* (compilación). Alianza Editorial. Madrid, España.

ALMENDRO, MANUEL (2002). *Psicología del Caos*. Editorial La Llave. Vitoria. España

ÁLVAREZ GONZÁLEZ, MANUEL (2001). *Diseño y evaluación de programas de educación emocional*. Editorial Escuela Española. Madrid.

ALZATE SÁEZ DE HEREDIA, RAMÓN (2003). *Materiales del Máster Internacional de Resolución de Conflictos.* UOC.

ALZATE SÁEZ DE HEREDIA Y COMMUNITY BOARDS (2000). *Resolución del Conflicto. Programa para Bachillerato y Ed. Secundaria. Tomos I y II.* Ediciones Mensajero S.A. Bilbao.

ARANDA, ROSALÍA E. (1996). *Estimulación de aprendizajes en la etapa infantil.* Editorial Escuela Española. Madrid.

ARGÜELLES, JOSÉ (1987). *The Mayan Factor.* Bear and Co, Santa Fe.

ARMSTRONG, THOMAS (1993). *Seven Kinds of Smarts: Identifying and Developing your Many Types of Intelligence*. Plume/Penguin, Nueva York.

_____(1998), *Awakening Genius in the Classroom*, ASCD, Virginia.

_____(1995), *Inteligencias Múltiples en el salón de clases*, ASCD, Virginia. Vídeo: *Multiples Intelligences: Discovering the giftedness in all.*

AUBE, SANTIAGO (2003). *La metamorfosis del Ser Humano, los Niños Índigo*. Plaza Dorrego Editores S.A. Buenos Aires.

BACH, EDWARD (1997). *La Curación por las Flores.* Vida Natural. España.

BACH, SUSAN (1990). *Life Paints Its own span* (La vida pinta su propia gama). Bookworld Services. Nueva York.

BAILEY, ALICE A. (1998). *La educación en la Nueva Era*. Editorial Sirio. Málaga. España

BATESON, GREGORY (1993). *Una unidad sagrada.* Gedisa. Barcelona.España.

BAYARD, R. T. y BAYARD, J. (1998). *¡Socorro! Tengo un hijo adolescente*. Ediciones Temas de hoy. Madrid.

BENÍTEZ GRANDE-CABALLERO, LAUREANO (2001). *La mejora del alumnado y del grupo a través de la relajación en el aula*. Editorial Escuela Española. Madrid.

BHOM, D. y PEAT, D. (1987). *Ciencia, Orden y Creatividad.* Kairós. Barcelona.

BINABURO J. A y ETXEBERRIA, X. (1994). *Pensando en la violencia.* Los Libros de la Catarata, Bilbao.

BISQUERRA ALZINA, RAFAEL (2000). *Educación emocional y bienestar*. Editorial Escuela Española. Madrid.

BLANCO, MARÍA CECILIA (1999). Tesis *«Warisata: Proyecto de transformación integra»,* UMSA. La Paz, Bolivia.

BLOCK, MARY ANN (1996). *No More Ritalin. Treating ADHD Without Drugs.* Kensington Publishing Corp. Nueva York.

BLUESTONE POLICH, JUDITH (2004). *Return of the Children of Light, Incan and Mayan Prophecies for a New World.* Bear & Company. Nueva York.

BOFF, L (2002). *Espiritualidad. Un cambio de transformación.* Ediciones Trotta. Madrid.

_____(2002). *Mística y espiritualidad.* Ediciones Trotta. Madrid.

BOLLER, KARIN (2004). *«Aportes de la Escuela-Ayllu de Warisata para la transformación de educación en Latinoamérica»*, pp: 115-141, en Mora, David y Rolf Oberliesen, *Trabajo y educación: jóvenes con futuro.* Ed. Campo Iris. La Paz, Bolivia.

BOQUE TORREMORRELL, M. CARMEN (2005). *Tiempo de mediación*. Ediciones CEAC, Barcelona.

BRADEN, GREGG (1994). *Awaking to Zero Point.* Sacred Spaces/Ancient Wisdom. Queat, NM.

BRENNAN, BARBARA ANN (1994). *Hágase la Luz.* Ed. Martínez Roca. Barcelona.

_____2004. *Manos que curan: el libro de las curaciones espirituales*. Ed. Martínez Roca. Barcelona.

BURGUET ARFELIS, MARTA (2001), *Materiales Postgrado Internacional de Resolución de Conflictos.* UOC.

_____1999. *El educador como gestor de conflictos.* Ed. Desclée de Brouwer, S.A. Bilbao.

BUZAN, TONY (2005). *Su hijo es un genio*. Urano. Barcelona.

CABOBIANCO, FLAVIO M. (1991). *Vengo del Sol.* Editorial Errepar-Longseller. Buenos Aires.

CAMINOS, MIGUEL ÁNGEL (1992). *El pensamiento de Krishnamurti.* Kier. Buenos Aires

CAMPS, V. (1994), *Los valores de la educación.* Anaya-Alauda, Madrid.

CANDRE, HIPÓLITO (1996). *Cool Tobacco, Sweet Coca, Teaching of an Indian Sage from the Colombian Amazon.* Themis Books. Santafé de Bogotá. Londres.

CAÑETE, INGRID (2005). *Crianza indigo, a evoluçao do ser humano*. Ed. Doravante. Porto Alegre, Brasil.

CAPRA, FRITJOF (2006). *El Tao de la Física*. Editorial Sirio. Málaga.España.

_____(1998). *La trama de la vida.* Anagrama. Barcelona

CARROLL, LEE y TOBER, JEAN (2000).*Los Niños Indigos, los Nuevos Chicos han llegado.* Ediciones obelisco. Barcelona.

_____2003. *Homenaje a los Niños Índigo.* Ediciones Obelisco. Barcelona.

CASCÓN SORIANO, P. y BERISTAIN, C. M. (1999). *La alternativa del juego. Juegos y dinámicas en la educación para la paz.* Los Libros de la Catarata, Madrid.

_____«¿Qué es bueno saber sobre el conflicto?», *Cuadernos de Pedagogía*, nº 287, pp. 57-60. Barcelona, enero de 2000.

_____«Educar en y para el conflicto en los centros escolares». *Cuadernos de Pedagogía*, nº 287, pp. 61-66. Barcelona, Enero 2000.

_____«La mediación». *Cuadernos de Pedagogía*, nº 287, pp. 72-76. Barcelona, enero de 2000.

CHARPAK, G y OMNES, ROLAND (2004). *Sed sabios, convertíos en profetas.* Anagrama. Barcelona.

CHOPRA, DEEPACK (2004). *Sincrodestino.* Ed. Alfaguara. Argentina, Buenos Aires.

CENTRO DE PROMOCIÓN DE LA MUJER GREGORIA APAZA (1994). *Diagnóstico Participativo del Distrito 6 de la Ciudad de La Paz.* Edición: Manuel Vargas. La Paz. Bolivia.

COLIN, ARTHUR (2005): *El niño Indigo.* RBA, Integral. Barcelona.

COMISIÓN MUNDIAL DEL MEDIO AMBIENTE Y DEL DESARROLLO (1989). *Nuestro futuro común.* Alianza. Madrid.

CONSORCIO INTERCULTURAL 2004: *Reflexiones de Raúl Fornet-Betancour sobre el concepto de interculturalidad*. México D.F.

CSIKSZENTMIHALYI, MIHALY (1997). *Fluir (Flow). Una Psicología de la Felicidad.* Ed. Kairos. Barcelona.

CSUTCB, Comisión Universidad Indígena 2005. *Pachakuti Educativo.* Artes Graficas «Abril». La Paz, Bolivia.

DAVIS, FLORA (2004). *La comunicación no verbal*. Alianza Editorial. Madrid.

DELORS, J. y otros (1996). *La educación encierra un tesoro.* Unesco-Santillana. Madrid.

DEWEY, J (1946). *Democracia y Educación*. Buenos Aires. Losada.

DÍAZ-AGUADO, Mª J. (2004). *Educación para la tolerancia y prevención de la violencia en los jóvenes* (3 libros y vídeo). Instituto de la Juventud, Ministerio de Trabajo y Asuntos Sociales. Madrid.

DIESBACH ROCHEFORT, NICOLE (2002). *Los retos de la educación en el nuevo milenio*. Editorial La Llave. Vitoria. España.

DONG, PAUL y THOMAS RAFFILL (1997). *China's Super Psychics*, Marlowe & Company. Nueva York.

DWORKIN, ROLAND (2003). *Virtud soberana. La teoría y la práctica de la igualdad.* Paidós. Barcelona.

ESTEVE, JOSÉ M. (2004). *La tercera revolución educativa* (La educación en la sociedad del conocimiento). Paidós. Barcelona.

FERGUSON, MARILYN (1985). *La conspiración de Acuario*. Editorial Kairós. Barcelona.

FERNÁNDEZ-ABASCAL, E. G; MARTÍN DÍAZ, M. D.; DOMINGUEZ SANCHEZ, J. (2004). *Procesos Psicológicos.* Ediciones Pirámide. Madrid.

FERNÁNDEZ DE CÓRDOVA, MIGUEL URIOSTE (1992). *Fortalecer las Comunidades.* Aipe, Procom, Tierra. La Paz, Bolivia.

FERRY, LUC (2003). *¿Qué es una vida realizada?* Paidós. Barcelona.

_____(1997). *El hombre-Dios*. Tusquets Editores. Barcelona.

FORUM EUROPEO DE ADMINISTRADORES DE LA EDUCACIÓN: *Organización y gestión de centros educativos ante el siglo XXI. XI Jornadas Estatales del Forum Europeo de Administradores de la Educación*. Diputación Provincial de A Coruña. 1999.

_____*Participación, autonomía y dirección en los centros educativos* (coordinadores Xavier Garagorri y Pedro Municio). Editorial Escuela Española. Madrid. 1997.

FOX, MATTHEW y RUPERT SHELDRAKE (1996). *The Physics of Angels.* Harper San Francisco. San Francisco.

FREED, JEFFREY y LAURIE PARSONS (1997). *Right-Brained Children in a Left-Brained World: Unlocking the Potential of Your ADD Children*. Fireside Publishers. Nueva York.

FREIRE, PAULO (1992). *Pedagogia da esperança: un reencontro com a pedagogia do oprimido.* Paz e Terra. Río de Janeiro. Brasil.

_____(1973). *Pedagogía del oprimido.* Siglo XXI. México DF

_____(1976). *La educación como práctica de la libertad.* Siglo XXI. México DF.

FUNDACIÓN ÍNDIGO 2004. *La Conciencia Índigo. Futuro Presente.* Segunda edición, librería Editorial Armonía. La Paz, Bolivia.

FURTH, GREGG (1992). *El secreto mundo de los dibujos*. Luciérnaga. Barcelona.

GALLEGOS, RAMOÓN (2005). *La Declaración mundial por la Educación Holística para el siglo XXI* (www.ramongallegos.com).

GARCÍA LLAMAS, JOSÉ LUIS (1999). *Formación del profesorado. Necesidades y demandas*. Editorial Escuela Española. Madrid.

GARDNER, HOWARD (1983). *Frames of mind: The Theory of Multiple Intelligences*. Basic books. Nueva York.

_____1994. *Estructura de la Mente: La Teoría de las Múltiples Inteligencias. La Teoría en la Práctica.* Fondo de Cultura Económica. México S. A.

_____1995. *Inteligencias Múltiples.* Ediciones Paidós. Barcelona.

GARTH, MAUREEN (1992). *Rayo de Luna, meditación para niños/as.* Ediciones ONIRO. España.

_____1999. *El Jardín Interior. Meditaciones para todas las edades, de los 9 a 99 años.* Ediciones ONIRO. España.

_____1988. *Vibrational Medicine.* Bear and Co. Santa Fe

GELINAS, SANTIAGO (1970), *Creación de una Pedagogía Popular, teoría y praxis para el Desarrollo*. Oruro. Bolivia.

GOLEMAN, DANIEL *(2002) Inteligencia Emocional*. Ed. Kairós. Barcelona. España.

GONZÁLES GARCÍA, JIMENA y JOSÉ MARIO ILLESCAS POMPILIA (2002). *Acerca de la Educación en el Mundo Originario Preincaica*. Ediciones Tukuy Riqch'arina. Bolivia.

GOSWAMI, AMIT (1995). *The Self Aware Universe.* J. P. Tarcher. San Francisco.

GRAF HUIN, HANS (1991): *Seréis como dioses*. Ediciones Internacionales Universitarias. Barcelona

GREGORI, WALDEMAR (1999). *Del poder de tus tres cerebros.* Taurus. Santa Fe de Bogotá.

GRISCOM, CHRIS NIXHONI (1989). *The higher self in education.* BookCrafters, Estados Unidos.

GURDJIEFF, G. I. (2004). *Relatos de Belcebú a su nieto.* Editorial Sirio. Málaga. España.

GUSDORF, H. (1969) *¿Para qué los profesores?* Edicusa. Madrid.

HABERMAS, J. (1991). *Escritos sobre moralidad y eticidad.* Paidós/I.C.E – U.A.B. Barcelona.

HALL, J. (1996). *Cómo protegernos de las malas ondas. El arte de la autoprotección.* Editorial Longseller. Buenos Aires. Argentina.

ILLICH, IVAN (1977). *Educación sin escuelas*. Ed. Península. Barcelona, España.

_____(1974). *La sociedad desescolarizada.* Barral editores. Barcelona. España

_____(1977). *Alternativas.* Cuadernos de Joaquín Mortiz. México DF.

_____(1978). *Energía y equidad-Desempleo creador.* Editorial Posada. México DF.

JENKINS, JOHN MAJOR (1998): *Maya Cosmogenesis 2012.* Bear and Co. Santa Fe.

JIMENÉZ HERNÁNDEZ, MANUEL (coordinador). (1997): *Psicopatología Infantil.* Ediciones Aljibe. Archidona. Málaga.

JIMÉNEZ VÉLEZ, CARLOS ALBERTO (1995). *Fantasía y Risa.* Pereira. Ed. Gráficas Olímpicas. Santa Fe de Bogotá.

_____1996. *El Derecho a Jugar.* C.A.D. Santa Fe de Bogotá.

_____1998. *Escritura Creativa.* Santa Fe de Bogotá.

_____2000. *Cerebro Creativo y Lúdico. Hacia la Construcción de una Didáctica para el Siglo XXI.* Ed. Magisterio. Santa Fe de Bogotá.

JUNTA DE ANDALUCÍA. CONSEJERÍA DE EDUCACIÓN Y CIENCIA (2004). *Totalán: un modelo cooperativo de escuela*. Sevilla. España.

KAMINSKI, PATRICIA y RICHARD KATZ (1996). *Repertorio de esencias florales. Guía integral las esencias norteamericanas e inglesas para el bienestar emocional y espiritual.* Herat Spirit, Inc. California.

KELLERT DE VILLEGAS, WOLFGANG, M. (2002). *Los Nuevos Códigos (21-06-2002).* La Paz, Bolivia.

KREIMAN, NAUM (1994). *Curso de Parapsicología*, Ediciones Kier. Buenos Aires.

KRISHNAMURTI, J. (1997). *Principios del aprender*. Kier. Buenos Aires. 1997

_____1986. *Cartas a las escuelas I y II.* EDHASA.

KÜHLEWIND, GEORGE (2003). *Los Niños Estrella.* Ed. Antroposofía. Buenos Aires.

KUNG, HANS (2000). *Proyecto para una ética mundial.* Editorial Trotta. Madrid

KUSTENMACHER, MARION y WERNER (1998).*Energía y fuerza a través de los Mandalas. Un libro para pintar nuevos ornamentos con seis milenios de antigüedad.* Ediciones Obelisco, España.

LA BELLE J. THOMAS (1980). *Educación no formal y cambio social en América Latina.* Ed. Nueva Imagen. México DF.

LANSDOWNE, ZACHARY (1994). *Método de Curación por los Rayos.* EDAF. Madrid, España.

LAUREN, PHOEBE (2000). *El niño de las estrellas*. Ed. Vesica Piscis. España.

LEBOYER, FRÉDÉRICK (1976). *Shantala, un art traditionnel des enfants*. Edition du Senil. Francia.

LEE, LOZOWICK (1997). *Paternidad consciente*. Hara Press. Montevideo (Uruguay).

LIEDLOFF, JEAN (2003). *El Concepto del Continuum. En busca del bienestar perdido*. Ed. OB-STARE. España.

LIEBES, SYDNEY, ELISABET SAHTOURIS y BRIAN SWIMME (1998). *A Walk Through Time*. John Wiley & Sons. Nueva York.

LLINARES, NINA (2002). *Guía Índigo para Terapeutas, Padres y Educadores*. Ediciones Etérika. México.

LOPEZ CAMPS, JORDI (2005). *Planificar la Formación con calidad*. Editorial Escuela Española. Madrid.

LOPEZ CASSA, ELIA (2003). *Educación emocional. Programa para 3-6 años*. Editorial Escuela Española. Madrid.

LÓPEZ MARTÍNEZ, M. (dir.) (2004). *Enciclopedia de paz y conflictos*. 2 vols. Universidad de Granada (Instituto de la Paz y los Conflictos) y Consejería de Educación de la Junta de Andalucía. Granada.

LYOTARD, J, F. (1984). *La condición postmoderna*. Cátedra. Madrid

MANDELBROT, B. (1988). *Los objetos fractales*. Tusquets. Barcelona. España.

MARINA, J. A. (2004). *Aprender a vivir*. Ariel y la Fundación de Ayuda a la Drogadicción. Barcelona.

_____(1993). *Teoría de la inteligencia creadora*. Anagrama. Barcelona. España.

_____(2001). *Dictamen sobre Dios*. Editorial Anagrama. Barcelona.

MARTÍNEZ MARTÍN, M. (1998) *«Consideraciones teóricas sobre la educación en valores»* en Congreso Iberoamericano de Educación *«Las transformaciones educativas»*, Buenos Aires.

_____1998. *El compromiso moral del profesorado*. Descleé de Brouwer, Bilbao.

_____1994. *Educación en valores y desarrollo moral*. U. P. V. Bilbao.

MAS, M. (2000). *Educar en la No Violencia*. PPC, Editorial. Madrid.

MASARU, EMOTO (2003). *Mensajes del agua*. Ed. Liebre de marzo. Madrid.

MASLOW, ABRAHAM (1979). *La psicología de la ciencia*. Editorial Edamex. México DF.

_____(1990). *La personalidad creadora*. Kairós. Barcelona.

_____*El hombre autorrealizado*. Kairós. Barcelona.

_____(1993). *Un Estudio de la Salud Psicológica. Personas auto-desarrolladas en «Motivación y personalidad»*. Barcelona, Sagitario SA. Barcelona.

MATURANA, H. (1991). *El sentido de lo humano*. Ediciones Dolmen. Chile.

_____(1995). *Formación humana y capacitación*. Ediciones Dolmen. Chile.

MATURANA , H. y VARELA, F. (1990). *El árbol del conocimiento*. Debate. Madrid.

MAVERINO, WALTER (2005). *Cuarto Sector*. Ediciones de la UMCIT. Buenos Aires. Argentina.

MEADOWS, D. H; MEADOWS, D. L y RANDERS, J. (1993). *Más allá de los límites del crecimiento*. El País-Aguilar. Madrid.

MEDINA, JAVIER (2006). *Diarquía, nuevo paradigma, dialogo de civilizaciones y Asamblea Constituyente.* Garza Azul Editores. La Paz, Bolivia.

_____2006. *¿Qué Bolivia es posible y deseable?* Garza Azul Editores. La Paz, Bolivia.

_____2006. *Suma Qamaña. Por una convivialidad postindustrial*. Garza Azul Editores. La Paz, Bolivia.

_____2006. *Manifiesto Municipalista, por una democracia participativa Municipal.* Garza Azul Editores. La Paz, Bolivia.

MEJIA, IVETTE (2002). *Sistematización de la Experiencia Educativa de Warisata* – Premio Forjadores de la Educación. La Paz, Bolivia.

MENCKEN, IVONNE (2003). *Cómo convivir con un Niño Índigo.* Deva´s-Longseller. Buenos Aires.

MESTRE NAVAS, J. M. y PALMERO CANTERO, F. (coordinadores) (2004). *Procesos Psicológicos básicos*. Mac Graw Hill. Madrid.

MICHAUX, L. (1975). *Los jóvenes y la autoridad*. Planeta. Barcelona.

MILLAR, M. y HARPER, J. (1992). *Aprende a usar y dirigir la energía*. Editorial Sirio. Málaga. España.

MIRZA, FERNANDO (1996). *Una experiencia educativa con niños felices.* Errepar, Buenos Aires.

MOLINA, JORGE EMILIO (2004). *Los Fundamentos de la Tetraléctica*. La Paz, Bolivia.

MOLINA RUEDA, B y MUÑOZ, FRANCISCO A. (eds.) (2004) *Manual de Paz y Conflictos*. Instituto de la Paz y los Conflictos. Universidad de Granada.

MONCLUS ESTELLA, ANTONIO (2005). *Las perspectivas de la educación actual*. Ediciones Témpora. Salamanca. España.

MONTES RUÍZ, FERNANDO (s/f). *La máscara de piedra*. Editorial Quipus. La Paz, Bolivia.

MOORE, C. W. (1986): *El proceso de mediación: estrategias prácticas para resolver conflictos.* Ed. Granica, Buenos Aires.

MORA, DAVID y ROLF OBERLIESEN (2004). *Trabajo y educación: jóvenes con futuro.* La Paz, Bolivia.

MORIN, E. (1984). *Ciencia con consciencia.* Anthropos. Barcelona.

_____(1995). *Introducción al pensamiento complejo.* Gedisa. Barcelona

_____(2000). *La mente bien ordenada*. Paidós. Madrid.

_____(2001). *Los siete saberes necesarios para la educación del futuro.* Paidós. Madrid.

MORIN, E y CYRULNICK, B. (2005). *Diálogos sobre la naturaleza humana.* Paidós Ibérica. Barcelona. España.

MORIN y OTROS (2003). *Educar en la era planetaria.* Gedisa. Barcelona.

MOVIMIENTO DE EDUCACIÓN POPULAR INTEGRAL (2002). *Módulos educativos: trabajos grupales y autoestima.* Lima. Perú.

MUÑOZ, JOSE y GUELL, MANUEL (2001). *Educación emocional Programa de actividades para la Educación Secundaria Postobligatoria.* Editorial Escuela Española. Madrid.

NARANJO, CLAUDIO (2004). *Cambiar la educación para cambiar el mundo.* Ediciones La Llave. Vitoria. España.

_____(1993). *La agonía del patriarcado*. Kairós. Barcelona.

_____(1999). *Entre meditación y psicoterapia*. Ediciones La Llave. Vitoria. España.

NOVAK, JOSEPH D. y GOWIN, BOB (1988). *Aprendiendo a aprender*. Ediciones Martínez Roca, S.A. Barcelona.

ODON, SELENE y CYRILLE (2001). *Indigo... ces êtres si differents*. IERO. París.

ORTIZ DE MASCHWITZ, ELENA MARÍA (2000). *Inteligencias Múltiples en la Educación de la Persona.* Bonum. Buenos Aires.

OUSPENSKY, P. D. (2005. 8ª edición). *El cuarto camino.* Kier. Buenos Aires. Argentina.

PALACIOS, JESÚS; MARCHESI, ÁLVARO y COLL, CESAR (compilación de) (2004). *Desarrollo Psicológico y Educación-I. Psicología Evolutiva* (2ª edición). Alianza Editorial. Madrid.

PALACIOS, JESÚS (1984). *La cuestión escolar. Críticas* y *alternativas.* Editorial Laya. México DF.

PAOLI, Mª DOLORES (2003). *Niños Índigo, nuevo paso en la evolución.* Caracas.

PASCUAL FERRIS, VICENT y CUADRADO BONILLA, MONTSERRAT, 2001). *Educación emocional. Programa de actividades para Educación Secundaria Obligatoria.* Editorial Escuela Española. Madrid.

PASSMORE, J. (1983). *Filosofía de la enseñanza*. México. Fondo de Cultura Económica.

PASTORINO, MARÍA LUISA (1989). *La Medicina Floral de Edward Bach.* Ediciones Urano. España.

PAYMAL, NOEMÍ. (2008). *Pedagooogia 3000. Guía práctica para docentes, padres y uno mismo.* 4ª edición, revisada y ampliada. Versión interactiva. Ed. Ox La-Hun. Barcelona, España y La Paz, Bolivia.

_____2011. *Cuadernos pedagógicos aplicados.* Serie «La educación holística es posible». Números 1 al 33. Ed. Ox La-Hun. La Paz, Bolivia, versión electrónica.

_____2013. *Pedagooogia 3000, en* Pedagogías para la Práctica Educativa del siglo XXI. Tomo I, Pedagogías integrativas. Universidad Autónoma del Estado de México Grupo Editorial Miguel Ángel Porrúa. Toluca, México.

(Libros de bolsillo y mini-libros)

_____2011. *La Escuela de los 7 Pétalos.* Ed. Ox La-Hun. La Paz. Bolivia.

_____2010. *Pedagooogia 3000 y la Expansión de Conciencia.* Ed. Ox La-Hun. La Paz. Bolivia.

_____2009. *¿Cómo recibir a los bebés de hoy?* Ed. Armonía. La Paz. Bolivia.

_____2008. *Kiero Kambiar y... ahora sé cómo.* Ed. Ox La-Hun. La Paz. Bolivia.

_____2007. *Pedagooogía 3000 en 13 pasos fáciles*. Ed. Ox La-Hun. La Paz. Bolivia.

_____2006. *¿Qué hago con mi hij@?* Ed. Armonía. La Paz. Bolivia.

Videos y audio de Pedagooogía 3000 producidos en español por Noemí Paymal

_____2009. Programa «*Pedagooogía 3000 para radio, un encuentro con las nuevas generaciones*». 20 capítulos de 40 minutos. Introducción por Wolfgang Kellert. Por Post Image.

_____2009. Introducción a Pedagooogia 3000, por German Campos. 3 minutos.

_____2010. 13 pasos fáciles, Pedagooogia 3000, por German Campos. 44 minutos.

_____2010. Saber aprender, Pedagooogia 3000, parte I y II, por Eduardo Borrello y Graciela Croatto. 21 minutos y 24 minutos.

_____2010. 33 cuadernos pedagooogicos prácticos, por Eduardo Borrello y Graciela Croatto. Tres horas.

_____2010. 11 cuadernos del método ASIRI, la educación de mañana hoy, por German Campos e Ivette Carrión. Dos horas.

_____2011 Poema a la nueva educación.

_____2011 80% de la educación.

PEARCE, D. W. (1995). *Economía de los recursos naturales y del medio ambiente.* Ediciones Celeste. Madrid.

PÉREZ, ELIZARDO (1962). *Warisata, la Escuela Ayllu.* Empresa Industrial Gráfica E. Burillo. La Paz, Bolivia.

PÉREZ CRIALES, ANA (2004). *Historia resumida de las escuelas Indigenales de Caiza y Warisata.* La Paz, Bolivia.

_____1996. *Historia de las escuelas Indigenales de Caiza y Warisata.* La Paz, Bolivia.

PÉREZ GÓMEZ, A. I. (2000). *La cultura escolar en la sociedad neoliberal.* 3ª edición. Morata. Madrid.

PERT, CANDACE (1997). *Molecules of Emotions: why you feel the way you feel.* SCRIBNER. Nueva York.

PETERS, R. S. (1966). *El concepto de Educación*. Paidós. Buenos Aires.

PIEDRAFITA MORENO, JOSÉ MANUEL (2002) *Niños Índigo. Educar en la nueva vibración.* Vesica Piscis. La Herradura (Granada). España.

PRIGOGINE, I. y STENGERS, I. (1990). *La nueva alianza.* Alianza. Madrid.

PREAL (2006). Un informe del Progreso Educativo en América Latina «*Cantidad sin calidad*». www.preal.org.

REDFIELD, JAMES (1999). *La nueva visión espiritual.* Plaza y Janés. Barcelona.

RENOM I PLANA, AGNES (2003). *Educación emocional. Programa para Educación Primaria (6-12 años).* Editorial Escuela Española. Madrid.

REVISTA DEL FORUM EUROPEO DE ADMINISTRADORES DE LA EDUCACIÓN Nº6 (2005)*: Organización y Gestión Educativa.*

REYNAGA, RAMIRO (1978). *Tawantinsuyo. 5 siglos de explotación aymara-quechua.* Lima, Perú.

RODRÍGUEZ AGUILERA, ARTURO (2004). *Agenda Maya, Estudios y Cursos de Sincronometria Maya.* Ed. Consuelo Sánchez. México D.F.

ROGERS, CARL (1986). *Libertad y creatividad en la educación* en la década de los *ochenta*. Paidós. Ecuador. Barcelona.

_____(1980). *El camino del ser.* Editorial Kairós. Barcelona.

_____(1995). *Libertad y creatividad en educación.* (3ª edición). Paidós. Buenos Aires.

RUÍZ, MIGUEL (1997). *The four Agreements.* Amber-Allen Publications. San Rafael, CA.

SALAS, BEGOÑA y SERRANO, INMACULADA (1998): *Aprendemos a ser personas.* EUB. Barcelona.

_____1998. *Modelo educativo: Desarrollo de la identidad personal*. EUB. Barcelona.

SALAZAR MOSTAJO, CARLOS (1997) ¡*Warisata mía!* Librería Editorial Juventud. La Paz. Bolivia.

_____1995. *Tres Ensayos disidentes*, Editora «Urquizo» S.A. La Paz, Bolivia.

_____1992. *La Taika, Teoría y practica del a Escuela Ayllu,* Librería Editorial Juventud. La Paz, Bolivia.

_____1991. *Warisata, Historia en Imágenes*. CENTROTAC, Ed. Gráficas «E.G». La Paz, Bolivia.

SANCHEZ, G. (2003). *Niños Índigo ¿cuál es el mensaje?,* Deva's Longseller. Buenos Aires.

SAN MARTÍN, J. A. (2003) *La mediación escolar. Un camino para la gestión del Conflicto.* Ed. CCS. Madrid.

SANTOS GUERRA, M. A. (coord.) (2003): *Aprender a convivir en la escuela.* Akal, Madrid.

SARASOLA, MARCOS (2006). *La formación integral del profesorado.* Revista *Avances en supervisión educativa* de Adide.www.adide.org/revista.

SAVATER, FERNANDO (1997/2003). *El valor de educar, 17ª edición.* Ariel. Barcelona.

_____2005. *Ética para Amador*. Ariel. Barcelona.

SEGAL, JEANNE (1997). *Su inteligencia emocional. Aprenda a incrementarla y a usarla.* Grijalbo. Barcelona.

SENGE, PETER (1998). *La quinta disciplina.* Granica. Buenos Aires.

_____(2000). *Schools that learn.* Doubleday.

SERVAN-SCHREIBER, DAVID (2003). *Guérir le stress, l'anxiété et la dépression sans médicaments ni psychanalyse*. Ed. Robert Laffont. Francia.

SHAPIRO, LAWRENCE E. (1997). *La Inteligencia Emocional de los Niños, una guía para padres y maestros.* Javier Vergara Editor S.A. Buenos Aires.

_____2002. *La salud emocional de los niños*. EDAF. Madrid.

SHELDRAKE, RUPERT (1990). *La presencia del pasado. Resonancia mórfica y hábitos de la Naturaleza.* Ed. Kairós. Barcelona.

_____(2005). *El séptimo sentido. La mente extendida.* Ediciones Vesica Piscis. La Herradura (Granada). España.

SHICHIDA, MAKOTO (1993) *Right Brain Education in Infancy: Theory and Practice: Shichida Child Education*. Japón.

_____1993. *Babies Are Geniuses,* Shichida Child Education. Japón.

_____1994. *Science of Intelligence and Creativity, Shichida Child Education*. Japón.

_____1995. *Right Brain Education: The Education of Mind and Affection: Shichida Child Education.* Japón.

SIEGEL, BERNIE. (1995). *Cómo vivir día a día.* Ed. Urano. España.

SPOCK, B. (1989). *Tu hijo.* Vergara. Buenos Aires. Argentina.

STEINER, RUDOLF (1980). *The Philosophy of Spiritual Activity*. Steiner Books. Nueva York.

SUCHODOLSKI, BOGDAN y MONACORDIA, MARIO (1975). *La crisis de la educación*. 1ª edición . México. Eds. Cultura Popular.

SULLIVAN, WILLIAM (1996). *The Secret of the Incas.* Three River Press. Nueva York.

TAMAYO, FRANZ (1994). *(1910). Creación de la pedagogía nacional.* Editorial AMERICA S.R.L. La Paz, Bolivia.

TEDESCO, JUAN CARLOS (1995). *El Nuevo pacto educativo.* Ediciones Anaya. Madrid.

TEILHARD DE CHARDIN (1967). *El porvenir del hombre*. Editorial Taurus. Madrid.

_____(1965). *El fenómenos humano.* Taurus. Madrid.

TIANA FERRER, ALEJANDRO (2002): *Historia de la Educación*. Edad contemporánea. Madrid. UNED.

TOBAJAS LOÓPEZ, AGUSTIÍN (2005). *Manifiesto contra el progreso*. Limpergraf, S.L. Barcelona.

TOFFLER, A. (1972). *El shok del futuro*. Editorial Plaza y Janés. Barcelona.

_____(1990) *El cambio del poder*. Editorial Plaza y Janés. Barcelona.

TOMPKINS, METER (1976). *Misterios of the Mexican Pyramids*. Harper and Row. Nueva York.

THOMPSON, WILLIAM IRWIN (1981). *The Time Falling Bodies Take to Light*. St Martins Press. Nueva York.

TORREGO, J. C. (2001): *Mediación de Conflictos en instituciones educativas. Manual para la formación de mediadores.* Narcea S.A. de Ediciones, Madrid.

TRIANES, Mª V. y FERNÁNDEZ FIGARES, C. (2001). *Aprender a ser persona y a convivir: un programa para secundaria.* Descleé de Brouwer, Bilbao.

TRIANES TORRES, Mº VICTORIA y GALLARDO CRUZ, JOSÉ ANTONIO (coordinadores) (2005). *Psicología de la Educación y del Desarrollo en contextos escolares*. Ediciones Pirámide. Madrid.

TRIANES TORRES, Mª VICTORIA y MUÑOZ SÁNCHEZ, ÁNGELA (1994) *Programa de educación social y afectiva.* Consejería de Educación. Delegación Provincial. Málaga.

TUVILLA RAYO, J. (2004). *Convivencia escolar y resolución pacífica de conflictos.* Publicaciones de la Consejería de Educación de la Junta de Andalucía, Sevilla.

_____1998. *Educación en Derechos Humanos: Hacia una perspectiva global.* Descleé de Brouwer, Bilbao.

VALLET, MAITE. (2004). *Educar a niños y niñas de 0 a 6 años*. Editorial Escuela Española. Madrid.

VELASCO, ADOLFO (1940). *La escuela indigenal de Warisata.* Primer congreso Indigenista Interamericano, Departamento de Asuntos Indígenas. México.

VERA, J. y ESTEVE, J. M. (2001). *Examen a la cultura escolar*. Octaedro. Barcelona

VIGOTSKI, L. (1979). *El desarrollo de los procesos psicológicos superiores.* Crítica. Barcelona.

VIRTUE, DOREEN (2004). *Los Niños de Cristal.* Ediciones Obelisco. España.

VON WARD, PAUL (1998). *Solarian Legacy.* Oughten House Publications. Livermore, CA.

WALSH, ROGER (1984). *Seguir vivos.* Ed. Shambhala.

WALSH, R. y FRANCES, V. (comp.) (1994). *Trascender el ego. La visión transpersonal.* Ed. Kairós. Barcelona. España.

WARTELLA, M. (2005). *Ego, evolución e iluminación.* Editorial Sirio. Málaga.

WEIL, PIERRE 1990. *Holística: una nueva visión y abordaje de lo real.* Buenos Aires.

_____1992. *El arte de vivir en paz*. D.R. Errepar. Buenos Aires.

WILBER, KEN (1988). *La conciencia sin fronteras.* Editorial Kairos. 1ª edición mexicana. Colofón S.A. México.

_____(1980). *The atman proyect*. Editorial The Theosophical Publishing House. Illinois. U.S.A.

_____1993. *Amar y ser amado*. Taller San Pablo. Santa Fe de Bogotá DC.

_____1993. *El último por qué.* Taller San Pablo. Santa Fe de Bogotá DC.

_____1995. *El cuerpo habla*. Taller San Pablo. Santa Fe de Bogotá DC.

_____*Sexo, Ecología, Espiritualidad.* Gaia.

_____1996. *Breve historia de todas las cosas.* Kairós. Barcelona.

_____2000. *La nueva ética*. Abya-Yala. Quito, Ecuador.

_____*A theory of everything.* Shambhala Publications.

WILD, MAURICIO y REBECA (1996). *Educar para ser: una repuesta frente a la crisis.* Fundación Educativa Pestalozzi. Quito, Ecuador.

WILD, REBECA (1999). *Educar para ser.* Herder. Barcelona.

WILCOX, JOAN PARISI (1999). *Beepers of the Ancient Knowledge.* Element. Boston.

WUILLEMET, SASCHA y CAVELIUS, ANDREA-ANNA (1999). *Encuentre la paz interior. Mándalas, teoría y práctica.* Mens Sana. España.

ZUKAV, GARY (1979). *The Dancing Wu Li Masters*. Bantam. Toronto.

_____1989. *The Seat of the Soul.* Simon and Schuster. Nueva York.

Sobre los autores

CARLOS ESPINOSA MANSO (ESPAÑA)

Maestro, diplomado en Filosofía y Psicología, doctor en Ciencias de la Educación, formador de formadores e Inspector de Educación en ejercicio.

WALTER MAVERINO (URUGUAY)

Escritor, consultor en desarrollo humano, organizacional y social, coordinador del Programa Literario Transformación 21, y fundador de la UMCIT.

NOEMI PAYMAL (BOLIVIA/FRANCIA)

Antropóloga, investigadora, autora, asesora y *coach* en temas pedagógicos alternativos y de desarrollo personal para el tercer milenio. Es creadora de Pedagooogía 3000™, vicepresidenta de emAne, el enlace mundial para una nueva educación, y presidenta de la Asociación 3000.

Índice